Active Learning Practice
# アクティブラーニング 実践

**小林 昭文**（産業能率大学経営学部教授）
**鈴木 達哉**（三重県立四日市南高等学校校長）
**鈴木 映司**（静岡県立韮山高等学校教諭） 著
**アクティブラーニング実践プロジェクト** 編著

産業能率大学出版部

# はじめに

　2007年11月30日、横浜で第1回キャリア教育推進フォーラムを開催しました。当時、神奈川県の公立高校では全国的にも珍しく、全校でキャリア教育を展開し始めていました。「キャリア教育とはそもそも何か？」と問われることも多く、大半の先生方は「職業観の育成の考え」だと捉え、特に普通科では関係ないことだと思われていました。

　フォーラムでは、4領域8能力を焦点にその育成について考察しましたが、どうしてもイベント型と称される授業外での活動と「総合的な学習の時間」の延長でしか実践例もない時代でした。「本来のキャリア教育は教科の授業でこそ行うべきもの」という和田美千代先生（当時福岡県立筑紫丘高校）の講演から、教科の授業とキャリア教育をいかに繋ぐかがフォーラムの目的にもなってきました。

　2009年、第3回目を検討する中で、授業のやり方にヒントがあると『キャリアガイダンス』編集長（当時）角田さんから示唆を得て、広島県立安西高校を訪ね、安西高校の改革者である才木校長先生からたくさんの知見を得ました。そして、その直後に埼玉県立越ヶ谷高校での小林先生の授業に出会いました。この授業こそキャリア教育と教科との連動だと深く感銘を受け、フォーラムでの公開授業後も小林先生には高校教員向けセミナーをお願いし、現在に至っています。

　2009年以降は、アクティブラーニングを中心にし、学力の向上と学習意欲を高めるための授業の在り方について研究してきました。その後、緩やかにアクティブラーニングへの関心は広まってきましたが、急速に関心を呼ぶようになったのは2014年からで、中央教育審議会からの答申や大学入試改革が火種となったのは間違いありません。それ以降、多くの講演依頼や問い合わせなどが我々に殺到するようになってきました。

はじめに

　本書では、これまでの登壇者によるアクティブラーニングの意義や実践についての報告を再編集し、さらに原点であるキャリア教育と教科との連動について詳しく解説しています。また、全国の新進気鋭の先生方からアクティブラーニング型授業の実践レポートを提供いただき、すぐに現場で活用できることを意図して制作しています。

　グローバル化と称される新しい時代に相応しい人材の育成に向け、学習パラダイムの転換は必須とも言えるものです。その時代に応じた学び方を読者の皆様とさらに考察していきたいと思います。本書をアクティブラーニングの実践的手引書として活用いただけましたら、そして今日から明日への授業改善にお役立てくだされば幸甚です。

編集プロジェクト一同より

はじめに　…i

## 第1章　アクティブラーニングをめぐって起きてきたこと、起こっていること …001

1. 産業能率大学キャリア教育推進フォーラムの歴史と果たしてきた役割 …002
2. アクティブラーニングが必要とされるようになった理由 …011
3. アクティブラーニングと新しい学力観および新学習指導要領における言語活動の重視 …018
4. アクティブラーニングと新たな高大接続テストおよび初等中等教育での探究活動 …021

## 第2章　アクティブラーニングの定義と本書・当フォーラムのスタンス …025

1. アクティブラーニングとは何か、定義を中心に …026
2. 教授学習観のパラダイム転換 …029
3. 「深い学び」を実現し、生徒がアクティブラーナーになる …031
4. 先生自身もアクティブラーナーになる …036

## 第3章 アクティブラーニングとキャリア教育 …039

1 私の考えるキャリア教育 …041

2 普通科高校でのキャリア教育 …045

3 アクティブラーニングはなぜキャリア教育になるのか？ …051

4 地方人材の育成のために …057

5 キャリア教育とアクティブラーニングの普及（みんなでやろう！） …059

## 第4章 アクティブラーニングのモデルパターンと展開方法 …063

## 第5章 全国32人の先生方による授業レポート …087

授業レポート一覧 …088

## 第6章 アクティブラーニング Q&A ...215

- **Q1** アクティブラーニング型授業が中心になると知識伝達の時間が足りなくなるのでは？ ...216
- **Q2** どれくらいの割合でアクティブラーニング型授業を取り入れればよいでしょうか？ ...216
- **Q3** 学校全体でアクティブラーニング型授業に取り組んでいない場合、他の先生との整合性をどうしたらよいでしょうか？ ...217
- **Q4** グループワークで話し合いに入っていけない生徒にはどう対応すべきでしょうか？ ...218
- **Q5** グループワークでモチベーションを維持させるにはどうしたらよいでしょうか？ ...220
- **Q6** ファシリテーターとして必要なスキルは何でしょうか？ ...221
- **Q7** アクティブラーニング型授業の評価はどのようにしたらよいでしょうか？ ...222
- **Q8** 教材（資料）作りに時間がかかりそうですが、どうしたらよいですか？ ...223
- **Q9** グループ分けはどのように行ったらよいですか？ ...224
- **Q10** グループワークで雑談が多くなったときはどうしたらよいですか？ ...225

- Q11 生徒の発言が想定外だった場合には
どのように対応したらよいですか？　　　　　…226

- Q12 アクティブラーニング型授業をすると成績が
上がるのか、という生徒の質問にどう答えますか？…226

- Q13 大学受験指導との両立は図れますか？　　　　…229

- Q14 アクティブラーニング型授業といっても
何から始めたらよいか分からないのですが？　　…230

- Q15 生徒同士が間違ったことを教え合う
危険性がありませんか？　　　　　　　　　　　…231

- Q16 教科によってアクティブラーニング型授業に
向くものと向かないものがあるのではないですか？…232

- Q17 アクティブラーニング型授業への保護者の理解を
どのように得たらよいでしょうか？　　　　　　…234

- Q18 グループワークでの議論の内容を深めるには
どうしたらよいですか？　　　　　　　　　　　…234

- Q19 生徒に予習はさせたほうがよいですか？　　　…235

- Q20 アクティブラーニング型授業には
ICT環境は不可欠ですか？　　　　　　　　　　…236

## 第7章 アクティブラーニング型授業における「振り返り」と「気づき」について …237

1. 主体的な学習者としての教師になるために …238
2. 授業における「振り返り」と「気づき」の構造 …241
3. 授業研究における「振り返り」と「気づき」の構造 …247
4. これからの課題 …253

あとがき …260

# 1

アクティブラーニングをめぐって
起きてきたこと、
起こっていること

## 1　産業能率大学キャリア教育推進フォーラムの歴史と果たしてきた役割

　近年、「アクティブラーニング」という言葉が急速に注目されるようになった。特に、2014年11月20日の文部科学省から中央教育審議会（中教審）への諮問で「アクティブラーニング」について大きく取り上げられたことから、世間一般でもアクティブラーニングへの注目が高まり、テレビの報道番組や一般紙などでも特集が組まれて紹介される機会が急増している。

　文部科学省からの諮問は、「初等中等教育における教育課程の基準等の在り方について」であり、その中で小学3年での英語必修化、高校での日本史必修化と並んで、アクティブラーニングの導入についての答申を求めたことが注目を浴びた。そこでは、「『何を教えるか』という知識の質や量の改善はもちろんのこと、『どのように学ぶか』という、学びの質や深まりを重視することが必要であり、課題の発見と解決に向けて主体的・協働的に学ぶ学習（いわゆる「アクティブ・ラーニング」）や、そのための指導の方法等を充実させていく必要があります」と述べられている。

　ここで「アクティブ・ラーニング」と「アクティブラーニング」の表記について、ごく簡単に説明しておくと、前者は文部科学省や中教審が使用している用語で、後者はキャリア教育推進フォーラムでも何度も登壇して発言している京都大学の溝上慎一教授が用いる用語である。意味上の違いはないが、文部科学省や中教審が取り上げる以前から、溝上教授も本フォーラムも「アクティブラーニング」という用語を使用してきたので、本書においても引用部分を除いては「・」なしの「アクティブラーニング」を使用する。

　さて、このような社会における関心の高まりとともに、高等学校においてもアクティブラーニングへの関心の高まりが急速に広がっている。これまでは一部の先生方が先進的に取り組んでこられたアクティブラーニングが、ここにきて文部科学省の後押し等を受けて一気に普及する様相を呈し始めたと言っても過言ではない。

事実、2015年1月にリクルート進学総研が発表した調査結果（図表1-1）によると、アクティブラーニングに取り組んでいる高校はすでに47％に達している。もっとも、この47％とういう数字は多いように見えるが、「学科や教科などの継続的な取り組みではなく、教員個人で取り組んでいる」が26.4ポイント、「学校全体での取り組みではなく、教科で取り組んでいる」が12.0ポイントであり、「学校全体で取り組んでいる」はわずか8.7ポイント。その意味では、まだ個人の先生方の取り組みに引っ張られているのが多数派であり、組織的な取り組みへの移行期に入りつつある段階と言えるのかもしれない。

　そして、ここで「一部の先生方が先進的に取り組んでこられた」と表現したが、振り返ればつい3～4年前まではアクティブラーニングという言葉さえ、高校の教育現場ではあまり知られていなかった。参加型授業、主体的学習とか双方向的授業といった表現で呼ばれていたのである。

　ここでアクティブラーニングをめぐる本書での用語について簡単に説明しておく。詳しい定義は第2章で述べるが、アクティブラーニングとは学習者（児童・生徒・学生）が能動的に学ぶということであり、主語はあく

■ 図表1-1　アクティブラーニングなど授業改善の実施（全体／単一回答）

| | | (%) | 学校全体で取り組んでいる | 学校全体での取り組みではなく、教科で取り組んでいる | 学科や教科などの継続的な取り組みではなく、教員個人で取り組んでいる | 取り組み状況を把握できていない | 取り組んでいない | 無回答 | 導入計 |
|---|---|---|---|---|---|---|---|---|---|
| 2014年 全体 | | (n=1140) | 8.7 | 12.0 | 26.4 | 17.7 | 33.5 | 1.7 | 47.1 |
| 設置別 | 国立校 | (n=836) | 9.1 | 12.7 | 26.6 | 17.7 | 32.5 | 1.4 | 48.3 |
| | 私立 | (n=295) | 7.8 | 10.5 | 26.1 | 17.6 | 36.3 | 1.7 | 44.4 |
| 大学進学率 | 70％以上 | (n=530) | 10.8 | 13.0 | 33.0 | 14.0 | 27.9 | 1.5 | 56.6 |
| | 40～70％未満 | (n=212) | 8.5 | 11.8 | 22.2 | 20.3 | 36.8 | 0.5 | 42.5 |
| | 40％未満 | (n=389) | 6.4 | 11.1 | 19.8 | 21.3 | 39.3 | 2.1 | 37.3 |
| 高校所在地別 | 北海道 | (n=81) | 4.9 | 17.3 | 29.8 | 16.0 | 32.1 | - | 51.9 |
| | 東北 | (n=130) | 6.9 | 10.8 | 29.2 | 16.2 | 34.6 | 2.3 | 46.9 |
| | 北関東・甲信越 | (n=134) | 6.7 | 9.7 | 15.7 | 26.1 | 41.0 | 0.7 | 32.1 |
| | 南関東 | (n=192) | 11.5 | 11.5 | 37.0 | 15.6 | 22.9 | 1.6 | 59.9 |
| | 東海 | (n=154) | 9.1 | 9.7 | 22.7 | 18.8 | 37.7 | 1.9 | 41.6 |
| | 北陸 | (n=31) | 12.9 | 19.4 | 22.6 | 12.9 | 32.3 | - | 54.87 |
| | 関西 | (n=137) | 8.0 | 12.4 | 27.7 | 16.8 | 32.1 | 2.9 | 48.2 |
| | 中国・四国 | (n=129) | 12.4 | 17.1 | 20.2 | 14.0 | 35.7 | 0.8 | 49.6 |
| | 九州・沖縄 | (n=143) | 7.0 | 9.8 | 27.3 | 18.9 | 35.7 | 1.4 | 44.1 |

出典：「高校の進路指導・キャリア教育に関する調査2014」リクルート進学総研

第1章　アクティブラーニングをめぐって起きてきたこと、起こっていること

までも学習者である。先生が提供するのは生徒のアクティブラーニングを含んだ授業であり、これをアクティブラーニング型授業と呼ぶ。ただ、便宜的に本書では「アクティブラーニングの導入」という用語を用いることがあるが、これは「生徒のアクティブラーニングを促す取り組みを導入」という含意で用いている。

そして、このアクティブラーニングが一部の先生方によって取り組まれるようになった要因のひとつに、産業能率大学の主催する「キャリア教育推進フォーラム」の果たした役割も小さくなかったと思う。

以下、当フォーラムの経緯を簡単に紹介しておく。

このキャリア教育推進フォーラムは、第1回が2007年11月に開催され、その趣旨は高校におけるキャリア教育の在り方を、多くの高校の先生方とともに模索することであった。全国の高校の先進的事例を紹介しつつ、参加者で討議し共有するという内容で開催された。

翌2008年の第2回は、キャリア教育にコーチングを活かした三重県立朝明高等学校の実践が紹介され、さらに、その内容が劇的に変化したのが、2009年開催の第3回においてである。この時に初めて、小林昭文先生（当時 埼玉県立越ヶ谷高等学校教諭）と成田秀夫先生（河合塾　現代文講師・研究開発職）の2人によるアクティブラーニングの模擬授業が行われた。この模擬授業は、初めてアクティブラーニングを経験する高校生25人を対象に、初対面の2人の先生が物理と現代文のアクティブラーニング型授業を行うというものであった。参加者に大きなインパクトを与えるとともに、その反応からキャリア教育推進フォーラムの内容そのものが、大きくアクティブラーニングに舵を切っていくことになる。

「キャリア教育からアクティブラーニングへ」

この流れの意味は第3章において詳しく紹介するが、キャリア教育推進フォーラムに即して言えば、2002年に文部科学省・国立教育政策研究所が指針として提示した「キャリア発達に関わる諸能力〈4領域8能力〉」や、経済産業省が2006年に提唱した「社会人基礎力」の考えと接点を持っている。その後前者は、2011年には「今後の学校におけるキャリア教育・職業教育の在り方について（答申）」に示された「基礎的・汎用的能力」

として整理されることになる。すなわちジェネリックスキルである。つまり、キャリア教育に対しては、職業観の形成と同時に社会で必要とされる力を育成すべき役割が期待されるようになったのだが、このような底流を意識しつつ、キャリア教育推進フォーラムもアクティブラーニングへの取り組みへと重点を移していくことになった。

そして回を追うごとに、キャリア教育推進フォーラムは、全国のアクティブラーニングに取り組む先生方にとっての自主的研修・交流の一大イベントへと成長していく。

2014年8月に開催された第8回フォーラムでは300人以上もの先生方が参加され、会場キャパシティとの関係で多くのご希望に添えず、お断りするような事態にまで立ち至った。また、2012年から実施している名古屋での授業力向上フォーラムも、参加者が毎回100人を超えている。

さらに第6回以降は参加者によるワークショップを重視。第8回では10教科の模擬授業を、全国で実践する先生方に行っていただき、他の先生方には生徒役として体験してもらうという取り組みも行った。

加えて、アクティブラーニングの方向性や理論的な問題については、第4回より第8回まで京都大学高等教育研究開発推進センターの溝上慎一教授に毎回のようにまとめの講演や基調講演をしていただき、問題提起や課題の共有を行ってきた。

この流れの中で注目していただきたいのは、本フォーラムは当初キャリア教育におけるジェネリックスキルの育成に注目することでアクティブラーニングへと重点を移していったわけだが、近年では教科教育の充実のためのアクティブラーニングへと、さらに重点が移行してきている点である。

すなわち、キャリア教育とは何か特別なキャリア教育科目で行うものではなく、日常の教科授業の中に埋め戻し、「キャリア観の育成」と「ジェネリックスキルの育成」を、その教科の学力強化と同時並行的に推し進めていくことだ。つまり、教科教育で生徒たちが必要な能力を身につけていくことが可能だという考えに基づいた重点の移行である。このキャリア教育からアクティブラーニングへの流れについては、第3章において鈴木達

哉先生（三重県立四日市南高等学校校長）が、自身の経験を踏まえて詳しく論じている。

　これまでのフォーラムの歴史を一覧的に紹介するために、プログラムの概要を表にまとめたので、興味のある方はぜひご覧いただきたい。

　ここでこのようなキャリア教育推進フォーラムの歴史を概観する理由は、繰り返しになるが、本書はこれまでのフォーラムの経験と蓄積の中から、これからアクティブラーニングに取り組もうとする先生方にとって実践的に参考になると思われる事柄を抽出し、整理して提示することを大きな課題としているからである。

　アクティブラーニングの重要性が広く認識され、その実践が求められるようになったが、現場では理論的な誤解も多く、さらに実践ともなれば明日からすべてパーフェクトに授業が行えるわけではない。しかし一方で、一人で一から試行錯誤する必要もない。なぜなら、これまでに多くの先生方が貴重な実践を行って経験や教訓が蓄積されているからだ。これまでのキャリア教育推進フォーラムに、その実践的経験が蓄積されている以上、その成果を多くの先生方に広く公開して共有し、さらにアクティブラーニングの広がりに資することが、本プロジェクトに与えられたミッションであると考えている。

---

2007年　第1回
**キャリア教育の意義と展開**
【キャリア教育とは】
　産業能率大学　経営学部　教授　**腰塚弘久先生**
【実践事例紹介】
　沖電気工業㈱人事部キャリアサポートチーム　**大小原利信氏**
　福岡県立筑紫丘高等学校　進路指導主事　**和田美千代先生**
【キャリア教育に関する事例紹介および具体的展開について】
　㈱リクルート　進学カンパニー　エグゼクティブマネジャー　**野嶋朗氏**
　神奈川県教育委員会教育局　高校教育課教育事業担当　主幹　**岡野親先生**
　産業能率大学　経営学部　准教授　**松尾尚先生**

2008年　第2回
### キャリア教育を推進する組織づくり
【高校のキャリア教育が自己に与えた影響】
　東京都立晴海総合高等学校卒業生　**青木香保里さん**
　神奈川県立横浜清陵総合高等学校卒業生　**加藤春香さん**
【実践事例紹介】
　三重県立朝明高等学校　**鈴木建生先生**
　鹿児島県立甲南高等学校　**藤崎恭一先生**
【キャリア教育と教科の連動について】
　河合塾研究開発本部開発研究職／河合塾講師　**成田秀夫先生**

2009年　第3回
### キャリア教育と教科学習との連動（1）
【公開授業】
　現代文：河合塾研究開発本部開発研究職／河合塾講師　**成田秀夫先生**
　物理：埼玉県立越ヶ谷高等学校　教諭　**小林昭文先生**
【協同学習の意義と展開について】
　広島県立宮島工業高等学校　校長　**才木裕久先生**

2010年　第4回
### キャリア教育と教科学習との連動（2）
【実践事例紹介】
　「協同学習とコーチング」　神奈川県立横須賀高等学校　**小松原多恵子先生**
　「キャリア教育と教科学習の連動」　神奈川県立川和高等学校　**榎本一弘先生**
　「アクションラーニングの学びによる協同学習」
　　専門学校YICリハビリテーション大学校　作業療法学科　**渡辺慎介先生**
【教育活動をキャリア教育の視点で見直すことの意義】
　秋田県立角館高等学校　**佐藤香先生**
【キャリア教育の視点から高校教育・大学教育を見直す】
　埼玉県立越ヶ谷高等学校　教諭　**小林昭文先生**
　河合塾教育研究部　**谷口哲也氏**
【学生のアクティブラーニングと成長－学業とキャリアの統合】
　京都大学高等教育研究開発推進センター　准教授　**溝上慎一先生**

2011年　第5回
### 高校・大学での学びを汎用的能力の育成につなげる
【アクティブラーニングはなぜ必要なのか～学生の学びと成長を促すもの～】
　京都大学高等教育研究開発推進センター　准教授　**溝上慎一先生**

【河合塾　大学教育力調査プロジェクトからの報告】
　　河合塾教育研究部　統括チーフ　**谷口哲也氏**
【大学から事例報告】
　　立教大学　経営学部　教授　**日向野幹也先生**
　　産業能率大学　経営学部　教授　**松尾尚先生**
【いま企業が求めている人材像】
　　小田急不動産㈱　専務取締役　**久米正雄氏**
　　㈱ヴェント・インターナショナル（LIZ LISA）常務取締役　**谷口潤氏**
【鼎談〜この高校を参考にしてほしい〜】
　　『キャリアガイダンス』（㈱リクルート）　編集人　**角田浩子氏**
　　『ガイドライン』（学校法人河合塾）　編集チーフ　**久保智子氏**
　　『VIEW21』（㈱ベネッセコーポレーション）　編集部　**小林奈緒氏**

2012年　第6回
## アクティブラーニングで12年間をつなぐ
【実践事例紹介】
○初等教育から　「ほめ言葉のシャワーで学級づくり」
　　福岡県北九州市立小倉中央小学校　**菊池省三先生**
○中等教育（中学校）から　「地域理解学習におけるキャリア教育」
　　北海道根室市立光洋中学校　教頭　**飯田雄士先生**
○中等教育学校から「公立中高一貫校でのアクティブラーニング」
　　静岡県立浜松北高等学校　**大村勝久先生**
○高等学校から「キャリア教育と授業の融合」
　　静岡県立韮山高等学校　**鈴木映司先生**
【進学校でのキャリア教育】
　　三重県立特別支援学校西日野にじ学園　学校長　**鈴木達哉先生**
【本日のまとめ】
　　京都大学高等教育研究開発推進センター　准教授　**溝上慎一先生**

　　　　　　　　　　　　＊　　＊　　＊

2012年　第1回　名古屋会場
【河合塾　大学教育力調査プロジェクトからの報告】
　　河合塾　教育研究部　部長　**谷口哲也氏**
【進学校でのキャリア教育とアクティブラーニング実践報告】
　　静岡県立浜松北高等学校　**大村勝久先生**
　　千葉県立東葛飾高等学校　**福島毅先生**
　　静岡県立韮山高等学校　**鈴木映司先生**
【鼎談〜コーチングとアクティブラーニングによる学校改革〜】
　　三重県立飯野高等学校　**鈴木建生先生**

三重県立特別支援学校西日野にじ学園　学校長　**鈴木達哉先生**
埼玉県立越ヶ谷高等学校　**小林昭文先生**

## 2013年　第7回
### 学習意欲を高め学力の向上につなげる授業改革（1）
【学習意欲を高め学力の向上につなげる授業改革】
　『リクナビ進学キャリアガイダンス』編集長　**角田浩子氏**
【学力と学習意欲を高める授業改革】
　岐阜県立可児高等学校　教諭　**浦崎太郎先生**
【授業研究会を通した効果的な教員同士の学び合い】
　帝京大学　教育学部　准教授／学術博士（教育学）
　**サルカール アラニ・モハメッド レザ先生**
　愛知県名古屋市立桜台高等学校　教諭／博士（教育学）　**水野正朗先生**
【学びを成長させるファクター】
　京都大学高等教育研究開発推進センター　准教授　**溝上慎一先生**

　　　　　　　　　＊　　　＊　　　＊

## 2013年　第2回　名古屋会場
【学習意欲を高め学力の向上につなげる授業改革】
　『リクナビ進学キャリアガイダンス』編集長　**角田浩子氏**
【アクティブラーニングによる学力向上施策】
　広島県立廿日市高等学校　校長　**才木裕久先生**
【一人ひとりが輝く～学習意欲を高めるための出発点～】
　福岡県北九州市立小倉中央小学校　**菊池省三先生**
【学習者主体の授業の在り方～現状と改善策を熟議により考える～】
　コーディネーター　**菊池省三先生**
【学びを成長させるファクター】
　京都大学高等教育研究開発推進センター　准教授　**溝上慎一先生**

## 2014年　第8回
### 学習意欲を高め学力の向上につなげる授業改革（2）
【新学習指導要領が問う学力とは何か】
　大谷大学　文学部　教授　**荒瀬克己先生**
【岩手県立盛岡第三高等学校の授業改革】
　岩手県立盛岡第三高等学校　副校長　**下町壽男先生**
【アクティブラーニング型授業体験】
　数学・国語（古文）・世界史＆地理の融合授業・物理・家庭科・英語・国語（現代文）・日本史・生物・LHR
【高校教育の質の向上に向けて】

京都大学高等教育研究開発推進センター　教授　**溝上慎一先生**
　　　　　　　　　　　　　＊　　　＊　　　＊
**2014年　第3回　名古屋会場**
【時代が求める学力はアクティブラーニングで身につくのか】
　　　産業能率大学　経営学部　教授　**小林昭文先生**
【アクティブラーニングを促進する学習指導の原理】
　　　愛知県名古屋市立桜台高等学校　教諭／博士（教育学）　**水野正朗先生**
【アクティブラーニングと学力向上の関係性】
　　　岐阜県立可児高等学校　教諭　**浦崎太郎先生**
【高校教育の質の向上に向けて】
　　　京都大学高等教育研究開発推進センター　教授　**溝上慎一先生**

## 2 アクティブラーニングが必要とされるようになった理由

　実は日本では高校よりも先に大学で、アクティブラーニングの重要性が強調されるようになった。その背景としてはいくつか挙げられるが、第一に「社会が求める能力の変化」がある。OECDがキー・コンピテンシーの概念を発表し、PISA型学力調査のプログラム開発を始めたのは1997年のことだが、その背景として、テクノロジーの急速な発展によって社会の変化が激しくなり、社会で求められる能力も基礎学力のように一度修得すればそれで終わりとはならなくなったことがある。特に「変化への適応力」や、他者との相互依存の強まりの中での「対人関係を調整する力」、課題の複雑化の中での「解決能力」などが問われるようになってきたのである。

　こうした能力を東京大学の本田由紀教授は、「ポスト産業社会」「知識基盤社会」とも読み替え可能な「ハイパー・メリトクラシー社会」で求められる能力として「多様性」「意欲・創造力」「個別性・個性」「能動性」「ネットワーク形成力・交渉力」等を挙げ、以前の産業社会で求められてきた「標準性」「知識量・知的操作の速度」「共通尺度で比較可能」「順応性」「協調性・同質性」等と対比している（図表1-2）。

　これが社会が求める能力の変化であるが、では、このような能力をどのような授業で身につけることができるかというと、当然のことながら一方的な講義だけで構成された授業では困難であり、そこでアクティブラーニング型授業が求められることになる。

　第二に少し消極的理由としてだが、大学におけるユニバーサルアクセス段階の到来が挙げられる。ユニバーサル段階というのは、アメリカの教育社会学者マーチン・トロウが行った分類のひとつで、それによれば同世代における大学進学率が15％以下の段階をエリート段階とし、15％〜50％がマス段階、そして50％以上がユニバーサルアクセス段階となる。このユニバーサルアクセス段階の到来は、国全体としての総体的な学力は向上

■ 図表1-2 「社会で求められる能力」の変化

| 近代社会<br>(メリトクラシー) | 現代社会<br>(ハイパー・メリトクラシー) |
| --- | --- |
| 基礎学力 | 生きる力 |
| 標準性 | 多様性・新奇性 |
| 知識量・知的操作の速度 | 意欲・創造力 |
| 共通尺度で比較可能 | 個別性・個性 |
| 順応性 | 能動性 |
| 協調性・同質性 | ネットワーク形成力・交渉力 |

出典:『多元化する「能力」と日本社会 ―ハイパー・メリトラクシー化のなかで―』(NTT出版 本田由紀) より作成

するものの、次のような問題点があると指摘されている。それは、これまで大学に進学しなかった層が大量に大学教育を受けることになり、そうした層は学力や学習習慣をはじめとして大学への準備（カレッジ・レディネス）が整っていないまま、大学教育に入ってくる。その結果、講義形式だけでは90分の授業が成立しない事態が生じてきているのである。

加えてこうした状況は成績下位層だけではない点も指摘されている。その理由は、研究の結果を待たなくてはならないが、京都大学のようなトップクラスの大学においてすら、ワンウェイの講義だけでは学生の集中力が続かないことが多いと、本フォーラムの講演の中で同大学高等教育研究開発推進センターの溝上慎一教授は述べている。

第三に、最近の学問的な知見からアクティブラーニングの重要性が解明されてきたことが挙げられる。第2章において詳しく述べるが、まず「学びの社会化＝ソーシャルな学び」と言われる内容についてである。

学びの社会化とは、学びの中で自分とは異なる解釈や理解と出会い、それらを受け止め、また自らの解釈や理解を相手にも理解させようと働きかける等の相互的な関わりによって、より深く広く学べるという見解である。

これは同時に、より高度なコミュニケーション能力の形成をも意味している。こうしたソーシャルな学びは、たとえその教室が様々な国からの留学生で満ち溢れていたとしても、ワンウェイの講義だけでは経験することができない。そのためには、自分の解釈や理解を言語化し相手に伝えるというプロセスを経なければならず、そうしたソーシャルな学びを実現するためにもアクティブラーニングが不可欠なのである。

　第四に、これも同じく第2章で詳しく紹介するが、最近の教育学的な成果として「深い学び」を実現するためにも、アクティブラーニングは不可欠だということである。「深い学び」とは、授業で経験したことや新たに得た新しい知識を自分がすでに持っている知識と関連づけ、テストが終われば忘れてしまうような知識と異なり、一生剥がれ落ちない知識と理解を得ることを言う。このような深い学びが成立するためには、一方的な講義では100％不可能だとはもちろん言い切れないものの、アクティブラーニング型授業においてこそ、であろう。

　さらに第五として、知識の習得という点についても触れておきたい。アクティブラーニングは記憶的な側面においても、一方的な講義よりも大きな成果を生むことで知られている。ラーニングピラミッドという模式図が説明に使われることが多いが、「他者に教える」という行為が、講義を単に座って聴いているだけの行為よりも何倍もの知識の定着をもたらすことは、経験的に知られているし、読者も体験として実感があると思う。図表1-3がそのラーニングピラミッドと呼ばれるもので、ご覧になった方も多いかもしれない。近年、実証的なデータではないことが指摘されているが、学び方によってその内容がどれだけ半年後に定着しているかを示した模式図としては、それなりに説得力があり、多くの場面で使われている。

　もちろん、このような模式図だけではなく、実証的なデータも存在する。例えば、マサチューセッツ工科大学では、物理の授業にアクティブラーニングを導入した結果、それ以前の一方的な講義のみを受けていた学生と比較して、授業終了後の成績の伸びが顕著であった（アメリカの場合は、物理学会が提供するテストがあり、それによってその科目の履修前と履修後の物理の学力を測定できるとされている）。伸びは図表1-4に見てとれる。

■ 図表1-3 ラーニングピラミッド（平均学習定着率）

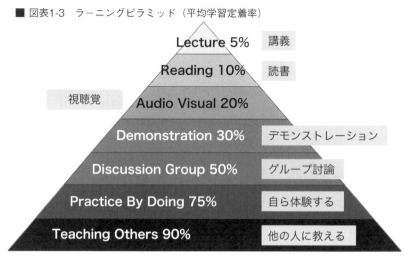

出典：The learning Pyramid. アメリカ National Trainins Laboratories

　次ページのグラフは、手前の3本が物理授業の受講前、奥側の3本が受講後の成績を表している。3本はそれぞれ成績上位層、中位層、下位層を示している。左はアクティブラーニング型授業の、右は講義型授業の受講前後を比較したものである。アクティブラーニング型授業のほうが講義型よりも成績上昇が顕著であり、しかも、下位層だけではなく上位層の成績上昇が講義型授業よりもはるかに大きくなっていることが分かる。

　スタンフォード大学メディカルスクールでも、ノーベル賞学者による講義から、大学院生と一緒に練習問題をグループで解くというやり方に物理の授業を変更したところ、40％ほどの得点の伸びを示したという報告もある。

　このことは、今後大きく転換しようとしている大学受験はさておくとしても、現行の知識の正確さと量を問う大学受験のための勉強においても一定の効果を上げることを予感させる。次に挙げる第7回フォーラムで報告された岐阜県立可児高等学校の事例がそのことを示唆している。

■ 図表1-4　マサチューセッツ工科大学（物理の授業）での成績変化

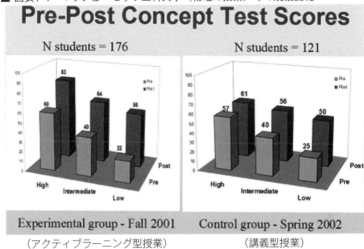

（アクティブラーニング型授業）　　　　（講義型授業）

出典：東京大学ホームページ・MIT Senior Lecturer：Peter Dourmashkin 講演資料より

### 第7回フォーラム報告書　P.30　浦崎太郎先生の報告より

　ではこのような手法に効果はあるのか、という話です。そこで昨年度、試してみました。進学校は結果の点数が出ないと何事も進まないところなので、偏差値に反映されているかどうかを模擬試験のデータを使って調べました。

　具体的には、まず2012年度第1回全統記述模試では模擬対策（授業時）のアクティブラーニングは未導入でした。9月の第2回全統記述模試の模擬対策（授業時）ではかなりアクティブラーニングを導入しています。そこで記述模試の結果、1回から2回の偏差値の変化を調べると効果がわかるのではないか、という見通しです。

　第2回全統記述模試の第1問は音波でした。予想どおりの出題範囲結果でしたが、難易度が高く、表面的学習ではとても太刀打ちできないレベルでした。

　模試の第1問の結果は、本校は第1回より第2回の結果が相対的に伸びています。波動について苦手意識が高かったのですが、スコアを伸ばせました。自分に都合のよい考察では、アクティブラーニングの効果もあったと考えています。

　第2問は力学の問題でした。例年「物理Ⅱの力学」から出題されていますが、ピンポイントの対応はできません。結果はスコアを下げた高校が多い中で、本校はスコアを伸ばすことができました。私の考察では、全てではないにしろ、アクティブラーニングの効果もあったと考えています。

　第3問は静電気（電界と電位）でした。予測がはずれ対策が行き届かなかったので、

> 結果は、スコアが低くなりました。私の考察では、通常の対策（課題テスト＆再々々試）は実施済みなので、「アクティブラーニングでないと得点力には結びつかない」ことを示唆している、と思います。
>
> 　第2回全統記述模試の合計点から見ると、第3問で失点しましたが、トータルではスコアは伸びました。第1問、第2問の力学と波動はアクティブラーニングで過去問題をやり、対策の範囲から出題された問題だったのでスコアが伸びています。対策の範囲以外から出題された第3問は結果がよくありませんでした。
> 　以上アクティブラーニングの効果を検証したつもりですが、その結果は、
> 　「一応効果はあるかもしれない、という気配があります」
> 　というのは、不都合な真実がいくつもあるからです。どうとでも言えますが、①通常の日々の授業の成果が表れたわけではない、②全ての模試や範囲で同様の結果が出ているわけではない、③入試本番で成果が表れたわけではない、④純粋なアクティブラーニング効果とは断言できない（条件制御が不能）。つまり十分な条件コントロールができた検証ではないので、今回は検証のまねごとをしてみた、というレベルです。
>
> 　もうひとつデータがあります。先程、放課後の受験対策「名大オープン対策講座」について話しましたが、名大オープンの成績を第1回から第2回にかけ追跡しました。
> 　毎日講座に参加して毎日アクティブラーニングを行った生徒と、問題だけ持って帰って自分で解いた生徒を比較しました。彼らの第1回から第2回の成績の伸びを比較すると、講座に参加してアクティブラーニングを行った生徒の方が伸びています。ただ、こちらも純粋なアクティブラーニングだけの効果かどうかはわかりません。
>
> 　以上から、今後何が必要なのかというと、「日々の授業にアクティブラーニングを導入すれば、特別な模試対策を行わなくても、安定的に模試の結果が出る」ことを、「1校だけでなく、多くの学校で実証する必要」があります。

　この他にもいくつもの理由を挙げることができるかもしれないが、これまでのキャリア教育推進フォーラムで取り上げられ、共有されてきたアクティブラーニングが必要かつ有効である大きな理由として、以上の5点（「社会が求める能力の変化」「大学におけるユニバーサルアクセス段階の到来」「学びの社会科＝ソーシャルな学びへの要請」「『深い学び』への要請」「知識の習得への効果」）を確認しておきたい。そしてこのような理由から、当初、大学では主に初年次教育の中でアクティブラーニング型授業が導入されてきたという経緯を持つ。それは高校での講義中心の授業から、ゼミ

や研究などの大学的な課題解決型学習への学習スタイルの転換を目的として導入されることが多かったからである。

　加えて最近では、学士課程教育における質保証の観点から、「学生にどのような能力を身につけさせるのか」が問われるようになってきた。では、高校ではどうか。

　アクティブラーニングという言葉は使われてこなかったものの、協同学習や参加型授業という言葉は以前から存在していたし、総合的な学習の時間やキャリア教育の時間を活用した課題解決型のアクティブラーニングもある程度は取り組まれてきた。

　しかし高校での教科学習においては、アクティブラーニング型の授業はほとんど導入されてこなかったと言っても過言ではない。一方で小学校や中学校ではアクティブラーニング型授業が一般的に行われ、また大学でも高校での講義型授業への対策として、初年次教育でアクティブラーニング型授業が導入されてきたのと対照的に、高校はエアポケットとも言える状態にあったのである。

　とはいえ、高校でのアクティブラーニング型授業が必要とされる事情は大学と変わらない。社会において求められる能力の変化であり、高校生たちを取り巻く環境の変化である。

　そうした変化に対応する動きは、文部科学省レベルでもすでに始まっている。それが新学習指導要領（第1章第3節で説明）であり、高大接続テスト等の動き（第1章第4節で説明）である。

## 3 アクティブラーニングと新しい学力観 および新学習指導要領における言語活動の重視

　初等中等教育において、言語活動の重要性が強調されたのは、2008年のことだ。すでにその時点から、現在のアクティブラーニング重視へと至る大きな流れが始まっていた。

　その新学習指導要領の前提には学校教育法の改正がある。2007年に行われた改正では、学校教育法第三十条において「生涯にわたり学習する基盤が培われるよう、基礎的な知識及び技能を習得させるとともに、これらを活用して課題を解決するために必要な思考力、判断力、表現力その他の能力をはぐくみ、主体的に学習に取り組む態度を養うことに、特に意を用いなければならない」と強調されている。

---

**第8回フォーラム報告書　荒瀬克己先生の基調講演より**

　まずは「新学習指導要領が求める学力は何か」ということです。
　よく「学力だけじゃない」、「学力以外にも大切なことがある」と聞きます。そうかもしれません。でも、学校教育において学力以外に大切なこととはいったい何なのか。みなさん、お考えになったことがおありでしょうか。ちなみに私は、学力を伸ばすこと以外に学校教育で大切なものはないと考えています。この前提でお聞きください。
　細かい字で恐縮ですが、教育基本法の第五条第2項に義務教育について書かれています。下線付きの「各個人の有する能力を伸ばしつつ社会において自律的に生きる基礎を培い」、この文章の冒頭の「各個人の有する能力を伸ばしつつ」という所に大変な意味が込められていると思っています。基本法なのでこの上位には憲法しかありません。この基本法が示すものは、各個人には能力がある、ということです。ここからスタートしないと話はややこしくなります。

＜教育基本法＞
　第一条（教育の目的）　教育は、人格の完成を目指し、平和で民主的な国家及び社会の形成者として必要な資質を備えた心身ともに健康な国民の育成を期して行われなければならない。
　第五条（義務教育）　国民は、その保護する子に、別に法律で定めるところにより、普通教育を受けさせる義務を負う。
　2　義務教育として行われる普通教育は、各個人の有する能力を伸ばしつつ社会におい

て自立的に生きる基礎を培い、また、国家及び社会の形成者として必要とされる基本的な資質を養うことを目的として行われるものとする。(3・4省略)
　(教育基本法より)

　教育とは各人が持つ能力をどのように引き出していくか、です。ただし、どのような能力があるのか、またその能力がどれほどあるのかはわかりません。したがって様々な手法を使い、それらが引き出されていくように、あるいは生徒自身がそれに気づくようにしていく、というのが、私たちの教育活動において非常に重要なポイントだと思います。

　学校教育法の第三十条第2項に、学力の重要な3要素が盛り込まれました。これは学校教育法の改正に向けて議論していた中央教育審議会、教育課程部会で生まれた言葉です。
　①「基礎的な知識および技能」、②「これらを活用して問題を解決するために必要な思考力、判断力、表現力その他の能力」、③「主体的に学習に取り組む態度」、すなわち学習意欲。これらが学力の重要な3要素です。

＜学校教育法＞
　第三十条　小学校における教育は、前条に規定する目的を実現するために必要な程度において第二十一条各号に掲げる目標を達成するよう行われるものとする。
　2　前項の場合においては、生涯にわたり学習する基盤が培われるよう、基礎的な知識及び技能を習得させるとともに、これらを活用して課題を解決するために必要な思考力、判断力、表現力その他の能力をはぐくみ、主体的に学習に取り組む態度を養うことに、特に意を用いなければならない。　　(学校教育法より)

　私たちが「学力」という言葉を使うときには、この3つが要素として含まれていることを前提として話さなければなりません。ですから、教育関係者が先程の「学校教育において学力以外に大切なこととはいったい何なのか」という問いに、「学力だけじゃない」と返すことには非常に疑問に思います。
　「主体的に学習に取り組む態度」が学力の重要な要素として挙げられていますが、この条文には「生涯にわたり学習する基盤が培われていくよう」、「特に意を用いなければならない」とあります。学力ということを考えるときに学習意欲は重要なのですね。「学校教育法違反である」ということで告発を受けることはたぶんないので、うっかりすることがありますが、やはりそれは間違っています。
　「基礎的な知識及び技能・活用能力・学習意欲」、これらが「学力」です。これらが含まれているものが「学力」です。「主体的に学習に取り組む」というのは、「生涯にわたって」ですから、単に教科書に対して一所懸命取り組む、受験勉強を一所懸命やる、就職試験対策を一心にやる、それだけではないということです。
　例えば交差点の横断歩道の手前で白い杖をついた人を見かけたときに、声をかけよう

> か、かけまいか迷った後、自分で考えた末、声をかけようと思えるのは学習意欲の一つの表れだと私は捉えています。京都で目の不自由な方と話をしているときに、こうおっしゃっていました。「プラットホームや横断歩道で声をかけられます」、それは大抵が、「May I help you?」だというのです。「お手伝いしましょうか」、「大丈夫ですか」、「どちらに行かれますか」、という日本語はほとんど聞かないと。
> これは何の問題でしょう。モラル、マナーあるいは観光都市京都がまだあらゆる人に対して十分に心を開ききっていないということなのでしょうか。
> 私は学校教育の一つの問題だと思っています。あえてもう一度言います。
> 学校は「各個人の有する能力を伸ばしつつ」、学校教育法三十条に示された「学力」をつける場です。まずそれができてこそ、その他に大切なことがあると言うならば、やっていただくのがいいと思います。これができないのに「学力」だけではない、「その他に大切なことがある」とおっしゃるのはいかがなものかと私は思っています。

　そしてこの考えを受ける形で、新学習指導要領では、「言語に関する能力の育成を重視し、各教科等において言語活動を充実すること」としているのである。

　具体的には、国語科で「話すこと・書くこと」「聞くこと・読むこと」等の言語能力を培うとともに、各教科の中にそこで培われた言語能力が発揮できるような工夫を求めている。そして、「児童生徒が学習の見通しを立てたり学習したことを振り返ったりする活動を計画的に取り入れるよう工夫することが重要である」と指摘している。

　さらに「思考力」「判断力」「表現力」および「課題発見・解決能力、論理的思考力、コミュニケーション能力や多様な観点から考察する能力」の育成には言語活動の充実が不可欠だと、その密な関連性を強調している。

　ここで重要なことは、言語活動によるアウトプットが重視されている点だ。先述した社会的な学びが成り立つためには、学習者は自分の考えを言語化し、他者に伝えることが前提となる。他者に伝えるためには、頭の中で様々なことを関連づけて整理しなければならない。そうしたプロセスが深い学びにもつながるのだが、授業そのものの中にこうした活動を織り込んでいく授業設計が重要だということを、新学習指導要領は強調しているわけである。そしてこの文脈の延長上に、今日のアクティブラーニングへの取り組みが強調されている点に注目する必要がある。

# 4 アクティブラーニングと新たな高大接続テストおよび初等中等教育での探究活動

　今、高校の先生方にとって切実な問題として認識されていることの一つに、大学入試の変化がある。2020年度を前後して、これまでにないほどの大きな変化が訪れようとしている。

　中教審の2014年10月と12月における答申によれば、現状のセンター試験は廃止され、「高等学校基礎学力テスト（仮称）」と「大学入学希望者学力評価テスト（仮称）」の2つが導入される。前者は2020年度までに導入とされているが、現状の大学入試センター試験は、「知識・技能」を問う問題が中心となっており、「1点刻み」の客観性が重視されている点が「知識・技能」の偏重であると指摘している。その反省から、今後は「知識・技能を活用して、自ら課題を発見し、その解決に向けて探究し、成果等を表現するために必要な思考力・判断力・表現力等の能力」（「思考力・判断力・表現力」）を中心とした内容に改めていくという。このテストは、高校2年以降、複数回受験できるものとされている。（2015年6月現在）

　後者の「大学入学希望者学力評価テスト」については2021年度以降段階的に導入とされているが、学力の基礎となる「知識・技能」は単独では評価せず、それを活用する「思考力・判断力・表現力」を評価するものとなる。具体的には「教科型」に加えて、「合教科・科目型」「総合型」の問題を組み合わせて出題するとされている。

　現状では両テストとも内容が明確に詰められているわけではなく、不確定な要素も多いが、この改革の意図することは明瞭だ。

　それは、第2節で述べたような「ポスト産業社会」「知識基盤社会」に対応した諸能力を、日本においても初等教育―中等教育―高等教育を接続して一気通貫で形成していこうとするものに他ならない。

　だからこそ、この動きは①大学教育改革をも強く求めるし、②中等教育における教育改革も求めている。

　①大学教育改革に関しては、先にも触れた「大学入学希望者学力評価テ

スト」を打ち出した中教審答申において、ディプロマポリシー、アドミッションポリシー、カリキュラムポリシーの3つを、各大学に明確にすることを義務付けていることでも明らかだ。

　不思議なことに、これまでは大学にはこれら3つのポリシーを定めた場合に公表することが求められていたが、策定することは義務づけられていなかった。つまり、どのような能力を学生に身につけさせるか＝どのような学生を育成するか（ディプロマポリシー）、そのためにどのような学生を入学させるか（アドミッションポリシー）、そしてどのようなカリキュラムで育てるのか（カリキュラムポリシー）の3つのポリシーが明確になっていなくてもかまわなかったのである。それが、ここにきて3ポリシーの明確化が義務づけられたことは、前述の流れの中に位置づけた際に明瞭に浮かび上がってくる。

　すなわち、「学生にどのような能力を身につけさせるのか」ということは学習者中心の教育に舵を切ることを意味している。これまでの日本の大学教育は教授者中心であった。それは、大学においては「教授者が何を話したのか」ということが問題とされ、極論すれば、それを学生が聴いているかどうか、理解しているかどうかは二の次とされてきた。そして、教員は自分の喋ったことが学生に伝わったのかどうかを確認するのはテストのみにおいてであった。当然、そうした知識の大半は、テストが終わった翌日には忘れ去られる。

　しかも、大学のカリキュラムは、特に多くの文系学部ではこれまで「学生に○○の能力を身につけさせるため」に設計されたものであるとは言い難い現状にあった。俗に大学の世界では「人に科目がつく」という言葉があるが、「この先生がいるから（これしか教えられないから）、この科目を作る」という考え方である。しかし、学生に卒業までに身につけさせる能力を明確にして、それに至るカリキュラムを設計するのであれば、当然、このような「人に科目がつく」という状況は逆転されなければならない。まず科目の体系が設計されてから、それを担う人を選ぶ、あるいは外から招く等の「科目に人がつく」状況が生み出されなければならない。

　さらに、こうしてディプロマポリシーとカリキュラムポリシーが明確に

なると、どんな能力を持った学生を入学させるのかも明確にせざるを得なくなる。大学全入時代を迎えて、現在ではどこの大学も入学者確保にやっきとなっており、入学者の持つ能力への関心は高くないという現状がある。そして、大学入試が「知識・技能」に偏重していることから、高校教育も「知識・技能」を「教え込む」スタイルが未だに主流であるわけだが、その結果、大学ではこのような「一つだけであるはずの正解を探す」という発想が染みついた入学者に対して、初年次ゼミ等を設けて、「自ら問いを立てる」「正解が一つではない問題に取り組む」といった発想での学習に一から転換する必要に迫られている。

このような爬行性(はこう)を解消するために、入試改革が大学改革と一体のものとして主張され、また同時に初等中等教育の改革が謳われているのである。

②の初等中等教育の改革で注目すべきは、小中学校の新学習指導要領で「習得・活用・探究」という学習活動の類型が示されたことだ。これは続いて予定される高校の学習指導要領改訂でも継承されると見られている。つまり、各教科の基礎的・基本的な知識・技能を「習得」する。その習得した知識・技能を「活用」して観察や実験を行い、その結果を基に自分の考えを論述することを学習活動に組み込む。さらに教科等を横断した問題解決的な学習としての「探究」活動へと発展させることが求められている。そして「活用」や「探究」活動は明らかにアクティブラーニングなしには不可能だ。

このように小中学校では明確に方向性が打ち出されているのに対して、先ほどから繰り返しているように高校でのアクティブラーニングはこれからようやく本格化する段階にある。

先進的な取り組みを行っている一部の高校では「探究」活動で大きな効果を上げているが、一方で知識の量と正確さを問う現行の大学受験に規定されて探究活動は2年までに終え、3年からは現行の大学受験に沿う学習に切り替えられているケースが多いのも現状だ。その意味で、高大接続と大学教育改革および初等中等教育が一体的に進められようとしていることは大いに評価すべきだろう。そして、この中にアクティブラーニングが明確な位置づけを与えられていることに留意しておかなければならない。

# アクティブラーニングの定義と本書・当フォーラムのスタンス

第2章 アクティブラーニングの定義と本書・当フォーラムのスタンス

# 1 アクティブラーニングとは何か、定義を中心に

　アクティブラーニングとは何か。アクティブには、日本語のニュアンスとして「行動的」と「能動的」が含まれている。ここから、「体を動かす」「みんなで何かをする」というイメージで理解されることも多い。

　本書では、「行動的な」というよりも「能動的な」というニュアンスでアクティブラーニングを扱っている。字義通り訳せば「能動的な学び」ということになる。しかし、単なる能動的な学びということだけにとどまらない、というのが本書の立場だ。

　これは、アクティブラーニングの意味を理解した上で実践しようとする際には、とても重要なポイントなので、少し詳しく整理しておく。

　まず、第1章冒頭の文部科学省の中教審への諮問の文章を思い起こしていただきたい。

　「『何を教えるか』という知識の質や量の改善はもちろんのこと、『どのように学ぶか』という、学びの質や深まりを重視することが必要であり、課題の発見と解決に向けて主体的・協働的に学ぶ学習（いわゆる「アクティブ・ラーニング」）や、そのための指導の方法等を充実させていく必要があります」

　ここで注目すべきは、単なる「能動的な学習」を超えて、「課題発見・解決」などのPBLや協働的学習（協同学習）等の意味を「アクティブラーニング」に持たせていることである。

　それがどういう意味を持つのかを理解するには、アクティブラーニングの定義の変遷を踏まえておくことが重要だ。

　アクティブラーニングは最も広い意味で捉えると、100％受動的な学び、すなわち「一方的な講義を聴くだけの学習」以外の学習、何らかの能動的な要素が含まれた学習は、すべてアクティブラーニングである、ということになる。

　これは、本フォーラムで第4回から途切れることなくまとめの講演や基

調講演を続けている京都大学高等教育研究開発推進センターの溝上慎一教授（当時は准教授）が、第7回（2013年開催）までの講演で取っていた立場である。

　その時の本文を紹介しておこう。2011年8月の第5回フォーラムの「テーマ講演」において、溝上教授は「授業者からの一方向的な知識伝達型授業（学習者の受動的な学習）ではなく、学習者の能動的な学習を取り込んだ授業形態（教授法・授業デザインなど）を特徴づける包括的用語」というスライドを紹介したあとに、次のように述べている。

　「授業者からの一方向的な知識伝達型授業、受動的な学習ではなく、『なく』というところがポイントです。知識の習得だけではない、何かしら学生がちょっとでも能動的に働きかけるような学習であればすべてアクティブラーニングであります」

　つまり、ここでは「100％受動的ではない授業であればすべてアクティブラーニングである」という、最も広義な概念定義が行われているのである。
　この定義が修正されるのが2014年であり、第8回フォーラムにおいては次のように定義し直されている。

　「一方向的な知識伝達型講義を聴くという（受動的）学習を乗り越える意味での、あらゆる能動的な学習のこと。能動的な学習には、書く・話す・発表する等の活動への関与と、そこで生じる認知プロセスへの外化を伴う」

　ここでは、後半に「書く・話す・発表する等の活動への関与」「認知プロセスの外化」が条件として加えられている。
　その意味を、溝上教授は次のように解説している。少し長い引用になるが、重要なことなのでまとめて紹介したい。

**第8回フォーラム報告書　P.103　溝上慎一先生　講演より**

　例えばワークシートやコメントシートなどは『書く』という作業ですが、これらは教師が与えるものなので、教師に対して自分の理解を示すという意味で、ここにも『他者』は絡んでいると言えます。でも『書く』は個人の作業の中でできるもの、とも言えます。その意味では、若干旧来的です。ところが『話す』・『発表する』となると、立ち止まっ

て考える時間のない直接的な瞬間の中で、『自分の考えをコンパクトにまとめ、整理し、話す』ということが求められてきます。理解をじっくりと時間をかけて確認していくということは、『話す』・『発表する』という中ではできません。短い時間で、ぱっとまとめる力などが求められ、これまでとは違う学習の力が求められるようになっています。『なぜこのような力をつけ加えていくか』と言うと、これは冒頭の話になりますが、社会で人が仕事をしたり、社会生活を送ったり、人生を過ごす中で、人は決して一人で生きるのではなく、職場においてはほとんどの場で、協同で様々な事柄を仕上げていきます。そこには当然、個人の役割があり、個人の力がグループの成果の質を決めていくこともありますが、それでも個人だけでは仕事はできません。グループや組織に貢献していくための仕事が必要です。

　『ただ活動だけをしていればいいんだ』という誤解、例えば高校や大学の先生が誤解して「ディスカッションさせて、表面的な議論をさせるんだったら、しっかりした内容の講義を聞かせたほうがいいのでは」と言う方がいます。でもこれは表面的な議論になる授業の仕方やデザインが悪いのだと思います。『学生が自分の思考を作り、表現し、異なる他者の意見とすり合わせ、まとめ、みんなの前で発表する』、こういうことを『創り上げていくデザイン力』が、これからはどんどん求められます。そういうよい授業を創っていくための力を前提とした上で、最終的には活動をさせるのですが、でも「活動だけさせていればそれで OK」などということはありません。実際に大学で学生にディスカッションをさせていると、彼らは熱心に、面白がってやっています。ところがまとめさせたり、発表させると、教師の期待するところまでいきません。表面的なものが多いです。例えばインターネットでちょっと調べてまとめてしまう。そこには深い思考や問題を解決していく問いなどが十分ではなく、活動はあるが、中身が薄っぺら。こういう状況が大学でも起きています。

　このようなことを考えた時、よいアクティブラーニング、つまり最終的に社会での仕事の仕方、社会生活の過ごし方、あるいは人生の力強い生き方に関わっていくという意味でのアクティブラーニングには、「技能・態度・能力」を育てることが含み込まれなければなりません。活動させることは必要ですが、他方で活動に関わる認知能力を育てることが必要になります。

　（それゆえに）『活動だけさせてそれで OK』というような授業はダメだと思うので、確認も含め『認知プロセスの外化』という言葉を入れて、活動と認知という二重表現を採っています。

## 2 教授学習観のパラダイム転換

　このようなアクティブラーニングの定義には、教授学習観のパラダイム転換という意味が、根底に横たわっている。

　教授学習観という文脈で、これまでの教育、特に大学教育を概観すると、「教授者中心の教育（Teachers centered education）」であったと捉えることができる。教授者中心の教育とは、読んで字のごとく「教える側を中心に置いた教育」ということになる。これは「学習者中心の教育（Learners centered education）」の対概念なので、両方を合わせて説明しなくては意味がつかみにくい。

　学習者中心の教育とは、学ぶ側を中心に置いた教育観である。では、それらはどこが違うのか。教授者中心の教育では、「教員が何を話したか」が一番重要となる。学生や生徒が聴いていなかったとしても、先生がちゃんと話しさえすればちゃんと教育したことになる。「その成果が表れてこない＝聴いたことが身についていない」のは、学生や生徒の責任だということになる。

　これに対して学習者中心の教育では、「その教育（or 授業）を通じて学生・生徒が何ができるようになったのか＝どのような能力を身につけたか」ということが一番重要視される。いわば結果責任が教員の側に問われるわけである。

　次のような場面を想定して対比すると分かりやすい。

　「3年生の12月までに〇〇の教科書を終えなければならない」という状況で、先生はスピードを上げて教科書の説明に熱を入れる。ところが一部の生徒は聴いていない。内職はしているし、居眠りをしている生徒も多い。「それでも、これは教員としての義務である」として、教科書を最後まで教えきる。これで義務を果たしたのだ…、と。

　一方で、こうした授業も想定できる。教員は教科書の説明などはしていない。その授業で教えるべき単元の要約が記されたプリントが配られ、そ

の内容が簡潔に要約されている。読めば分かるような内容については、口頭での説明さえ省略されている。そして、授業時間の大半は練習問題に充てられ、生徒たちは最初は自分で解いて、その後は類似の問題をグループで解いていく。解き方が分からない生徒には他の生徒に質問することが奨励されている。質問された生徒も、自分の理解している解き方を一所懸命に相手に説明しようとする。なかなか伝わらないから、説明の仕方を変えようとする。すると、自分もうまく説明できないことに気づく。そのようにして、双方の理解が深まっていく。

この場合、どちらの学習が生徒の理解が深まっているのだろうか。前者では、教員は語るべきことを語っている。後者では教員は自分で多くを語っているわけではない。その代わりに、生徒たちに語らせている。教員はむしろファシリテーターの役に徹してさえいる。

結論は自ずと明らかだろう。後者の授業のほうが生徒は多くを学び、多くのことを身につけていく。改めて問えば、教育とは何のために行われるのか、ということでもある。

チョーク＆トークという言葉がある。板書と先生のトークのみで構成される授業のことだ。生徒たちは黙ってそれをノートに写し、聴いている。そして試験の時に、そこに写したもの、聴いたことと同じ内容が問われ、それを記述していけばよい成績が得られる。

ここで問題となるのは、教員の側の「教えたい」という職業的な本能のようなものである。生徒たちが誰も解けないような問題があったとして、生徒の前で「いいか見てろ」と数式を板書し、見事に解いてみせる。手についたチョークの粉をパンパンと払う。「これがあの頃は快感だったんだよね」と振り返って語った先生もいる。けれども、ここで実現されているのは教員の即自的な自己実現ではあるが、教員の自己満足に終始してもいる。

アクティブラーニングとは、学ぶ側が中心だ。ということは、教員は教育の現場でティーチングを通して直接的に自己実現するのではなく、生徒が学び成長することを通して間接的に自己実現するという立場に立つべきなのである。

# 3 「深い学び」を実現し、生徒がアクティブラーナーになる

　アクティブラーニングの直接的な効用は様々に挙げることができる。まず、集中力の持続である。授業の間、一方的な話を聴き続けている場合、生徒の集中力は時間とともに急速に低下することが知られている。ピアインストラクションという手法を開発したことで有名なハーバード大学のエリック・マズール教授は、学生の脳の活性度を測定した結果、一方的な講義を聴いているときの学生の脳は、「眠っている時」や「テレビを見ている時」と同じように不活性であることを指摘している。

　次の図表2-1は、D.A.ブライが『大学の講義法』の中で、講義を聴いている時の生徒の集中力の変化の推測を図示したものだが、おおよそこのような曲線を描いているであろうことは、経験的にも納得できる。

　であれば当然、授業への集中力が増せば学力向上などの成果が期待できることになる。

■ 図表2-1　授業中の集中力の変化：「休止を挟む講義時間の学習パターンの推測図」

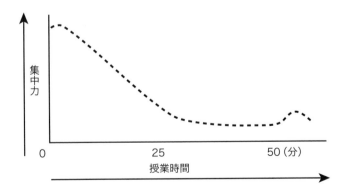

bligh,D.A.（1971）What's the use of lectures?
Exeter,UK:D.A.and B.Bligh より作成

だが、必ずしも目前の成績に結びつかなくても、アクティブラーニングはもっと大きな効果を学習者に与えていると考えられる。その主なものは以下の三つだ。
　一つめは、「深い学び」である。
　二つめは、ジェネリックスキルの育成である。
　三つめは、生涯を通したアクティブラーナーへの自己形成である。
　まず、「深い学び」がアクティブラーニングによって生起されることについてである。ここで言う「深い学び」とは、イギリスやオーストラリアの大学教育実践に広く浸透している概念だ。提唱者の一人であるエディンバラ大学のノエル・エントウィスル教授の『学生の理解を重視する大学授業』では、以下のように述べられている。
　「深い理解、構造化された知識とは、学生自ら新たに得た知識を既有の知識と結びつけ、新たな全体像を構築することである。こうした知識こそ、忘れない、活用できる知識である。一連の孤立した知識は試験で役に立つ程度であり、それ以上の何の役にも立たない」
　つまり、授業の中で何かを学んだり経験したりするということの意義は、それまでに自分が持っていた知識と関連づけて、「あ、そうだったのか」と腑に落ちるような新たな解釈や世界像が生まれるところにある、というのである。そして、そうした「深い学び」は、テストが終わったら忘れてしまうような知識とは異なり、一生剥落しない、活用できる財産になるのである。
　単純化した例で言えば、「水は１気圧の下では100℃で沸騰する」という事実的知識を覚えたとしても、それだけではテストまでしか持続しない、あまり意味のない記憶でしかない。しかし、例えば富士山の山頂で米を炊いた時に沸点が低くて生煮えにしかならなかったという自分の過去の経験と結びつけられたとしたらどうか。高い高度では気圧が低いので、釜の圧力を上げるなどの対策が必要になるという「深い理解」にも至り、同時にそれは異なったシチュエーションへの対応力をも育むことになるだろう。
　こうした、試験のための暗記を超える「深い学び」は、一方的な講義では生じにくい。頭脳の内部で脳内対話が活発になることによって、深い学

びが生起している可能性は十分にあるが、しかしそれは少数にとどまるだろう。もちろん、アクティブラーニング型授業を行いさえすれば深い学びが生起するわけではなく、それを生起させるような授業設計が必要だ。そうすれば、直面する試験での成績の上昇を超えるような大きな成果を生徒にもたらす可能性を持つことになる。

　二つめの、ジェネリックスキルの育成については、文部科学省が主唱する「21世紀型学力」とも重なっている。

　アクティブラーニング型授業におけるグループワークの中で生じているのは、「ソーシャルな学び」＝「学びの社会化」である。これは、「ネットワーク型学び」と読み換えることも可能で、従来型の「階層型学び」と比較すると図表2-2のようになる。

　学生が相互に関わることで、自分とは異なった理解に触れ、それと交流することでなぜそのような理解が生じたかを考えるようになる。それは、他者との協働、チームで働くことの重要な要件である。

　ここで育成されるのは、特定の教科についての知識や理解であることはもちろんだが、それだけにとどまらない。すなわちジェネリックスキルも育成されているのである。

■ 図表2-2　階層型とネットワーク型の違い

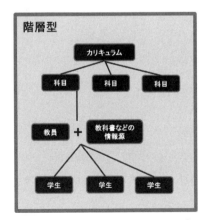
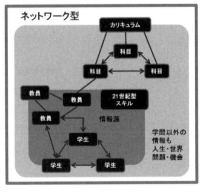

出典：『キャリアガイダンス2013年7月号』リクルート進学総研

## 第2章 アクティブラーニングの定義と本書・当フォーラムのスタンス

　ジェネリックスキルとは汎用的能力とも訳され、どのような職業に就こうとも必要とされる能力のことである。様々な定義があるが、ジェネリックスキルを測定する PROG テスト（河合塾とリアセック社の共同開発）によれば、大きくは「知識を活用して問題を解決するリテラシー」と、「経験を積むことで身についた行動特性であるコンピテンシー」に分類される。そしてリテラシーは情報収集力・情報分析力・課題発見力・構想力・表現力・実行力の 6 つの能力で構成され、コンピテンシーは対課題基礎力・対人基礎力・対自己基礎力で構成されている（図表2-3）。経済産業省が提唱する「社会人基礎力」などもこれに近い分類を行っているが、それは OECD の「キー・コンピテンシー」が共通の出発点となっているからである。

　このジェネリックスキルの特徴のひとつに転移可能な能力だということがある。ある科目の授業を通して身につけたとすると、他の教科にも適用できるようになる。そして教科を超え、学校を超えて活用できる能力となる。

■ 図表2-3　PROGテストが測定するジェネリックスキル

| | | |
|---|---|---|
| リテラシー | 問題解決力 | 情報収集力 |
| | | 情報分析力 |
| | | 課題発見力 |
| | | 構想力 |
| | | 表現力 |
| | | 実行力 |
| コンピテンシー | 対人基礎力 | 親和力 |
| | | 協働力 |
| | | 統率力 |
| | 対自己基礎力 | 感情制御力 |
| | | 自信創出力 |
| | | 行動持続力 |
| | 対課題基礎力 | 課題発見力 |
| | | 計画立案力 |
| | | 実践力 |

出典：『PROG 白書』（学書出版 PROG 白書プロジェクト）

これらの能力は社会で必要とされ、大学教育でもアクティブラーニングを通じての育成が進みつつあるが、高校段階でもアクティブラーニングの導入によって育成が期待できる能力である。

三つめは、生涯を通じたアクティブラーナーの育成である。アクティブラーニングは授業中に能動的に学ぶことを学習者に求める。学習者が能動的にならざるを得ない状況を作り出す。その限りで、生徒たちはその場ではアクティブラーナーとして振る舞っている。しかし、それが当該の授業の中だけにとどまらないようにすることまでを教育目標に据えるべきである。そして、そのことは理にかなった話でもある。

分からないことがあれば、仲間に質問する、調べる、議論する、創造する、検証する、振り返る。課題が与えられなくても、自ら問いを立てて取り組んでいく。こうしたことは、社会に出ても学び成長し続ける人が必ず持っている能力である。こうした力を育成し、それを教室の外で発揮できるようにしていくのである。

第5回フォーラムに登壇した立教大学経営学部の日向野幹也教授によれば、同大学経営学部のビジネス・リーダーシップ・プログラム（BLP）は、権限がなくても発揮できるリーダーシップの育成が教育目標となっている。しかも、学生たちがそのリーダーシップを教室の中だけ、授業中だけで発揮するのではなく、授業の外のサークル活動や日常の生活の中で発揮するようになることこそがこのプログラムの真の目標であると語っているが、まさにそのことである。

あるいは、本フォーラムでもおなじみの産業能率大学教授小林昭文（元埼玉県立越ヶ谷高校教諭）は、物理の授業でアクティブラーニングを経験した生徒たちが、放課後も同じように自主的に学びたいと物理教室の開放を教員に要請して、それが「ふいじ・かふぇ」開設につながったことをよく紹介されているが、これなどもその一例である。

生涯能動的に学び続けられる能力の育成、アクティブラーナーの育成こそ、アクティブラーニング型授業のより根底的な目標として据えられるべきであろう。

## 4 先生自身もアクティブラーナーになる

　以上が本フォーラムで培われ共有されてきたアクティブラーニングの根本的な考え方である。当然のことながら、基本的な考え方の次には手法が問題になってくる。アクティブラーニング型授業をどのような手法で実現していったらよいのだろうか。

　日本では多くのアクティブラーニング型授業の手法が確立されている。例えば「学び合い」、「協調学習とジグソー法」、「ラーニング・スルー・ディスカッション（LTD）」等々である。そして、これらの手法は特定の教育哲学や考え方に基づいている場合が多く、手法もそれぞれ独自に完結し、とても整合的である。

　しかし、結論を先に言えば、本書は特定の手法に縛られる必要はないというスタンスに立っている。なぜかを説明したい。

　それは、本書が「学習者中心の教育を推進したい」という実践的なスタンスを重視しているからである。本書の読者の多くは高校の先生方だと思われるが、これまでの講義中心のティーチングをされてきた先生方にとって、アクティブラーニングを導入しようとした場合、そのアプローチは大きく見て二つあるのではないだろうか。

　ひとつは、ある特定の手法を選んで、それを完璧に導入しようというアプローチである。それはそれでうまくいく可能性も高いだろう。なぜなら、そうした手法には多くの経験から導き出されたノウハウが蓄積されているからである。

　しかし、他方で弊害もある。その完結した手法は他の手法との併用が想定されていない。また、ノウハウも細かく指示されていることが多く、修正を加えにくかったり、「そのやり方に則って行う」ことのほうが教育の場の現実よりも重要になってしまったりする傾向に陥ることも少なくない。

　もうひとつのアプローチは、自己流で自分にできそうなことを導入し、

少しずつ改良を加えながら進めていく、という方法である。いわば無手勝流である。こうしたアプローチでは、完結した手法のあの部分だけ、この部分だけ、という「つまみ食い」も許される。唯一の基準は、自分がうまく使えるかどうか＝生徒の学びが活性するかどうか、だからである。

　そして自己流で創意工夫を重ねていくことは、教員も生徒と同様にアクティブラーナーになっていくということを意味している。考えてみれば、本フォーラムに集う先生方も含めて、日本の高校の先生方の多くは「これから」アクティブラーニング型授業に本格的に取り組もうとされているはずである。また、前述したようないくつかの手法はあるものの、普遍的にこれこそがアクティブラーニングであるとオーソライズされた手法が存在しているわけではない。だからこそ、あらかじめ正しい手法があって、それを間違いのないように導入するというスタンスではなく、自分ができそうなことに少しチャレンジし、生徒の反応を見たり意見を聞いたりして振り返り、修正を繰り返していく。それは取りも直さず、自分自身がアクティブラーナーとして取り組む姿を生徒に見せるということでもある。教師が真実や正解を独占的に所有する人間として生徒との関係を取り結ぶのではなく、生徒とともに学ぶ者としての関係や協働性を築いていくことでもあるはずだ。

　本書は、習得・活用・探究の領域で言えば、活用や探究へのアクティブラーニングの導入は当然のこととして、むしろ習得の授業へのアクティブラーニングの導入を積極的に推し進めるべきという立場を取る。この新しい課題を解決する正しい唯一解は存在していない。これからの実践によって、それはより豊かに生み出されていくものだからである。

# 3

# アクティブラーニングと
# キャリア教育

~キャリア教育の最終形はアクティブラーニングにある~

**三重県立四日市南高等学校校長　鈴木 達哉**

本章は、三重県立四日市南高校校長の鈴木達哉先生に執筆をお願いした。鈴木達哉先生は、本文中にもあるように、先駆的にキャリア教育に取り組まれ、それを発展させていく中で独自に「キャリア教育の最終形はアクティブラーニングだ」という結論に到達された。そして、そのプロセスこそ、本フォーラムがアクティブラーニングに至ったプロセスと軌を一にしていたのである。
当初は東京のみで開催されていた本フォーラムが、2012年から名古屋でも開催されるようになったが、そこには鈴木達哉先生の強い働きかけと尽力があった。それは、上に述べたキャリア教育こそアクティブラーニングであるべきだという強い信念と、それを中京地区にももっと広げていきたいという情熱の賜物とも言える。

# 第3章 アクティブラーニングとキャリア教育

## はじめに

　私が産業能率大学のフォーラムに初めて参加したのは第5回の自由が丘であった。それまで、10年以上キャリア教育に携わってきて、また国語の授業や小論文の指導で、論理的思考力やコミュニケーション力を養う実践（以下　論理コミュニケーション力）を行ってきたが、その時の企画内容に触れ、また、第1回からの報告書を読むに至って、自分が実践してきたキャリア教育の内容、そこから授業でのキャリア教育を行うに至った経緯・考え方等まったく同じであることに驚いた。

　それまでも「アクティブラーニング」という言葉も知らないままに、授業におけるキャリア教育として論理コミュニケーション力の実践を行ってきたが、それはまさに「アクティブラーニング」そのものであった。ただし、ここは私のやってきたことを述べる場ではない。私がお伝えしたいのは、「アクティブラーニングはキャリア教育そのものであり、それはすべての学校、すべての教員がやるべきものだ」ということである。言い換えれば、すべての高校生がアクティブラーニングを実践し、それを可能にするアクティブラーニング型授業を受けなければならない、とも言えよう。なぜならば、私はキャリア教育とは教育そのものであり、それならばすべての高校生がキャリア教育を受ける必要があると考えるからである。

# 1 私の考えるキャリア教育

「キャリアの虹（ライフキャリアレインボウ）」をご存じだろうか（図表3-1）。アメリカのドナルド・E. スーパーが提唱した、人の一生をその役割ごとに整理したものである。彼がこれを発表したのは1950年代で、それからすでに50年以上がたっているが、私は今でもこの考え方がキャリア教育の基本だと考えている。

■ 図表3-1 スーパーのキャリアの虹

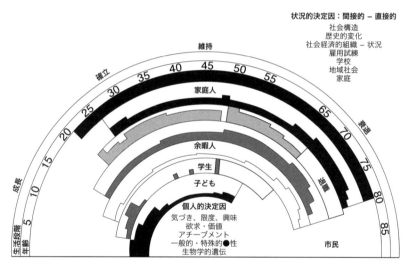

―ある男性のライフ・キャリア―

「22歳に大学を卒業し、すぐに就職。26歳で結婚して、27歳で1児の父親となる。47歳の時に1年間社外研修。57歳で両親を失い、67歳で退職。78歳の時妻を失い81歳で生涯を終えた。」D.E. スーパーはこのようなライフ・キャリアを概念図化した。

出典：Nevil & Super（1986）を参考に一部修正

一方で、日本で初めてキャリア教育という言葉が公的に登場したのが1999年の中央教育審議会の答申である。当時は、ニート・フリーター、若年者の早期離職等が社会問題化していたこともあり、社会や企業の要請から、キャリア教育イコール「職業教育」の意味合いが強いものであった。その後出された2004年の文部科学省の答申も、キャリア教育を「端的に言えば『職業観、勤労観を育てる教育』である」と述べている。それゆえ高校教員の間、とりわけ普通科の教員の間では「自分たちにあまり関係のないもの」としてキャリア教育をネガティブに捉えることが多かった。

しかし、スーパーの見解にしたがって、人のキャリアを「ワークキャリア」と「ライフキャリア」の両面から考えた場合、進学のその先にある人生のほうが長く、人生の本番とも言える。それならば、普通科高校の生徒であってもキャリア教育に取り組むべきではないか。中央教育審議会においても、2011年にはキャリア教育の本質を「一人ひとりの社会的・職業的自立に向け、必要な基盤となる能力や態度を育てること」と、社会生活に力点を移す方向で修正を加えている。

現在の高校生は否応なく21世紀を生きていく。それは知識基盤社会、情報化社会、グローバル社会といわれる時代である。2000年生まれの子供の11.3%は22世紀まで生きるとのデータもあり、デューク大学のキャシー・デービッドソン教授は「現在の小学生の65%はこれまで存在しなかった職業に就く」とも述べている。スキルや知識の陳腐化は数年サイクルになっている。日本国内では人口が減少し、働き方も多様化・グローバル化していく。このような社会ではこれまでのように知識・情報を持っているだけでは不十分で、それを活用し実際の仕事や社会生活に生かしていく必要がある。また既存の知識のみならず、新たな知識・情報を求めて、学び続けなければならない。また、自分自身で、あるいは人と協力して課題を見つけ、それを解決していくことも大切になる。そのためには多様な他人とコミュニケーションを取り、論理的に考え、ストレスをコントロールし、自ら計画を立て実行していく力などが必要になってこよう。

以上のことからすると、私はこれからの「社会で生きる」ために必要な力は、①自立力、②主体性、③共生力にあり、このような力をつける教育

が21世紀のキャリア教育だと考えている。また、このような力を持った「個」の育成をするために、幼小中高大のキャリア教育に連続性を持たせる必要があるとも思う。そのような教育を学校の様々な教育活動を通じて実践していくべきだ。

　私はキャリア教育を「ワークキャリア」「ライフキャリア」の両面から見据えてその教育活動を「日常型」と「非日常型」に類型化した。「日常型」とは生活指導や進路指導、部活動、学校行事、授業といった日常の教育活動をキャリア教育の視点で捉え直し（これを私は「キャリア教育という横串を通す」と言っている）、その指導に「魂を込める」ことで、生徒のキャリア意識を高め、「社会で生きる力」を育てることにある（図表3-2）。「非日常型」とは敢えて通常の学校生活にはない場面を設定し、生徒に異質な場面や外部の人々とのつながりを体験させることで「人生」や「社会生活」「仕事」などについて考える機会を作り、意識を高めるイベント型のキャリア教育である。（「地方発！進学校のキャリア教育〜その必要性と実践ノウハウ」より）

■ 図表3-2　キャリア教育を「日常の教育活動の視点」で捉え直す

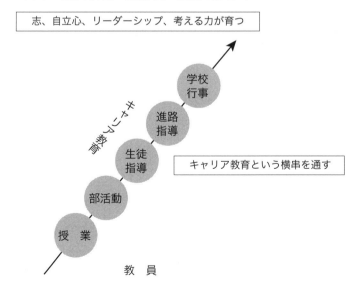

その中でも私は「日常型」キャリア教育のほうが優先順位は高いと考えている。なぜなら、キャリア教育は「社会の中で生きる」力を育てることであり、その力は日常の教育活動の中でも十分に育てることができると思っているからだ。

　私はそもそも「キャリア教育」という言葉そのものがなくなったほうがいいと思っている。なぜなら、教育の目的は「人格の完成を目指し」「平和で民主的な国家及び社会の形成者として必要な資質を備えた心身ともに健康な国民の育成を期して」行われるものである（教育基本法第１条）。私なりの解釈を加えれば、教育とは「人格の完成」と「近代市民の育成」が目的であると言えよう。それはまさに社会で他者と共に生きる力を育てるキャリア教育そのものであるし、それならば、あえてキャリア教育という言葉を用いて、何か特別なものがあるという印象はさけた方がよいと思うのだ。
　キャリア教育は教育そのものである。したがってキャリア教育をすべての学校で行うべきだ、というのが私の考えである。

## 2 普通科高校でのキャリア教育

　すべての学校でキャリア教育を行うと言っても、具体的な教育活動を行う際には高校だけ（あるいは高校生世代）をとってみても同じやり方で統一することはできない。「ワークキャリア」の活動においてはもちろんのこと、「社会で生きる」という観点からすると、比較的似通ってきそうな「ライフキャリア」においても、その学校の持つ役割、生徒の資質や特性、置かれた条件や地域によっても実践は変わってくるはずである。

　例えば、職業に関する専門学科を有する高校ではインターンシップ、職場体験等職業に関する学習も高い比率で行われている。もともと、教育課程そのものがキャリア教育に密接に関わっていることもあり、これらの学校では社会生活を意識して（キャリア教育という横串を通して）「日常型」のキャリア教育活動を行えば、バランスの取れたキャリア教育の実践ができるだろう。

　定時制の高校では、不登校経験者増加の実態からコミュニケーションに力点を置いた実践が求められる。また昨今、海外にルーツを持つ生徒が多数在籍していることもあり、言葉の問題のみならず、多文化共生、グローバルの観点からも「共生力」に重点を置いた独自のキャリア教育も必要だろう。私の住む地域では「ＪＳＬカリキュラム」という学習法を用いることで大きな成果を上げている。

　また、私は2015年3月まで特別支援学校に勤務していたが、とりわけ知的障がいの特別支援教育は、一人ひとりを大切にして生徒の自立と社会参加、地域との共生を目指すといった「もともと（ライフ）キャリア教育そのもの」（岩手大学教育学部　名古屋恒彦教授）として日常型のキャリア教育が行われている。また最近では国の障がい者就労政策ともあいまって、インターンシップの実施、校内実習、生徒の特性と仕事のマッチングを考える活動などワークキャリアに関する学習も充実してきている。

　このような現状もかんがみて、ここでは全国の高校の70％を占めなが

ら、取り組みが遅れがちな普通科のキャリア教育を取り上げて考えてみたい。もちろん、大学を中心とした進学を目指す生徒の多い高校（以下進学校）と多様な進路を目指す生徒の在籍する高校（多様校）では状況が違うと思われるが、ここでは私の経験上、進学校におけるキャリア教育を中心に考えてみたい。

　私は高校のキャリア教育において、進学校にもっとも課題が多いと考えている。
　私は15年ほど前から地方の県立進学校で3校にわたってキャリア教育を実践してきた。また、時には他の高校や進路関係の先生方が集まる研修会、セミナーで講演をさせていただいたりもした。今でこそ進学校においてもキャリア教育の本質が多くの学校で理解され、実践においても私がやっていたよりもはるかに優れたものが多数存在するようになったが、かつては「進学校でキャリア教育をやっている」と言うと「なぜですか？」と尋ねられたり、「理想としてはいいんだろうけど……」と疑問を投げかけられたり……、ということが多かった。「進学校にはキャリア教育は必要ない！」とはっきりと拒絶される先生も多くいた。さすがに今では、進路部長クラスの先生方にはこのようなケースはなくなっていると思うが、逆に一般の先生はまだまだキャリア教育に懐疑的な方も多く、進路部長やキャリア教育の校内推進者の先生がやりにくい思いをしている状況は広く存在しそうである。
　では、なぜ進学校においてキャリア教育が低調な学校が多いのか。私は大きく分けて三つの原因があると考えている。
　一つめは、前述したように、初期にキャリア教育が唱えられた時、「職業観、勤労観の育成」という言葉が独り歩きして、キャリア教育イコール職業教育との誤解から、大学等への進学を目指す生徒にはまだまだ先のことで、進学校には関係ない、と捉えられたことである。私自身は、大学等を経由することで社会との直接のつながりが切れそうな進学校だからこそ、その先の社会を見据えてむしろキャリア教育の必要性が高いと思って取り組んできたし、2011年を境に文部科学省のキャリア教育の捉え方も、

「一人ひとりの社会的・職業的自立に向け、必要な基盤となる能力や態度を育てること」と社会生活に力点を移す方向で修正が加えられているが、まだ一般的にはこの古い認識を引きずったままの教員は多いようだ。

　二つめは教員の多忙化である。かつてに比べて教員のやらなければならない仕事は明らかに増えている。従来の授業や生活指導、部活動指導だけでなく、事務処理量の増加、会議から保護者対応、地域との連携なども入り、私自身も多忙化は進んでいると感じる。もちろん忙しくなっているのは進学校の教員だけではないが、進学校の教員はそれに加えて受身、幼児化、学習意欲の低下など生徒の変容によって授業以外にも補習、課外授業、個人面談と手をかけなければならない仕事が増えている。加えてイベント型のキャリア教育という負担が増えると、「キャリア教育なんてもうたくさん」という方が多くなるのは、それなりの根拠があるとも言える。

　三つめはよく大学の先生に指摘されることだが、進学校教員の教育目標の意識が「大学あるいは大学入試がゴール」になっていることである。ここは反発を覚える方も多いだろうが、一般的に言ってまだまだそのような考えの教員が多いことは認めざるを得ない。しかし、これはやむを得ないところがある。進学校であれば、生徒や保護者からの進路に対する期待に応えなければいけないからである。進学校がキャリア教育をさらに進めていくためには進路実績という成果を譲ることなく、人間力育成を担保できる方法を作り出すことが不可欠である。これには大学の姿勢や大学入試の変革も必要である。キャリア教育やアクティブラーニングを実践することで進学実績を残すことができれば、進学校はためらいなくキャリア教育に舵を切ることができよう。幸いなことに、大学入試の改革は高大接続の問題とも絡んで急速に現実化の方向に向かっているので、大いに期待したい。

　それではこのような現状の中、今後、進学校のキャリア教育はどのような方向に向かうべきなのか。私は三つの方向性を提言したい。

　まず一つめは、非日常型のイベント型キャリア教育からの脱却である。これはすべてのイベント型をなくそうということではない。生徒のキャリアに対する意識を高めるためにも一定程度のイベント型は必要だが、全生徒に対する企画は総合学習の時間で実施できる程度に抑え、イベント型は

キャリア教育で意識が高まった希望者を中心に学校外の方々とも連携しながら様々な能力を伸ばしていってはどうか。

これは教員の多忙感を軽減することにもつながるが、もうひとつメリットもある。生徒の多忙も軽減できることである。進学校において生徒は授業以外にも家庭学習、部活動、学校行事と、学校の教育活動のすべてに全力を尽くすことが求められるケースが多い。それに加えての新たなイベントは力に余裕のある一部の生徒にはプラスになるが、多くの生徒にとって負担が重すぎてかえって疲弊を招いている可能性もある。せっかくの企画も、その意義を考える余裕もなくノルマをこなすだけになっている生徒も多いのではないか。実際、労働政策研究・研修機構の調査結果では、学生時代に受けたキャリア教育は、教員が期待するほど受けた若者たちの意識や記憶に残っていないことが見て取れる（2010「学校時代のキャリア教育と若者の職業生活」労働政策研究報告書）。もちろん、すでに素晴らしいキャリア教育プログラムを計画的に実施し、成果を上げている高校も多い。そのような高校は現在実践しているプログラムに反省を加え、修正しながら継続していけばいいだろう。しかし、そうでない高校は敢えてイベントを増やしていくよりは日常のキャリア教育を「魂を込めて」実践していくほうがよいのではないか。

二つめは、希望者を中心に行うイベント型キャリア教育を、生徒が主体的に行うことである。その際、教員はコーディネートに徹して、外部の企業人、行政マン、ＮＰＯ職員、研究者らと生徒を直接協働、研究させたい。これによって高校生は本物と触れ合うことで大きく成長するだろうし、教員は少ない人数と負担で実践していくことができる。

三つめは授業の中のキャリア教育であるアクティブラーニングの実践である。学校の中心が授業にあることには異論はないだろう。教員にとっても誰もがやらなければならないことである。授業の中でキャリア教育を行う。この場合の授業の中のキャリア教育とは、よく言われる数学の教材を生活に関連したものから選ぶとか、現代社会の中で労働法を教えるとかの狭義のものにとどまらない。言語運用能力を高めたり論理的思考力をつけたりすることは、これからの社会生活において基礎力・汎用的能力たりう

る。生徒同士のディスカッションやグループ学習を通じて人間関係力・コミュニケーション力をつけていくこともできよう。様々な意見を聞き、考えることで課題解決力を向上させることも可能だろう。これらは21世紀を「生き抜く力」を育成することになる。こう考えると、アクティブラーニングはまさにキャリア教育そのものである。学力の向上も大きな話題になっているが、その際の学力とは文部科学省が示しているように、従来の基礎・基本となる「知識」・「技能」に加えて、「思考力」・「判断力」・「表現力」といった「活用する力」、「主体的に学習する態度」の三つを合わせたものとして捉えていく必要があると思う。この中で活用する力、主体的に学習する態度はまさにアクティブラーニングによって育成することができる。それによって、生徒は受身の「教えてもらう」から主体的に「自ら学ぶ」へ、さらに「学び続ける」姿勢へと変容を促すことが期待できよう。そして、そこで養われる力は中央教育審議会が2011年に示した「身につけさせたい能力」（図表3-3）や先に述べた21世紀を生きるための力とも共通するだろう。（中央教育審議会キャリア教育・職業教育特別部会 2011）

■ 図表3-3　「社会的・職業的自立、社会・職業への円滑な移行に必要な力」の要素

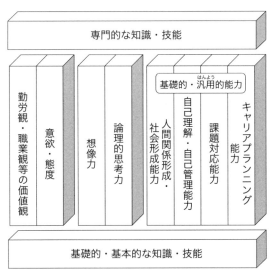

出典：中央教育審議会 平成21年1月31日答申

進学校独自のキャリア教育として、もう一つ、ぜひとも押さえておきたいことがある。それはリーダーシップの養成である。とりわけ、地方の進学校においては、生徒は20年後、30年後その地方のリーダーとなっていくことが期待されている。私は生徒たちに「君たちが20年後、30年後の三重県を（この地域を）担っていけ！」と繰り返し語ってきた。また、そのために「高い志」と「世のため、人のため」の気持ちを説いてきた。キャリア教育とアクティブラーニングによって21世紀型の学力を育成するとともに、日本や地域を自らが担っていく意欲・態度をぜひとも育てたい。

## 3　アクティブラーニングはなぜキャリア教育になるのか？

　このテーマを考えるにあたって、まず私自身のキャリア教育に関する考え方の変遷を振り返ってみたい。私は大学卒業以来、ずっと教育現場で実践を行ってきた。そしてキャリア教育からアクティブラーニングを実践するに至った自分の経歴は、多くの高校教員にとってアクティブラーニングを行う際の参考例になるのではないかと思う。

　私は約15年前からキャリア教育に携わってきた。キャリア教育という言葉が公式に登場したのが1999年だから、その初期から実践を行ってきたことになる。もっとも、その当時の私はキャリア教育という言葉も知らず、「進路学習」として実践していたことがあとから「キャリア教育」と呼ばれていることを知った、というほうが正しい。そのころの私（あるいは自分の勤務する高校）の『進路学習』は1年生で自己理解と職業観の育成、2年生でそれに基づいた学部・学科研究、3年生で大学研究や課題研究という形であったから、今では自分さえ批判的に捉えている『自分探し』から将来を描き、その目標に向かって努力するという典型的な自分軸を中心としたものであり、その中に生徒の意識を高めるために補助的に多くのイベントを取り込んだ形をとっていた。一方で「進路学習」とは別に、当時の自分の高校は、あいさつ・遅刻・提出物等の期限を守るといった生活指導は厳しく、部活動、学校行事にも熱心な学校だったので、これが「日常型のキャリア教育」にあたっており、今から思うと学校全体で総合的にキャリア教育を行っていたとも言えよう。

　私自身もやりながら反省を加えて『進路学習』を修正していくのだが、当時は学習指導要領の改変期にあたっており、学校教育が初めて経験する「総合的な学習の時間」が取り入れられるということで、この初期の3年間ほどのうちに全国から100校以上の学校訪問を受け、そのうちの多くの学校がこの形の「進路学習」をモデルとして行ったことを思うと、今では

誠に申し訳ない気持ちだ。

　最初の修正は『自分探し』であった。考えてみれば、これは当たり前のことで、自分がどんな職業に就きたいか、などがわずかな進路学習だけで決められるわけもなく、また決めようとすれば自分の知っているいくつかの選択肢の中から選ぶしかない。世の中には数限りない仕事があり、また、自分が職業に就く頃にはなくなっている仕事や新たに生まれてくる仕事もあるというのに。さらに、「自分がやりたい仕事」が見つかっても必ずしもその希望が達成されるとは限らないのだ。私は「やりたいこと」から「自分がやれること」、「社会や人のためになること」も含めた、「自分軸」と「社会軸」のバランスを考えた学習に転換していった。

　次に、イベント型に限界を感じるようになった。確かに、イベント型の「進路学習」で様々な人と出会い、様々な経験をして大きく成長する生徒は多い。実際、イベント型キャリア教育を実践して、すばらしい成果を出している高校もかなりの数に上る。

　しかし、キャリア教育を実践し、自分自身が様々な方々と接し、その考えに影響を受け、ネットワークを構築するうちに（もうその頃には意識は進路学習からキャリア教育になっていた）21世紀の社会や将来の地域の発展が自分の頭の中で大きな地位を占めるようになっており、「自分の学校」から「県の高校全体」を意識するようになっていた。「すべての高校生にキャリア教育を」と考えた場合、すべての高校のすべての生徒に、少なくとも現在やっているように外部を巻き込んだイベント型を提供するのは無理がある。また、イベント型で意識を高めることができるのは私の実感では意識が高まり行動につなげられる生徒が10％、行動までは伴わないが意識が高まりそれを継続できるのが10％くらいではないかと感じる（もっと素晴らしい取り組みができている高校ではもっと数字は高まるかもしれないが）。つまり、イベント型を通じてのキャリア教育はインパクトが強く華やかさがあるので教員にとっても生徒にとってもキャリア教育をやっている、という満足感と効果の高さを感じやすいが、大変な労力の割には成果が少ないと言えるかもしれない（もちろん高い成果を出す生徒がいることは事実なので、一部の生徒とはいえ、それで十分とする考え方

もある)。私はイベント型を縮小し、「全体でのイベント型キャリア教育」は「総合学習の時間」で完結できる程度に抑えて、むしろそれで意識を高めることができた希望者に対して外部人材と連携して、生徒が主体的に実践する取り組みへと変化させていった。

　一方で、「日常型」のキャリア教育は、それがもともと高校の伝統に根づいており、心理的な抵抗が少ない上、各校の内部で実践できること、より多くの生徒に成果をもたらすことができるなど、その意義深さも含めて自分の考えが変わることがなかった。私が現在、「日常型」キャリア教育のほうの優先順位が高く、それを中心にキャリア教育を展開するべきだと考えるのは以上のような理由がある。

　他方、アクティブラーニングについては、10年ほど前から論理コミュニケーション力ということで国語の授業を大きく転換した。これもその当時はアクティブラーニングという言葉を知らなかったので、5年前に産業能率大学のセミナーに参加して初めて、自分の授業がアクティブラーニング型授業であることを認識した。ここでのアクティブラーニングとは溝上慎一の定義する「一方向的な知識伝達型講義を聴くという(受動的)学習を乗り越える意味での、あらゆる能動的な学習のこと。能動的学習には、書く・話す・発表するなどの活動への関与と、そこで生じる認知プロセスの外化を伴う」のことである。私は読む、聞く、書く、話す、の4技能のスキルの習得と演習で「考える力(特に論理的思考力)」を伸ばすことを目標にしていたので、まさに授業でアクティブラーニングを実践してきたと言えよう。

　思えば私自身、20年ほど前から授業内外で「小論文」を通じて「考えること」「書くこと」の教育を実践していたので、キャリア教育を意識する以前からアクティブラーニングに対する親和性が強かったと言える。また当時の勤務校では小論文の指導を全国に先駆けて組織的に行っていたので、私だけではなく、その高校そのものがキャリア教育やアクティブラーニングにつながっていったのは自然な流れだったと言えようか。

　実際、全国の高校でキャリア教育を推進してきた先生方と話をすると、

私と同じような流れを経てアクティブラーニングに至った（イベント型を減らしていくかどうかは別にして）という方が多い。また、これまでアクティブラーニングをやってこなかった方でも、「そうだよね。私もアクティブラーニングに取り組んでいきます」と納得し、取り組みを始める方が多い。私の経験は必ずしも私自身の特殊な例ではなく、キャリア教育がアクティブラーニングと軌を一にすることの一般性は高いようだ。

　さて、問題は「アクティブラーニングはなぜキャリア教育になるのか？」である。キャリア教育は「社会で生きる力をつける」ことであり、キャリア教育を学校の教育活動全体を通じて行っていく（日常型のキャリア教育）なら、生徒指導、部活動、学校行事、進路指導のみならず、学校生活の一番の柱である授業を抜きにして考えることはできまい。しかし、高校での授業が従来型の一方向型の知識伝達型なら、そのままでは現代においてキャリア教育になる要素は少ないだろう。一時、「授業でキャリア教育を行う」ことの例として、授業で「労働法を教える」「生活に応用できるような教材を扱う」などが奨励されたことがある。もちろんこれらの授業もキャリア教育にはなるだろうし、これなら知識伝達型講義でも可能であろうが、これだけではあまりに狭義なものだと考える。
　「社会で生きる力」とは、言い換えれば現実に生徒が生きていく「将来の社会で生きる力」になろう。繰り返しになるが教育基本法にある教育の目的は「人格の完成」と「近代市民の育成」にある。人格の完成のためには、思いやりの気持ち、ルール・規律を守る、協調性、向上心……といった、いつの時代でも大切な不易の部分を身につけさせることも大切だろう。一方で「近代市民の育成」においては、時代が変わり社会が変われば、変わってくる部分がある。そもそも明治維新になって公教育が取り入れられて以来、日本という国が発展していくために一定程度以上の理解力とスキルを持った多くの人材を必要とした。そのためには全国で均一な知識を共通基盤としたほうが都合がよく、したがって知識伝達型の授業は最も効率よく、最大限の効果を上げるものであった。1970年代の高度成長といわれる時代までは、ある意味、この一斉講義型の授業形式と知識伝達・習得

型の授業内容がその時代に合ったキャリア教育であったとも言えるし、その当時も授業でキャリア教育を実践していたとも言える。この授業はもちろん、アクティブラーニングとは一線を画する。つまり授業でのキャリア教育が常にアクティブラーニングになるわけではない。

グローバル化、情報社会化が進み多様性を受容していかなければならなくなった21世紀、世界の中での日本、世界の中での地域を深く意識しなければならなくなった21世紀においては、自立し、主体性を持った「個」が共生力をもって「生きていく」時代になったと言えよう。とするならば、そのような「個」の力をつけるためには自ら主体的に、しかも他とのコミュニケーションを取りながら能動的活動を行うことが不可欠であり、その基盤となるコミュニケーション力や思考力、表現力、判断力、課題解決力を育成していくのは「ライフキャリア」「ワークキャリア」のどちらも含んだキャリア教育になる。まさに溝上の定義する「一方向的な知識伝達型講義を聴くという（受動的）学習を乗り越える意味での、あらゆる能動的な学習のこと。能動的学習には、書く・話す・発表するなどの活動への関与と、そこで生じる認知プロセスの外化を伴う」という定義において、アクティブラーニングはキャリア教育そのものになりうる。逆に言えば、授業においてもほかの教育活動と同様にアクティブラーニング型授業の実践でキャリア教育を行うことができる。

キャリア教育の観点で授業をやっていく上でさらに言えば、今回の私の役割から少し外れるが、授業形式も今後はグループ型、ペア型に変わっていく必要があると考えている（基礎知識習得のために一斉講義形式も必要になるので、すべての授業が変わるわけではないが）。これは、キャリア教育においては「個」に重点を置く、「個」のレベルを上げることで全体のレベルを上げることを目標にすることに基づいている。言い換えれば、一人ひとりを大切にし、「一人の落ちこぼれも許さない」こともキャリア教育の大切な役割だ。キャリア教育の本場、フィンランドでは「すべての国民をよきタックスペイヤー（納税者）に」がその目的であったとされる。一方、一斉講義型から私が協同学習グループワークに舵を切ったのは「一斉講義型ではどんなに素晴らしい授業であっても全ての生徒を理解させる

ことはできない」との杉江修二・中京大教授の言葉がきっかけであった。

　多くの能動的活動を行おうとすれば、教室全員の生徒でやるよりグループに分けたほうが効果的なのは明らかだし、学び合いは生徒同士がお互い「自ら学ぶ」という主体的な学習にもつながる。詳しい説明や授業方法については、このあとに掲載されている個々の実践例を参照されたい。

## 4　地方人材の育成のために

　先に、21世紀の日本は人口が減少し、働き方も多様化・グローバル化すると述べた。その状況は地方でこそ顕著になる。2050年までに現在の居住地域の2割が無人化する、とのショッキングな推計もある（増田寛也「地方消滅」）。

　私自身は郷土（三重県）を愛し、郷土をよくしていきたい、発展させていきたいと考えている。同時に、未来の日本を考えた時、地方分権にしか発展・存続の可能性がないとも考えている。なぜなら、それぞれの地域で様々な事情が違い、状況も違うのに、それを国が一括りの法律で縛ってしまえば、財政的にロスも大きい上に、住民の満足度を上げることもできないからだ。

　例えば、女性の社会参加のためには保育園が必要だ、という問題を考えてみよう。単身者同士の結婚生活が多い首都圏にあっては、それは喫緊の大問題であり保育園増設に多くのパワーの注入が必要だろう。しかし、三世代同居が多く、祖父母の助けが期待できる地方にあっては、保育園を大量に増設するよりも、むしろ高齢者対策に財源を振り向けるほうの必要性が高い。多くの企業が林立する首都圏の人々に「地方に戻って働こうと思っても、そこには仕事がないのだ」、と言ってもピンとこないかもしれない。

　こう考えた場合、地方分権の政策とともに、それぞれの地方で課題を解決する力を持った人材を育成することは必須になってくる。私は高校生と接していて、今の子供たちは我々が高校生の時よりもはるかに「人を思いやる気持ち」「人のために尽くしたいという気持ち」を強く持っていると思う。郷土を愛する気持ちも十分に持っていると感じる。それにもかかわらず、地方からの人口流出が止まらず、東京あるいは首都圏の一人勝ちになる状態は、地方に行けば行くほど仕事がないことが最大の原因だと考えている。

　それに対して私は、21世紀型キャリア教育とアクティブラーニングが、

この課題を解決していくための必須アイテムになると考えている。具体的には「総合学習の時間」などの「非日常型」（イベント型）の授業で、郷土に対する問題意識を高めるテーマ学習を行う（もちろん、できるならば日常型の中や授業でテーマ学習を行うことも可能だ）。問題意識を高めることができた生徒や希望する生徒を中心に、その地域の行政人、企業人、農業・医療・介護従事者、ＮＰＯ職員など、実際に問題解決行動にあたっている外部の方々の中に高校生を組み入れてディスカッション等を行う。本物とのふれあいを通じて課題解決能力を高めるとともに、将来、彼らが地域に戻って、その地域の発展に尽くしてくれる基盤を作ることができるのではないか。また、このコラボは実践している外部人材の側にとっても高校生の斬新なアイデアを取り込むこともできて、お互いにとってWIN-WINの関係を築いていける。もちろん、その前提として授業でのキャリア教育が必要であり、アクティブラーニングを通じて生徒のコミュニケーション力、思考力、判断力、課題解決力のレベルを上げておくことも必要だろう。

　今こそ地域に人を呼び戻し、地方を発展させていくために、課題解決力を持った人材、地方を愛し地域を支える人材を、教育・行政・企業・社会を担う人たちが一丸となって育成しなければならない。私の切なる願いである。

## 5　キャリア教育とアクティブラーニングの普及（みんなでやろう！）

　この1～2年でキャリア教育が理論的に整理され、アクティブラーニングの実践は高校においても急激に増加してきた。しかし、全国的に見た時、その普及率はまだ1～2割といったところだろう。スーパーティーチャーのいる高校、熱心な管理職が先頭に立って頑張っている高校においては組織としての取り組みが行われているが、それ以外の学校では熱心な教員が個人レベルで頑張っている、というところではないか。

　だが、生徒の側から見た場合、素晴らしいキャリア教育やアクティブラーニングの取り組みが行われている学校の生徒はラッキーで、そうでない学校の生徒は21世紀型学力がまったくついていない、という状況では全く不十分だと私は考える。生徒たちが新しい時代を生き抜いていく上で「すべての高校生がキャリア教育を受けるべきである」し、「授業の中のキャリア教育であるアクティブラーニングもすべての高校生が受けるべきである」と考える。裏を返せば「すべての高校でキャリア教育やアクティブラーニングを実践する必要がある」ということだ。

　もちろん、すべての学校が満足度の高い実践ができればいい。しかしそれは現実的ではないだろう。誰もがスーパーティーチャー、スーパー管理職になれるわけでもない。しかし、普通の学校でも、その取り組みが仮に30点、40点のレベルであったとしても、すべての生徒がある程度の主体性や表現力、判断力、思考力といった活用能力を身につけて大学や社会に出て行けるようになってほしい、というのが私の願いだ。

　イベント型キャリア教育についてもだが、現在ではアクティブラーニング型授業でも様々な手法が提唱されている。すでに素晴らしい成果を残しつつある教員も出てきている。この本の中でも多くの実践事例や成功例が掲載されている。それを知ると「もっといいものを」という気持ちになる教員も多いかもしれない。しかし、くり返しになるが我々のアクティブラーニングの定義は溝上の言う「一方向的な知識伝達型講義を聴くという（受

動的）学習を乗り越える意味での、あらゆる能動的な学習のこと。能動的学習には、書く・話す・発表するなどの活動への関与と、そこで生じる認知プロセスの外化を伴う」である。無理をすることはない。まずは自分のできる範囲で実践してみよう。また、アクティブラーニングを推進するといっても、基礎的な知識・技能も学習において必要なものなのだから、すべての授業をアクティブラーニング型にする必要もない。知識伝達の講義型授業をすべて否定することもない。

　教員は大体においてまじめである。与えられたすべてのことをキチンとやる、という方が圧倒的に多い。私は自分が管理職になってから、「この人はこのままでは仕事に押しつぶされて倒れてしまうのではないか」と思う教員を多く見てきた。それだからこそ、「キャリア教育までは忙しくてなかなか手が出せない」という教員でも無理のない範囲からアクティブラーニング型授業を始めてはどうか。「誰もができるキャリア教育を」「授業を変えることで誰もがキャリア教育の実践ができる」。私が「アクティブラーニングはキャリア教育の最終形」と言うのは、この意味においてである。

　先生方の中には、私がそうであったように、意識しないでアクティブラーニングをすでに実践していた、という方もいるだろう。その方はすでにキャリア教育の実践者でもある。そのまま今の授業に内省を加えながら向上させていってほしい。

　今までは一方向的な知識伝達型授業だったけれど、これからアクティブラーニング型授業に変えていきたい、という方。すべての授業を変えることはない。まずは週に1回、5分間だけでも生徒の活動を取り入れてみてはどうだろう。例えば、その授業時間のまとめをペアワークで発表させる、振り返りも兼ねた小テストをやって答え合わせを生徒同士でやってみる、等でも十分なアクティブラーニング型授業になり得る。

　その中でぜひ、実践していただきたいことがある。それは授業の最初にその時間や単元の目標を生徒に明示することと、授業の最後に必ず振り返り（内省）を行うことである。アクティブラーニングの最大の目的は、生徒自らの活動への関与とそれによる認知プロセスの外化（生徒自身が活動

を通じて思考すると言い換えていい)である。アクティブラーニングは「活動を通じて頭をアクティブにすること」とも言われる。目標の明示と振り返りで、生徒が主体的に「自ら学ぶ」こと、それを継続することで「学び続ける」力をつけることができれば、すでに十分なアクティブラーニング型授業になる。あとは、生徒に学びながら彼らの状況に応じてこまめに修正をかけていけばよい。それぞれの学校の中心となっている先生で、校内でキャリア教育やアクティブラーニングを広げていきたいと考えている方も、上記のように説明してもらえば、抵抗感のある先生に対してハードルを下げることになり、「やってみよう」と考える方も増えてくるのではないか。

これまでアクティブラーニング型授業をやってきて、さらに改善をしていきたいと考えている方。このあとの実践例のまねをするのではなく、参考になると思った部分を取り入れながら授業を再構成していってほしい。同じ学校に実践している方がいれば、ぜひともお互いの授業を公開し合ってほしい。それによって互いの意見を交換したり、いいところを取り入れたりして、授業の改善につなげられると思う。また、今はアクティブラーニングの研修会、セミナーもたくさん開催されているので、そのような場所に出かけて行って勉強したり意見交換したりするのも、ぜひともお勧めしたいところだ。

繰り返しになるが、我々が指導しているすべての生徒たちが21世紀を生きる。その彼らが「社会で生きる力」を身につけ、将来の日本や地方をさらによくし、発展させていってほしいと願っている。その力をつけるために、みんなで一緒にキャリア教育やアクティブラーニングを実践していきませんか。

〈参考文献〉

- 『高校・大学から仕事へのトランジション　変容する能力・アイデンティティと教育』（溝上慎一、松下佳代編　ナカニシヤ出版）
- 『アクティブラーニングと教授学習パラダイムの転換』（溝上慎一著　東信堂）
- 『地方発！進学校のキャリア教育　その必要性と実践ノウハウ』（鈴木達哉著　学事出版）
- 『キャリアガイダンス』（Vol.405　2014.12、Vol.406　2015.2　リクルート）
- 『キャリア教育推進フォーラム報告書』（第1回〜第8回　産業能率大学）
- 『中央教育審議会答申』（2011年1月）
- 『知的障害教育発、キャリア教育』（名古屋恒彦著　東洋館出版社）
- 『地方消滅　東京一極集中が招く人口急減』（増田寛也編著　中公新書）
- 『労働政策研究報告書2010』（労働政策研究・研修機構）
- 『改善の合いことばは協同』（杉江修治著　一粒書房）

# アクティブラーニングの
# モデルパターンと
# 展開方法

## 4

静岡県立韮山高校教諭　鈴木映司

本章は静岡県立韮山高校の鈴木映司先生に執筆をお願いした。アクティブラーニング型授業を実践していくためには、ある特定の型に縛られる必要はない。手法の引き出しをより多く持っていると、様々な状況への対応が容易になる。ここでは、鈴木映司先生が自身で取り組まれた手法を概括的に整理して紹介する。

## 1．教師はアクティブラーニング型授業のデザイナー

> 「答えのない問題は難しいが考えることで新しい考え方が得られたりするので良かった」
> 「用語や知識が繋がっていく感覚が面白いです。他人との意見交換も視点が広がっていく感じが楽しい」
> 「内容が頭に入るので嬉しいです」
> 「みんなで物事の構成をしっかりと考えることができた」
> 「教科書に埋もれていた様々な言葉を学ぶことができた」

　これらの言葉は、アクティブラーニング型授業後の感想です。
　本章では第2章で触れられているアクティブラーニング型授業のバリエーションについて具体的な展開を考えていきます。
　私が、アクティブラーニングをデザインするときには次の二点から始めます。
　まず一つはデザインの中心となる「問い」を考えること。そしてもう一つは、その時間の「学びのゴールは何か？」です。
　前者の「問い」の重要性はアクティブラーニング型の授業を実施するごとに実感しています。どのような「問い」を設定するかによって授業の成否は決定されます。
　後者の「学びのゴール」に関して私たち教員は、教科を通じて身につけさせたい「学習内容」ばかりに捉われがちですが、「知識基盤社会」で生きていくために必要な、学び続けていく力を身につけさせているかという視点も不可欠です。
　一度の授業で生徒が学び取れることはそれほど多くはありません。アクティブラーニング型授業が単発のイベントで終わらずに、前後の授業展開との接続性を持たせながら教科全体の学習計画の中で「どこに向かって、どのような方法で、どこまで行くのか？」という俯瞰したデザインが求められます。
　授業内容を深めるためには教科の指導力が不可欠ですが、「効果的に実施する」には指導方法の研究と試行錯誤も必要です。

そのためには「どのようなデザインができるのか？」といった面での多くの選択肢を持っている方が有利です。そのためにこの章があります。

アクティブラーニングの魅力は、生徒たちが「頼るもの」を自分の中につくり出していく過程にあります。体験したことから学ぶため、体験したことが同じでも一人ひとりが学んだことは違ってきます。他人の経験の一部から、信用できるものを自分のものにしていきます。そして、未来に向かって自ら学び続ける「主体的な学習者」になるのです。

実際の場面では「全てが計算し尽くせるか？」と言われると難しい面もあるかもしれません。教師が設計した範囲の中で自由に動き回り、気がついてみたら枠を跳び越えたり、勝手に外に出て、大自然の中でたくましく活動していた。そんな想定外の嬉しい展開も起こるかもしれません。

■ 図表4-1　アクティブラーニングのコンセプトマップ

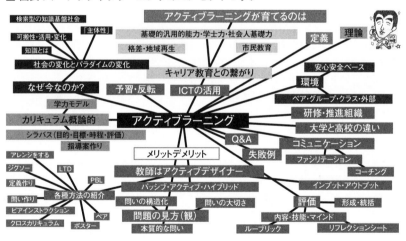

生徒たちのアクティブラーニングを進めることができるのは、自らアクティブラーナーになれる教師です。うまくいかなかったら生徒たちに申しわけないという気持ちから、後ずさりしてしまう場合もあるかもしれません。生徒や周囲に、なぜ今アクティブラーニングが必要なのか事前に説明しておきましょう。たとえ失敗したとしても「取り組む」価値はある。少

なくとも「教師も新しいことに挑戦する時代なのだ」というメッセージは伝わると思います。

以下は私が現場で授業をしながら考えていることを端的にまとめたものです。

---

**なぜアクティブラーニングなのか？**

　今、一斉講義だけの学習に疑問を感じている人々が世界中で増えています。人の理解は見たり聞いたり話したり実演したりして進みます。それぞれの特性に合った方法があるものです。認知心理学の発展とICTの活用で科学的な教授方法が検証され、今までの方法より有効な手段があることが認められつつあります。学び方にもバラエティーがあってよいのですから当然、授業においても様々な教授方法・学び方があっても良いはずです。アクティブラーニングの導入によって、生徒一人ひとりの今までには見られなかった側面を発見する機会も増えるのではないでしょうか。

　今日、実社会においても従来の方法だけでは解決できない問題が増えています。第三章でも述べられていたように、現在の高校生たちが活躍する未来の日本は、少子高齢化が進んだ結果、労働人口の半減・自治体の消滅など深刻な状況が予想されています。産業界では同一規格の大量生産によるスケールメリットが失われ、多品種少量生産が求められるようになっています。産業だけでなく国際化や人口減少など地域が抱える様々な問題を解決するために、市民・社会が求める能力の開発を学校でも身につける必要が高まってきています。しかし、答えにはなかなかたどり着けません。アクティブラーニングでは、実社会で経験する「答えが出ない『モヤモヤ感』を実感しながら進む」ことも体験できます。

　「正解は偉い誰かが教えてくれるものではなくて、最後に自分で出すものです」。例えば、「地元で幸せに生きるには？」という問いは全国各地に住む一人ひとりが考えなければならない問いですが、この問題には全国共通の「正解」はありません。そこにたどり着くための最適な教授法についても一つひとつの教室で違ってくると思います。「正解」がないことに対して「正解」を求めて仲間とトライしていくことが重要な時代になったということではないでしょうか。

---

　今、この本を手にされている方は、きっと研究熱心な方だと思います。今日、アクティブラーニングに関しては様々な情報が得られますが、実践してみると想定外はつきものです。授業改善の手続きを踏みながら楽しんでみようと思う気持ちと、まわりの先生方と話し合いながら進めてみようという姿勢は、正解がない時代に果敢に挑戦していく新しい教師像となるでしょう。

## 2.「個人で学ぶ」か、「他人と学ぶ」か

　アクティブラーニングをするより、自分で勉強したほうが効率がよいと考える生徒もいます。確かに、そろばん・ドリル、漢字書き取りのような作業なら一人で練習を進める方がはかどるかもしれません。しかし、おいしい料理や農業生産、商品の開発のようなプロジェクトは話し合いによる学習の方が向いているのではないでしょうか。

　学びの基本は「個人で学ぶ」か「他人と学ぶ」かです。アクティブラーニングで様々な手法をデザインしながら、この両方の側面を組み込んでみましょう。

　アクティブラーニングでは、「もともと何も持っていない」生徒に知識を詰め込むという考え方はしません。『思考』・『判断』・『表現』の力は誰もが持っているので、それをどのように授業の中で「気づかせ」「くっつけ」「活用させる」仕組みを作るか、という視点に立ちます。

　アクティブラーニングは仲間と学ぶものです。「〇〇法・〇〇学習」の授業を見学したので早速実行しようと考える方もいるかもしれません。しかしその前にとても大切なポイントが一つあります。それは、アクティブラーニングを取り入れる前提として「教室内の安心・安全」の関係が必要だということです。対話型授業を嫌っていたり、苦手だと思う生徒・保護者もいるかもしれません。どんなに素晴らしい手法を講じても、この前提なしには導入できません。だからこそ、他の教科担当者やクラス担任等とのコミュニケーションも重要な確認事項となります。行事やグループワークが上手に機能している学校では、比較的アクティブラーニングの導入はしやすいものです。生徒の状況から「うちでは無理だな……」と考えることもあるかもしれません。しかし本当にそうなのでしょうか。約束事の取り決めやグループの組み方、手法・時間・場所を工夫すれば実現できる場合もあります。これらの条件を鑑みた上で、手法の吟味に移ります。

## 3．作る料理でナイフを変える

　同じ内容を講義で伝える場合と、実験・実習といった体験の場合と、アクティブラーニングの学び合いの場合とでは、どのように違うのでしょう

か。自分の授業に「アクティブラーニングを取り入れてみたい」と思ったとき、どのような「手法」が浮かんでくるでしょうか。

　教師は「アクティブラーニング型授業のデザイナー」です。アクティブラーニングは教師によって計画的に構造化された学び方です。「手法」は道具であり、例えば料理に使う「ナイフ」です。道具が揃ったからといって突発的に料理が始められるわけではありません。「何を素材とするか？」「教えたいものは何か？」、作りたい料理によって使うナイフが変わるようにデザインは変わってきます。時間に関しても1時間をまるまる費やしたり、何時間にもまたがる場合もあれば、数分で終わる場合もあります。パッシブ（受動的）「or」アクティブ（能動的）の片方だけではなく「and」の発想で、ハイブリッドやその繰り返しも可能なので、自由なデザインができます。

　対応する人数も様々で、必要とする環境や学びの質も変えることができます。

　授業時間と人数・環境といった制約を配慮しながら「学びのゴール」を掲げ、「『問い』と『学び方』のデザイン・展開方法と評価の吟味」を考えるといったところが一般の手順になります。

　最初は「隣同士のペアワーク」からでもかまいません。授業で学んだことの確認と感想程度の簡単な「リフレクションカード」を書かせてみるだけでもよいでしょう。その中に一人ひとりの生徒、個々の教室ごとのヒントが示されてくると思います。以降は学習者の自由度を高めながら効果的な学習を計画するときに使われる「インストラクショナルデザイン」の手法を活用して Analysis（分析）→ Design（設計）→ Develop（開発）→ Implement（実施）→ Evaluation（評価）と進んでみてはいかがでしょうか。

## 4．「手に合うやり方」で

　アクティブラーニング型の授業は、よく知られている決まった方法で行なわなければならないということはありません。「教師の『手に合うやり方』で授業をすること」、それが一番しっくりすると思います。教室の生徒も

それが一番安心できるでしょう。グループの成功が個人の成功につながる「肯定的相互依存関係」や、お互い助け合い励まし合う「促進的相互交流」を組み込みたいものです。

　そのためには、例えば授業アンケートに「相手の意見をしっかり聞くことができましたか？」「質問ができましたか？」などの項目を加えてみてもよいでしょう。集団で個人を引き上げる責任、共同で作業を進めるためのスキルの向上、集団への貢献という価値の尺度を基に評価を行うということを事前提示しておくことで、回を重ねるごとに生徒たちの動きはスムーズになっていくと思います。

　教師はガイド兼、コーチ兼、ファシリテーター兼、マネージャー、さらに、ときには記録係もするというマルチタスクをこなすことになるのですが、「考えながら話している」生徒のようすをしっかり見取りながら、会話が弾むようなヒントを与えます。何度か繰り返して生徒たちが力を付けてくると信頼感も生まれ、舵取りはしやすくなります。

　グループ学習は小・中学校ではかなり取り入れられています。高校ではそこでの蓄積の上に実践を展開していくことになります。さらに1年間そして在籍中の3年間を見通したデザインも必要となります。

　基本は「個人」→「インタラクティブな活動（グループなど）」→「個人」というように、「個人」から出発して「個人」に還ってくる形にします。「導入」・「展開（情報提示・学習活動）」・「まとめ」のどの段階でアクティブラーニングを使うのか。一般的には学習活動の場面が想定されますが、「導入」の部分でウォーミングアップとして実行したり、「まとめ」の部分で定着・転移を促進する方法も考えられます。また、ルーブリックの提示や作成という形で評価の場面でも活用できます。

## 5．「解」のある問題から「解」のない問題へ

　アクティブラーニング型授業には、地歴科の例で言うと「資源の分布図を作ろう」「アルゼンチンとブラジルの違いは何か？」など、仲間と力を合わせて用意されている「正解」を探り・蓄えることを目的とする場合と、「豊かさとは何か？」「地元をPRする方法は？」など、仲間と自由な議論

をしながら解のない問題の「答え」を発見し、創り出す場合があります。義務教育までは主に前者を題材として扱いますが、大学では主に後者を扱い、例えば「スキルの取得」・「情報の意味の考察」・「解釈や概念の把握」といったテーマに絡めて掘り下げます。高校は両者が混在するあたりに位置するのではないでしょうか。テストに出る正解を覚えさせるだけではなく「主体的な学習者」になるために、「正解のない世界」を体験させることも近年は必要ではないかと論じられています。進学・就職の前に若者の政治参加の機会の拡大を、という流れの中で、「正解を求めるアクティブラーニング」から「答えのない問題を解き、正解のない世界を体験」し、その「モヤモヤに耐える力」を養っておくことも必要になるでしょう。

## 6．本気でその「言葉」を持っていってほしいというものを選ぶ

　人間は「言葉」によってものごとの本質を捉えることができます。「言葉」によってものごとはカテゴライズ化でき、そこから成り立ちをつかめ、数えることもできます。言い換えれば、私たちの現実の理解は「言葉を通じた多様な理解」で成り立っています。ですから、学習の成果として「言葉にして持ち運ぶ」ことが大切なポイントになります。学習の体験を持ち運び・活用して・改編していく。そんな経験につなげたいものです。主体的な学習者は情報を集め知識を活用し熟達し知恵にしていきます。今後は、アウトプットの技法として成果の「可視化」も大切です。多様な背景を持った人々と共生する社会では、一つの言語ではコミュニケーションがとれません。情報を分かりやすく人に伝えるかたちに可視化する「インフォグラフィク」のアイデアを使ったポスターなどに図示できることは地球市民にとって大切な時代になるでしょう。

## 7．「問い」のセンスは、どこが削れるかにある

　教師が知っていることは生徒に全て教えてあげたいと思うのが教師の親心です。限られた授業時間の中で生徒はどんなことを考えるか？生徒にどこまで考えてほしいのか？「問い」の決定はプランニングの要となります。「教科書」の内容をどこまで削れるか？どこが削れるか？制約がかかるの

は公教育の特性です。その中で「これだけは持っていってね！」という「本質的なところ」を抽出し、他の部分を「削ぎ落とす」のが教師の仕事となります。実際の活動に移ると様々な意見が出てきて、横道にそれて行ってしまうことがよくあります。ですから、「問い」はなるべくシンプルに作り、板書したりスクリーンに映しておいて「いつでも確認できるような工夫」をしておくとよいでしょう。

## 8．「問い」の作り方

　問いのレベルは全体のどこに設定したらよいのでしょうか。ロシアの心理学者レフ・ヴィゴツキーは「発達の最近接領域（ZPD = Zone of Proximal Development)」という言葉でそれを解説しています。一人ではできないが、他者の助けがあれば到達できるレベルに問いを設定します。それを行うのは日々その集団に関わっている教師が最適です。例えばジグソー法での問いは、このZPDのレベルで「一問だけではどこから考えても偏ってしまう問い」を複数作ることになります。例えば「住みやすい都市」を考えさせる問題では、「途上国の都市問題」「先進国の都市問題」「日本の都市問題」などをグループごとに話し合わせてから答えを求めていきます。一人で正解は出せず、あくまでも部分的な答えにとどまる設定にしておいて、はじめは「教科書」や「大学入試の記述・論述問題」を手がかりに考えていくと、教師も生徒もスムーズに作業を進めることができます。「活動の結果」＝「ゴール」としておくと分かりやすいですが、「教科書レベルでゴール」とするか、さらにその先の「発展応用をゴールとするか？」は「持っていってほしい」ものをどこに設定するか、の選択に関わり、一歩進んで「活動の結果」が新たに次の「問い」を生み出すのが理想となります。これは、「どのような人を育てたいのか」という哲学にも関わってきます。

## 9．評価は「次に生徒が知りたいことを知るため」と「次の授業を教師がするため」

　今までの教授方法では「評価」というと定期テストの点数の結果のよう

に、ある一定期間の学習の成果としてどれだけ身につけることができたかという「総括的評価」が重視されてきました。しかし、アクティブラーニングでは毎時間の生徒たちの気づきや変容、つまり「生徒たちの学びたい気持ち」に寄り添う必要があります。この気持ちを次の授業に反映させていくためには「総括的評価」だけでは足りません。「評価」についての理論や考え方は多様ですが、アクティブラーニングを導入する段階での気づきとして、私はここで二つの面から考えたいと思います。一つは「次に生徒が知りたいことを知るため」、もう一つは「次の授業を教師がするため」です。

「次回の課題」は最初から固定され設定されているわけではありません。学習過程での生徒の多様性の実態を明らかにしていくことが、学習過程の解明では重要な視点となります。最終的な解答だけではなく問題解決にいたる思考過程を評価していく「形成的評価」も重要になります。次の授業への「手がかり」は、このような「形成的評価」を通して生まれてくるものなのです。

私も含め教師は、試験の結果「できなかったところ」に目を奪われがちですが、「生徒がどこからどこまで伸びたのか」これが大事です。「スタート地点とゴール地点での変化」を見るためには、ワークシートに「アクティブラーニングに取りかかる前の自分の答え」を書かせておいてから活動に入り、「最後に書いた自分の答え」との比較ができるようにしておくとよいでしょう。これは生徒自身が成長を実感できるヒントになります。また、ワークシートには「考えてきたことの道筋」や「一人ひとりの変遷の可視化」が、段階を追って記録できるような工夫を取り入れておきます。例えば、いきなり解答を記述させるのではなく、構想メモを図示するようなスペースを加えておくと、あとから思考の道筋をたどることもできます。また、仲間との会話をメモしておくことによって「自分の思考の癖」「ものごとの理解の仕方」などに気がつく仕掛けを入れてあげるのもよいのではないでしょうか。

変化のスピードが速い現代では「現時点の正解が分かることが目標ではなく、『その先』に行くこと」が目標となります。「どこまで答えを作った

のか」「どうやってその答えにたどり着けたのか」等々。自己トレーニングと監督からの一方的なノック練習だけでは試合に勝つことはできません。練習試合のような、より実践的な場を作り、チームプレーの中で身につけてきたものを使ってみると初めてどれだけ力がついているのかが分かります。授業の中での活動を丹念に記録を取っていくことは、現段階ではとても手間がかかるかもしれません。評価に関しては、できれば専門家とペアを組んでデータの収集と解析を進めながら進んで行けるのがベストでしょう。今後、評価の技術についてはICTの活用で会話の分析なども可能となり、一気に進んでいくと思われます。

## 10. デザインのためのパーツ

「取り組もう」と思ったら、どこから考えるべきか？

まず、どうしても変更できない条件や制約がないかを考えます。授業で利用できる環境、クラス集団の人員数、時間帯や同時間帯における周囲の教室の状況、行事や日課など様々な要素があると思います。

例えば「環境」を考えるときには、普通教室・特別教室・ICT・机椅子の形状・複数の教室を使ったり廊下も使えるか・図書室・校外フィールドワークなど教室以外のスペースの活用も可能かどうか、といった要素があ

実際には環境による制約もある

ります。

参加する人数に関しても、活動の主なウエイトがどこなのかによって、一人・ペア・グループ・クラス・校内の他の集団・さらに外部との連携など様々な場合が考えられます。

さらに、グループをどのような構成で形成するか、といった選択肢も出てきます。フォーマルに教師がグループを決定していくのか、またはランダムに自由に組ませるのか。フォーマルな場合は、学力・適性検査の結果・部活動・リーダーシップ・出身などの要素があるでしょう。当然、最も重要なのは教科の力だと思いますが。特に集団の中に配慮が必要な生徒を含んでいる場合は、フォーマルな形でグループを決め活動のルールの説明をしっかりして、生徒の理解を得ておくことが大切です。

グループ人員の人数に関しては図表4-2を参考にしてください。

■ 図表4-2　グループの人数の考え方

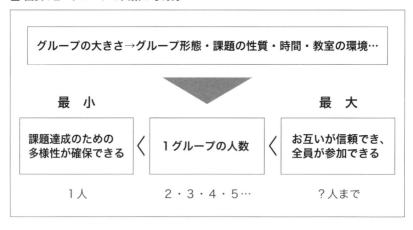

体育や実習で思いっきり身体を動かしたあとの昼食後、一斉講義に生徒が耐えられるか。そんなタイミングでも授業に集中させたい。こんな動機でアクティブラーニングを導入してみようという場面もあると思います。どのようなタイミングであっても、初回には生徒に狙いとルールを説明することは不可欠です。

アクティブラーニングで活動する主な集団はP（ペア）・G（グループ）・C（クラス）となります（図表4-3）。

■ 図表4-3　主な集団はP(ペア)・G(グループ)・C(クラス)

「ねらい」が違えば集団も変わってくる!

C―クラス　　　G―グループ　　　P―ペア

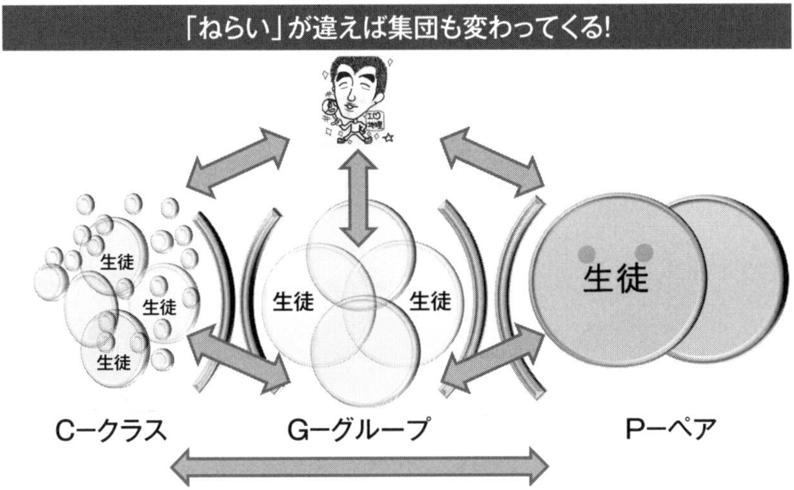

一般に、P＝2人組のペア活動は同僚性が保たれますので、具体的な内容で簡単な気づきを得ることや、簡単なチェック・確認・反復など、頻度の高いコミュニケーション重視の活動に向いています。

G＝グループ活動は、会社の部や課のように、分割された問題に対する考えをまとめたり、答えをつくりあげたりする活動に向いていて、コミュニケーションと理論性の両方の活動ができます。

C＝クラスの場合は全体会議のように抽象的な内容を扱い、問題を大局的な視点で捉えたり、論理的な方向づけをしたり、集合知を得るといった活動に向いていますが、個々の発言の頻度は下がります。

さらに技法は一つだけではなくて、1時間の中でもP（ペア）・G（グループ）・C（クラス）の間で行き来や繰り返しも可能です。教師がアクティブラーニング型授業のデザイナーとしてデザインできる部分です。

浅く広くスピード感を持ってリズミカルにしたい、様々な意見を出し合い視野を広めさせたい、深くじっくり考えさせたい、新しい発見を生み出したいなど、狙いも様々なものになるでしょう。グループワークは多彩なパターンが考えられます（図表4-4・4-5）。

教師の介入をどのようにしたらよいかという難しさもありますが、ス

■ 図表4-4　技法の引き出し

■ 図表4-5　グループワークの多様な狙い

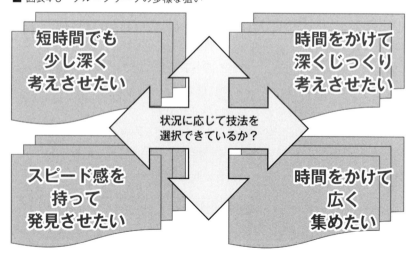

ペースが許せば、40人が別々の自分の好きな活動を選んで活動する、複数の教科科目にまたがってクロスカリキュラムで実施する、そんな夢のようなプランも実現できるかもしれません。

　技法としては「話し合い」・「教え合い」・「問題解決」・「図解技法」・「文章の作成」・「振り返り」等が挙げられると思います。そこで、実際の高校現場で実践した経験があるものや、よく見られる手法を「現場」に合わせた視点で図表4-9にまとめてみました。

　第5章の「アクティブラーニング型授業レポート」で紹介しているものを手法の分類に当てはめると、大阪府立西寝屋川高校の永田里美先生の国語や岩手県立盛岡第三高校の畠山美穂先生の英語では6「クリティカルディベート」、北海道函館稜北高校の岡田敏嗣先生の生物基礎では25「アンフィニティー＝グルーピング」、千代田区立九段中等教育学校の須藤祥代先生の情報では29「ワード＝ウェッブ」が使われています。また高校での実践の特色は「一つの手法にこだわらない」で「いくつかの手法を重ねている」点も挙げられます。この章では様々な「型」を紹介しているのですが、置かれた環境の中で先生方が独自に工夫して「大学での教授法」とは別に、その「型」にそのままあてはめられない様々な現場での工夫が多く見られるのが特色となっています。

　例えば、私の同僚である静岡県立韮山高校の美那川雄一先生の世界史では、資料読解を基に13「ジグソー法」を展開して、さらにルーブリックによる評価も進めています。筆者のレポートの例でも14「ネイチャーゲーム」→29「ワード＝ウェッブ」→10「相互添削」といった流れを作っています。

　ここに挙げたものの他にもICTの活用例として、センター試験問題の演習でClica[※1]を使用して行う16「ピアインストラクション」や、13「ジグソー法」の発展応用例として同僚の美那川先生と世界史・地理選択者を混在させ「大航海時代」の冒険家となって課題に取り組んだクロスカリキュラムの展開例などもあります。

---

※1 Clicaは学生の反応・理解度・発言を共有できる 参加型授業・双方向授業を実現する 無料サービスです。

■ 図表4-6　主別による手法の分類

| 個人が主 | ペアが主 | グループが主 | クラスが主 |
|---|---|---|---|
| 1リフレクションカード | 2シンクペアシェア<br>11ラーニングセル<br>28チーム＝マトリックス<br>30ダイアローグ＝ジャーナル | 13ジグソー<br>20ケーススタディー<br>21課題研究<br>26ポスターツアー<br>29ワード＝ウェッブ | 14ネイチャーゲーム<br>16ピアインストラクション<br>17ワールドカフェ |

■ 図表4-7　アクティブラーニングのデザイン

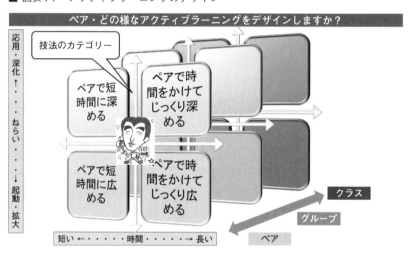

■ 図表4-8　1時間授業の中で、P・G・Cの間の行き来や繰り返しが可能

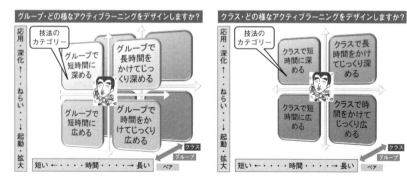

図表4-9　高等学校におけるアクティブラーニングの様々な技法 (1)

| 技法 | | 名称 | 内容の概要 | 集団 | 人数（人） | 個人・グループ・クラス | 活動時間の目安（分） | 頻度 | 浅いか深いか | 環境 |
|---|---|---|---|---|---|---|---|---|---|---|
| 話し合い | 1 | リフレクションシート | 授業の感想・要望・発見したこと等を全員質問用紙に簡単に記入する。 | 各自 | 1〜 | 個人・グループ・クラス | 5程度 | 連続が好ましい | 浅い | 教室 |
| | 2 | シンクペアシェア | 1人で考えた後、ペアの人に伝え交流する。コーチングの要素を取り入れている例もある。 | ランダム | 2 | ペア | 5〜15 | 単・連 | 浅い | 教室 |
| | 3 | ラウンドロビン | グループ全員が平等に発言する。 | ランダム | 4〜6 | グループ | 5〜15 | 単発 | 浅い〜深い | 教室 |
| | 4 | バズグループ | 時間を区切ってグループ内で自由に発言し、最後にクラス全体で共有する。 | ランダム | 4〜6 | グループ→クラス | 10〜15 | 単発 | 浅い〜深い | 広めの教室 |
| | 5 | スリーステップインタビュー | A↔Bでクロストーク後、内容をC・Dにそれぞれ伝え、C・Dからの内容も聴く。 | ランダム | 2→4 | グループ | 15〜30 | 単発 | 浅い〜深い | 教室 |
| | 6 | クリティカルディベート | ディベート（簡潔に行う） | フォーマル | 4〜6→8〜12 | グループ→クラス | 50〜120 | 連続 | 深い | 複数の教室 |
| | 7 | 発見レポート | テーマや法則に沿って発見したことを写真や文で持ち寄り共有・フィールドワーク課題とすることもできる。 | ランダム | 2〜 | 〜クラス・グループ | 1つ2〜3 | 単発 | 浅い | 教室 |
| 教え合い | 8 | 答え合わせ | 解答を交換して交互に採点する。 | フォーマル | 2〜 | ペア | 5〜15 | 単発 | 浅い | 教室 |
| | 9 | 問題作り | テスト問題を作成しグループやクラスで解説し合う（共通問題作成時教師同士ではよく行われている）知識の活用が図れる。 | ランダム | 2〜 | 〜クラス・グループ | 15〜30 | 単発 | 浅い〜深い | 教室 |

第4章　アクティブラーニングのモデルパターンと展開方法

(2)

| | | 名称 | 内容の概要 | 集団 | 人数(人) | 個人・グループ・クラス | 活動時間の目安(分) | 頻度 | 浅いか深いか | 環境 |
|---|---|---|---|---|---|---|---|---|---|---|
| 技法 | 教え合い | 10 相互添削 | ノートの改善やシナリオ作りなどの共同作業の中で進める。 | ランダム | 2 | ペア | 5〜 | 連・単 | 深い | 教室 |
| | | 11 ラーニングセル | ペアで授業内容についての質問を作り、さらに相手が答えられるようにする。 | ランダム | 2 | ペア | 5〜35 | 連・単 | 浅い〜深い | 教室 |
| | | 12 ロールプレイ | 実演して感じること、実演することを通して学ぶ。 | フォーマル | 2〜5 | グループ→クラス | 15〜45 | 単発 | 深い | 教室・舞台等 |
| | | 13 ジグソー | エキスパートとジグソーグループに分かれてクロストークして集合智を作り出す。 | フォーマル | 3〜6 | グループ→クラス | 45〜 | 単・連 | 深い | 広めの教室 |
| | | 14 ネイチャーゲーム | 用語が書かれたれを背中に張り、YesかNoでしか答えられない質問を繰り返して用語を推測する。 | ランダム | 〜50 | クラス | 15〜20 | 単 | 浅い | 広めの教室 |
| | | 15 クラス内発表会 | 単純にプレゼン発表・ビデオによる発表とも考えられる。 | フォーマル | 3〜6 | グループ→クラス | 50〜 | 単・連 | 深い | 教室 |
| | | 16 ピアインストラクション | コンセプテストを、クリッカーを活用して解く。 | ランダム | 〜200 | クラス | 10〜 | 単・連 | 浅・深 | 教室 |
| | 問題解決 | 17 ワールドカフェ | テーマについてグループで話した後「他花受粉」のために別のグループで話を聴いてからまた元のグループの話に戻る。 | ランダム | 4〜6 | グループ | 45〜 | 単 | 深 | 教室 |
| | | 18 シミュレーション | コンピュータシミュレーションなどを使って狙った結果をチームで考察・観察・達成する。 | フォーマル | 4〜6 | グループ | 25〜 | 単 | 深 | 教室 |

080

(3)

| 技法 | | 名称 | 内容の概要 | 集団 | 人数(人) | 個人・グループ・クラス | 活動時間の目安(分) | 頻度 | 浅いか深いか | 環境 |
|---|---|---|---|---|---|---|---|---|---|---|
| 問題解決技法 | 19 | タップス | 問題を声に出して読み、解決するために考えた手順を話し合う。 | ランダム | 2 | ペア | 10～30程度 | 単・連 | 深め | 教室 |
| | 20 | ケーススタディー | 現場が抱える問題をグループで検討し解決策を練る。(教室と社会をつなぐ) | フォーマル | 3～6 | グループ | 15～ | 単・連 | 深い | 教室 |
| | 21 | ストラクチャード＝プロブレム　サービング | 課題研究・ゼミ形式もある。(テーマはあらかじめ設定してある場合が多い) | フォーマル | 4～6 | グループ | 60～ | 連続 | 深い | 教室・外 |
| | 22 | グループ学習 | 複雑な問いをグループで役割分担して分解したり、別解を考えさせたりする。 | フォーマル | 4～5 | グループ | 15～50 | 単・連 | 深い | 教室 |
| | 23 | グループ＝インベスティゲーション | 興味を持った者同士でグループ研究を進める。(テーマは自由に設定) | ランダム | 2～5 | グループ | 50以上～ | 連続 | 深い | 教室外も |
| | 24 | 教室内社会実験 | バーチャル株取引・貿易ゲーム・模擬会社経営など、グループの体験を通して理解する。 | フォーマル | 1～3 | 個人・グループ | 15～45 | 単 | 深い | 教室 |
| 図解技法 | 25 | アンティーデー＝グルーピング(KJ法として知られている) | 付箋にアイデアを書き出し分類整理してアイデアの共有・集約を図る。 | フォーマル | 3～5 | グループ | 30～60 | 単 | 浅い | 教室 |
| | 26 | ポスターツアー | 各グループで課題に対するポスターを制作、混在グループで各ポスターを回り、自分の所のポスターにさらら説明する。 | フォーマル | 3～6 | グループ | 45～ | 単～連 | 深い | 基本は教室 |

081

第4章 アクティブラーニングのモデルパターンと展開方法

(4)

| 技法 | | 名称 | 内容の概要 | 集団 | 人数（人） | 個人・グループ・クラス | 活動時間の目安（分） | 頻度 | 浅いか深いか | 環境 |
|---|---|---|---|---|---|---|---|---|---|---|
| 図解技法 | 27 | グループ＝グリッド | 話し合いで一覧表の空欄を順に語句で埋めていく。「ダイヤモンドランキング」などの活用例も考えられる。 | ランダム | 2〜4 | グループ | 15〜45 | 単 | 浅め | 広めの教室 |
| | 28 | チーム＝マトリックス | 一覧表の空欄に○×などの記号を相談しながら分類・記入・整理していく。 | ランダム | 2〜3程度 | 基本はペア | 10〜20 | 単 | 浅め | 教室 |
| | 29 | ワード＝ウェッブ | 概念マップを描く。 | ランダム | 2〜4 | グループ | 15〜45 | 単 | やや浅め〜深め | 教室等 |
| | 30 | ダイアローグ＝ジャーナル | ペアで相手の日誌を読みコメントや提案・回答を返す。 | ランダム | 2 | ペア | 5〜10 | 単〜連 | 浅〜深 | 基本教室 |
| | 31 | グループ内発表 | 小グループで論文のプレゼンを聴き評価にもつける。 | フォーマル | 3〜6 | グループ | 45〜 | 単〜連 | 深い | 基本は教室 |
| 文章作成 | 32 | 説明文作り | 用語や公理の説明文をグループで持ち寄り最後はクラス内で共有する。用語の場合は一問一答の問題文として活用もできる。 | フォーマル | 3〜6 | グループ→クラス | 45〜 | 単〜連 | 比較的深い | 教室 |
| | 33 | 定理作り | 公理から定理を導き出したり、新しいルールを作る。それを活用する問題も作成すると面白い。 | フォーマル | 3〜6 | グループ→クラス | 45〜 | 単〜連 | 比較的深い | 教室 |

参考：ナカニシヤ出版「共同学習の技法」

## 11．アクティブラーニングのメリットとデメリット

　全ての教授法について言えることですが、アクティブラーニングも万能ではありません。メリットとデメリットがあります。アクティブラーニング型授業のデザイナーである教師はそのことについて検討しておく必要があります。パッション（情熱）から導入に踏み切ることはできますが、改善には冷静な論理性と検証が必要です。全ての授業をアクティブラーニング型授業にする必要もありません。一斉講義をしていく中で、例えば「息継ぎ」をするように取り入れてみる、そうすることによって理解と定着が深まるのではないでしょうか。

■ 図表4-10　学び方の転換

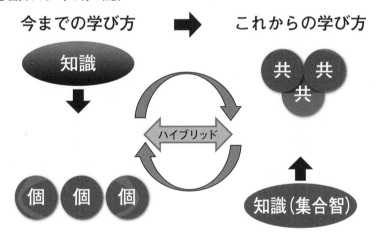

　各々の教授法には、例えば図表4-11に示したようなメリット・デメリットが挙げられます。一斉講義で定着が難しい部分はアウトプットを繰り返すことでドリル学習のように定着することもできますし、じっくりと考えて解く力もつきます。アクティブラーニング型授業で進度が進まない場合は予習させる工夫、例えばビデオなどで事前に学習を進めておく「反転授業」等の仕掛けを取り入れてみるのもよいでしょう。

　少し話はそれますが、筆者は総合学科高校の立ち上げが縁で16年前か

ら「キャリア教育」にも携わってきました。そこでは原則履修科目である「産業社会と人間」や「総合的な学習の時間」を開発してきました。その中で学んだことは、今の生徒は、全体一斉に説明しても聴かないことが多く、個別に声かけをしないと自分のこととして捉えてくれないという点でした。この経験から、全体に対する一斉「ガイダンス」と、個別に考えを整理する「カウンセリング」の指導の交互乗り入れ「スパイラル化」が有効であるという確信を得ています。

　アクティブラーニングにおいても、集団での学びの時間の中に個人での学びの時間を適切に確保しておく工夫が求められると思います。「個人→集団→個人」の流れを作るのが基本的なデザインとなり、「最後は自分で考える」ことで自立した個人が育成できると思います。

　一斉講義かアクティブラーニングかといった二者択一ではなく、アクティブラーニングにはメリットもデメリットもあること。その際図表4-12を参考に「デメリット」を「メリット」に近づける改善策を考えること、一斉講義のよさとアクティブラーニングのよさをハイブリッドにして成果を高めていく工夫。こういったことが現場では最も重要な技能になります。一人だけで考えず「メリット」の部分を伸ばし、「デメリット」の影響を最小限にする工夫を同僚と話し合っていく姿勢こそ、アクティブラーニング型授業のデザイナーである教師に求められる資質なのではないでしょうか。

## 12. 教育の「副産物」

　学校は個人では経験できないような出来事に出会う場所です。新しい時代に向けて「社会的な参加」を徐々に増やしていく必要があります。アクティブラーニング型授業を進めていると生徒からの気づきを沢山もらえます。教科書にも資料にも出てこない問題、「人生」「哲学」にふれることもあり、時には忍耐や感情のコントロールも求められたりします。このように活動の中で生徒たちが感じ取るものは様々です。年度初めに立案した年間計画があったとしても「計画の実施」＝「正解」として思考停止せず、変えていくこともときには必要になるでしょう。「総括的評価」に偏らず

ゴールまでの途中経過である「形成的評価」を重視し、こまめな見取りを繰り返すことで、次のステップが見えてきます。日々のアクティブラーニング型授業の実践の積み重ねからは、一方通行の教授法の中では発揮されてこなかった生徒の能力や才能の発見もあるでしょう。さらに学んでいる生徒だけではなく、学び続ける教師には「教え方を通して学んでいく」という『副産物』の「おまけ」もついてくることでしょう。

■ 図表4-11　メリットとデメリット

| | ○ メリット | × デメリット（ここを解決する工夫は？） |
|---|---|---|
| 従来型の一斉授業 | ・教師側のペースで授業が進められ計画も立てやすくコントロールしやすい<br>・単純暗記をするには効率的と考えられている<br>・黙って前を向いているだけで受けられる<br>・グループワークなどが苦手な生徒も参加できる。<br>・ノートをとって学習したという充実感が形として残りやすい<br>・昔ながらの方法なので慣れていて安心できる。 | ・知識を持っていて引き出しに入れたまま別々の引き出しにパッケージングされていて引き出せない。<br>・学習の内容を生活の中に活用できずいつの間にか忘れてしまう。<br>・他への課題としての応用が困難、教科間の枠をこえた知識の活用が難しい。<br>・自分で考えないで正解を待ってしまう。<br>・静かにしていれば何をしていてもよい…短期記憶で知識を知っているか知らないかで終わってしまう<br>・知識を活用する場がない。<br>・テストが終わると忘れてしまう<br>・分かっていても説明できない<br>・教室の外ではやりにくい |
| アクティブラーニング | ・学習内容に対する興味が高まる<br>・相互補完的に視野が広がり驚きや共感がある。<br>・文字に描かれていないことも学べる<br>・アウトプットの場となり言語活動の充実につながる。<br>・様々な人の意見を聞くことができる。<br>・高い到達点に届く・「納得解」を作れる。<br>・死んだ知識と生きた知識、脳内の知識がつながる。(社会的構成主義)<br>・教育内容を細分化しないで文脈のある学習状況における気づきや発見が既存の知識体系に有効に結びつく（「学習の転移」がおこりやすい）<br>・プロセスの中から「新たな問い」や「創造」が生まれる<br>・教材にまさに自分がかかわっている。学びの実感・検証ができる。<br>・テストの点が上がってくる（下位層が減る）。テストが終わっても覚えている。<br>・グループワークで自己有用感が芽生えたり存在感が高まる。積極的な取り組みから主体的な学習者になる可能性がある。<br>・いくつかの学びを複線的に同時平行にシェアさせることもできる。<br>・1人・ペア・グループ・クラス・外部など様々な集団で教室の外でもできる。<br>・教えることで知識が整理されて学びが深まる知識・興味・気づき・驚き共感・生きた知識(ActiveKnowlege)が結びつき学ぶ感動を体感できる。<br>・授業時間外にも波及しやすい。 | ・不安感や不信感を持たれる。<br>・「問い」や「課題」の設定が難しく、力量が求められる。<br>・「活動」することにばかり力点を置くと中身が薄くなってしまう。<br>・全てを網羅しようとすると時間が足りない。<br>・授業計画が立てにくく教師の力量が問われる。<br>・労働集約的なところがある。<br>・特に高度な「コミュニケーションデザイン」や「ファシリテーション」能力がないと目標を達成できない。<br>・様々なタイプの教授法についての知識と経験が求められる。<br>・学習集団に対して均質な学習効果を予想することが難しい<br>・グループメンバーの作り方が難しい。グループに参加しない、発言をしない生徒をどうするか、という課題が発生する。<br>・作りすぎると枠にはめることになっていく。<br>・発問やねらいを明確にしないと単なる話し合いで終わってしまう。<br>・評価に関する計画を事前に立てておく必要がある。<br>・評価がしにくい<br>・新しい試みなので「生徒で実験している」と思われてしまう。 |

〈参考文献〉

- 『協同学習の技法　大学教育の手引き』（エリザベス・バークレイ、パトリシア・クロス、クレア・メジャー著　安永悟監訳　ナカニシヤ出版）
- 『教育目標をデザインする　授業設計のための新しい分類体系』（R.J. マルザーノ、J.S. ケンドール著　黒上晴夫、泰山裕訳　北大路書房）
- 『学習経験をつくる大学授業法』（L. ディー・フィンク著　土持ゲーリー法一監訳　玉川大学出版部）
- 『アクティブラーニングと教授学習パラダイムの転換』（溝上慎一著　東信堂）
- 『授業設計マニュアル　教師のためのインストラクショナルデザイン』（稲垣忠、鈴木 克明編著　北大路書房）
- 『21 世紀型スキル　学びと評価の新たなかたち』（P. グリフィン、B. マクゴー、E. ケア編、三宅なほみ監訳　益川弘如、望月俊男翻訳　北大路書房）
- 『先生のためのアイディアブック　協同学習の基本原則とテクニック』（ジョージ・ジェイコブズ、マイケル・パワー、ローワンイン著　伏野久美子、木村春美訳　関田一彦監訳　日本協同教育学会）
- 『授業研究と授業の創造』（的場正美、柴田好章編　溪水社）
- 『協同の学びをつくる　幼児教育から大学まで』（和井田節子、柴田好章編著　宇土泰寛、内田千春、金田裕子、サルカール アラニ・モハメッドレザ、副島孝、水野正朗著　三恵社）

# 全国32人の先生方による
# 授業レポート

**5**

本章は、全国32人の先生方によるアクティブラーニング型授業レポートを掲載する。本書のために、日常的に実践されている授業を統一フォーマットで書き起こしていただいた。
各レポートの特徴を一言で要約するタイトルは、専修大学附属高等学校の皆川雅樹先生に監修していただいた。

## 授業レポート一覧

1. 英語　**畠山　美穂**　岩手県立盛岡第三高等学校
【ディベートを活用したライティング授業で論理的な英語力を養う】

2. 英語　**江藤　由布**　近畿大学附属高等学校・中学校
【「生教材」「オールイングリッシュ」「アクティブラーニング（基本PBL）」「Flipped classroom（反転授業）」あと何が必要?!】

3. 英語　**池野　智史**　埼玉県立浦和高等学校
【知識構成型ジグソー法で、コミュニケーションを介した学びの場を創る】

4. 国語　**石田　実貴**　三重県立桑名北高等学校
【言語活動の充実を根ざした自己と他者の成長を認め合う国語表現】

5. 国語　**永田　里美**　大阪府立西寝屋川高等学校／大阪府教育センター
【言語活動（聞く・話す・書く）を有効にするワークシートの活用】

6. 国語　**河口　竜行**　渋谷教育学園渋谷中学高等学校
【ピアコーチング（自己との対話・他者との対話）を通じて"やる気"UP】

7. 国語　**佐々木　宏**　東京都立日野台高等学校
【ルーブリックを目標として効果的なペア&グループワークが行われる場作り】

8. 国語　**平良　桂一**　沖縄県立名護高等学校
【広い視野を持った思考力を育成する】

9. 数学　**宮崎　一樹**　神奈川県立港北高等学校
【ホワイトボードを活用した協同学習で数学本来の面白さを追求する】

10. 数学　**吉澤　将大**　神奈川県立三ツ境養護学校
【個人→ペア→グループのサイクルを有効活用しリフレクションを促す】

11. 数学　**大村　勝久**　静岡県立浜松北高等学校
【「しっかりと」「丁寧に」を大切にし、生徒同士の質問で不得意が得意に】

12. 数学　**柳田　一匡**　愛知県立横須賀高等学校
【コーチングからアクティブラーニングへと展開。生徒の成長を促す】

13. 数学　**横山　北斗**　関東第一高等学校
【グループワークでの支え合いによって全員の理解を目指す】

14. 生物　**岡田　敏嗣**　北海道函館稜北高等学校
【実験レポート作成のための協同的な学びの場作り】

15. 生物　**溝上　広樹**　熊本県立苓明高等学校
【チームで学ぶために。ルーブリックを活用したポスターツアー】

16. 物理　**田中　将省**　鳥取城北高等学校
【行動→振り返り→気づき→行動のサイクルを通じて、悔しさまでをも学びにつなげる】

| | | | | |
|---|---|---|---|---|
| 17 | 物理 | 上田　ゆかり | 関西大倉高等学校 | |

【教え過ぎないことで生徒の学びの場を生み出す】

| | | | | |
|---|---|---|---|---|
| 18 | 化学 | 円井　哲志 | 岩手県立盛岡第三高等学校 | |

【発問による「個人」→「ペア」→「全体」の思考・表現サイクルにより、科学的探究力、発展的対話力、論理的思考力を醸成する】

| | | | | |
|---|---|---|---|---|
| 19 | 日本史 | 金子　勇太 | 青森県立五所川原高等学校／青森県総合学校教育センター | |

【ペアワークでの気づきによって知識習得→活用に導く】

| | | | | |
|---|---|---|---|---|
| 20 | 日本史 | 溝上　貴稔 | 長崎県立佐世保北高等学校 | |

【「問い」を重ねて思考の深化へといざなう】

| | | | | |
|---|---|---|---|---|
| 21 | 日本史 | 皆川　雅樹 | 専修大学附属高等学校 | |

【思考が対話を促し、対話が個の思考を深める】

| | | | | |
|---|---|---|---|---|
| 22 | 世界史 | 斎藤　信太郎 | 岩手県立大船渡東高等学校 | |

【発問と歴史のドラマ性が生徒の思考を呼び込む】

| | | | | |
|---|---|---|---|---|
| 23 | 世界史 | 美那川　雄一 | 静岡県立韮山高等学校 | |

【グループワークで統計資料から歴史的事象をよみとき、論述。深い学びを実現】

| | | | | |
|---|---|---|---|---|
| 24 | 地理 | 鈴木　映司 | 静岡県立韮山高等学校 | |

【「知識の定着」のために様々なコミュニケーションの場を用意】

| | | | | |
|---|---|---|---|---|
| 25 | 地理 | 林　仁大 | 三重県立津東高等学校 | |

【「発問」を大切にして主体的に学ぶ・学び合う力を育む】

| | | | | |
|---|---|---|---|---|
| 26 | 総学 | 酒井　淳平 | 立命館宇治中学校・高等学校 | |

【ワールドカフェを用いたAL型授業。なぜ学ぶのかを考えさせる】

| | | | | |
|---|---|---|---|---|
| 27 | 情報 | 須藤　祥代 | 千代田区立九段中等教育学校 | |

【思考ツールで学び方を学び、アナログとデジタル、両方の活用で情報活用能力UP】

| | | | | |
|---|---|---|---|---|
| 28 | 家庭科 | 森口　安紀 | 京都市立堀川高等学校 | |

【ロールプレイングなどアクティビティな手法により日常生活が学びの空間に】

| | | | | |
|---|---|---|---|---|
| 29 | 家庭科 | 石川　瑛子 | 松戸市立松戸高等学校 | |

【生徒の日常を題材にAL型授業を行う】

| | | | | |
|---|---|---|---|---|
| 30 | 小論文 | 梨子田　喬 | 岩手県立大船渡高等学校 | |

【ルーブリックを用いた生徒同士の評価によるAL型授業で、課題解決力を育てる】

| | | | | |
|---|---|---|---|---|
| 31 | 保健体育 | 濱本　昌宏 | 熊本県立熊本北高等学校 | |

【保健体育の授業で「思考力・判断力・表現力」を高める授業を展開する】

| | | | | |
|---|---|---|---|---|
| 32 | 書道 | 三浦　正貴 | 宮崎県立宮崎西高等学校 | |

【修行的な書道を脱してAL型授業へ転換。書道を通じて多様な学習能力の基礎づくりへ】

■記入者情報〔①氏名　②高校名　③担当科目（※担当科目が複数の場合はAL型授業を実践している科目）　④教員歴（年）　⑤補足情報（任意）〕
①畠山　美穂　②岩手県立盛岡第三高等学校　③英語（Reading、Writing）　④16年

■授業概要・指導案（典型的な授業（1コマ）での内容について）

| 教科 | 英語 | 科目 | ライティング | 単元 | 全レッスン |
|---|---|---|---|---|---|

〔目的と目標〕
【目的】
様々なトピックに対して自分の意見を英語で表現していくために、ディベート活動を通して英語力を向上させるだけではなく、自分の周りで起こっている出来事に関心を向け自分の考えを深めること。
【目標】
相手を説得できるように自分の意見を発表することができる。論理的な英文を書くことができる。

〔授業実施にあたり設定するルール〕
とにかく英語をフルで使おう。英語を使うことをあきらめない。……使わないと力がつかない。間違わないと力は伸びない。
自ら学ぶ意識を持とう。……自分で考え調べ発信することで、また、相手の意見によく耳を傾けることで、自分の考えが深まる。

〔必要な機材・備品〕
ストップウォッチ

〔大まかな授業の流れ〕※タイムテーブル、学習活動、生徒の活動、形態（ペア、グループ、チームなど）、指導上の留意点、評価
　　　　　　　　　1レッスン4時間程度
　　　　　　　　　①1時間目【導入およびブレーンストーミング】
　　　　　　　　　②2、3時間目【ディベート】
　　　　　　　　　③4時間目【エッセイライティング】
①【導入およびブレーンストーミング】：レッスンで行うディベートのテーマについて、文章や図表などを用いながら、導入を行う。その後、ディベートのテーマを提示し、そのテーマに対して、肯定・否定、両方の立場から、個人でブレーンストーミングを行わせ

る。ディベートのグループを組み、そのグループ内で意見の調整を行わせ、ディベートでの立論の方向性を決定させる。宿題として、立論に必要なデータや情報の収集を各自行い、立論を作成してくるよう指示する。

②【ディベート】：作成してきた立論をグループ内で調整し、立論を完成させる。完成した立論を基に、ディベート時の質疑応答や反論への対応を考えさせる。また、ストップウォッチを使いながら、立論の練習をグループ内で行い、立論の発表の仕方を工夫させる。その後、教室内4カ所において、肯定側、否定側、進行およびジャッジに分かれ、グループ対抗のディベートを行う。2時間で各グループ3回。宿題として、テーマに対する自分の考えを、ディベートを基に、改めて120語程度の英文で書いてくるよう指示する。

（※ディベートの流れ……肯定側立論→質疑応答→否定側立論→肯定側反論→否定側反論→肯定側再反論→否定側再反論→ジャッジ）

③【エッセイライティング】：立論を数グループに発表してもらい、肯定側、否定側の意見をクラス全体で共有する。ペアになり、課題として書いてきた英文のピアチェック（文章の展開の仕方と英語の正確さを確認）を行わせる。コメントを書いてから、本人へ戻すよう指示する。戻ってきたエッセイをリライトさせる。別のペアになり、再度ピアチェックを行わせる。完成したエッセイを提出させる。

## ■その他
〔アクティブラーニング型授業を実践しようとした経緯〕

　数年前までの私自身のライティングの授業では、いかに正しく日本語を英語に訳すかにのみ意識が行き、説明一辺倒の授業展開だった。生徒に何かのテーマについてまとまった英文を書かせてみると、英文自体は正しいが、書かれている内容が浅く、文章として訴える力が弱いという印象を受けることが多かった。また、卒業生が、大学進学後に高校に顔を出しに来た際、大学での授業がどうかと聞いたところ、「大学には合格してよかったけど、大学の授業では英語を書いたり話したりする場面が多く、高校の時の授業で、もっと自分の意見を書いたり、話したりして発表する場面を作ってほしかった。高校の英語の授業は知識を覚えるだけの授業だったから」と話した。教科としてそもそも言語を扱っているのに、教師の説明一辺倒の授業展開で生徒の英語でのコミュニケーション能力の向上が果たせるのか、と常々思ってきた疑問に"No"を突きつけられた気がした。

　現勤務校である盛岡三高が、学校全体でアクティブラーニングを推進している流れの中、英語の知識だけではなく、様々なテーマに関しての背景知識を身につけながら、英語力と思考力を伸ばすことができる授業形態を模索した結果、ディベートにつながった。そして、岩手県内で英語ディベートを授業に取り入れている先輩の先生方の取り組みに刺激を受け、私の授業にも英語ディベートを取り入れるようになった。

〔実践報告（成功体験、失敗体験、体験からの向上策など）〕
　授業の初期段階から英語でディベートができるはずはないので、最終的に英語でディベートをすることを目標に掲げ、『個人の1分スピーチ→3人ディベート→チーム対抗ディベート』へと発展させていく中で、スモールステップを重ね、自分の意見を発表できるようにした。また、ライティングの授業だけではなく、リーディングの授業においても、自分の考えを発表する場面を多く設定し、英語を使うことへの抵抗感を減らし、自信をつけさせた。

〔同僚など他の教員との関係について〕
・教科や学年を問わず、教員が相互に授業を参観することで、授業改善への意識が高まっている。
・ディベートで扱うテーマは、教科横断タイプで、様々な教科の知識が必要になるので、他教科の先生から助言をいただきながら、ディベートを進めている。

〔今後の目標、目指したい授業、成果について〕
・ディベートを、社会で起こっている様々な出来事に関心を向け、諸問題の解決策がその時点ではっきりと出なくても、その問題について深く考え抜く力の育成につなげたい。アクティブラーニング型の授業では、自分の考えを周りに発信し、共有することで、周りからのフィードバックを自分の考えに反映させることができると考えている。現時点では、自分の考えを英語で述べることに主眼を置いているので、そこから一段飛躍し、英語の正確さを要求しながら、生徒の英語力の向上を図りたい。また、生徒の知的好奇心をくすぐるようなテーマで、豊かな発想力と思考力の育成へとつなげていきたい。

アクティブラーニング型授業レポート 1

■記入者情報〔①氏名 ②高校名 ③担当科目（※担当科目が複数の場合は AL 型授業を実践している科目） ④教員歴（年） ⑤補足情報（任意）〕
①江藤　由布　②近畿大学附属高等学校　③英語　④17 年　⑤英語特化コースを主に担当

■授業概要・指導案（典型的な授業（1コマ）での内容について）

| 教科 | 英語 | 科目 | コミュニケーション英語、英語表現 |
|---|---|---|---|

〔目的と目標〕
【目的】
ミッションは To send proactive students to the world to achieve world peace.　主体的な生徒を育て、世界へ送り出すことで世界平和に貢献すること。オリジナルの LEAF モデルとキャリアモデリングをベースに、マインドセットとスキルを徹底して叩き込むこと。
【目標】
・生徒は teacher ではなく、Expert in Learning から、学びの学び方を学ぶと心得、何でも教えてもらえると期待しない。江藤の無茶ぶりに耐え、無茶ぶりと感じないようになるまで、言われたこと以上のことをする。授業をメタ化し、江藤の意図を常に考えて行動する。

〔授業実施にあたり設定するルール〕
・反応する。黙る、分からないと言うことは認めない。
・オールイングリッシュの時は一切日本語禁止。
・無茶ぶりと感じても、必ずやる。Just do it!

〔必要な機材・備品〕
B5 ホワイトボード（100 均のもの）人数分・A2 ホワイトボードをグループ数分・液晶プロジェクタ・タブレット

〔使用教科書・参考書等〕
Q：Skills for Success（Oxford University Press）

〔その他、補足情報〕※アクティブラーニングを効果的に行うための工夫、その他
・アプリやソフトは必要に応じて提案する。
・教育用 SNS である Edmodo を多用

・大まかな授業の流れ
・LEAF モデルとは？

| | |
|---|---|
| L= Live（Authentic）materials | 生教材 |
| E= all English | オールイングリッシュ |
| A= Active learning | アクティブラーニング（基本 PBL） |
| F= Flipped classroom | 反転授業 |

〔大まかな授業の流れ〕※タイムテーブル、学習活動、生徒の活動、形態（ペア、グループ、チームなど）、指導上の留意点、評価

1）英語のインプット（予習）
2）マインドマップやグラフィックオーガナイザー作成（予習）
3）ビジュアルレポート作成（予習）
4）ディスカッション（授業）
5）プレゼン、またはエッセー（授業）
6）ペーパーテスト（評価）
・必要に応じて動画を作成してフォローする。

〔逆コーセラ〕
　高校三年生で行った取り組み。コーセラとは、アメリカのスタンフォード大学を中心に、東大を含む世界の名だたる大学が無料で講座を提供しているサイトです。「コーセラをしてみたいが難しすぎるか？」、と口走ったら、生徒が、「やってみたら？評価は動画を作成すればよい」と言ったのでものはためしでさせてみました。

〔流れ（授業 2 コマ分）〕
1）生徒は 2 人以上 7 人未満のグループで、自分たちが学びたい講座をコーセラもしくは Udemy から選ぶ。（予習）
2）大まかに学習計画を立てる。（予習）
3）自分たちで決めたペースで学び、ノート最低見開き一枚分にまとめてくる。（予習）
4）授業中 WB にディスカッションしながら学んできたことをシェアする。（1 時間目）
5）動画の作成計画を立てる。（1 時間目）
6）動画を撮り、必要に応じて編集する。（2 時間目）
7）Youtube に上げてリンクを授業担当者へ送る。（自宅）
8）担当者が全てのグループの動画を一つのサイトにまとめ（WIX を使用）、無料アンケートサイト（Survey Monkey を使用）と組み合わせる。
9）生徒は自宅や電車で視聴し、アンケートサイトから評価。

10）生徒は担当者から送られてきた評価まとめを見てリフレクション。（Edmodoを使用）

〔ST〕

　昨年度卒業した生徒たちは、担任の右腕として授業デザインまで行う自律的学習者集団でした。彼らが卒業すると、不思議なことが起こりました。LINEに1年生サポートチームが立ち上がったのです。担任に呼びつけられたわけでもないのに、授業にやってきては何となくなじんでいる彼ら。「1年生のために何かしたい」だけを動機に毎週やって来ます。中でも、前述のFaceBookグループ、反転授業の研究にも属するNは、京都精華大学の筒井さんが行う、Creative Teamの取り組みに触発され、総合学習の授業を共にデザインしています。卒業生がやってきて、言うこと：江藤先生は何も教えてくれない。自分で考えることが大事。

　自律的に行動できる卒業生が、世界によい変化をもたらすということを実感しています。

アクティブラーニング型授業レポート 2

■記入者情報〔①氏名　②高校名　③担当科目（※担当科目が複数の場合は AL 型授業を実践している科目）　④教員歴（年）　⑤補足情報（任意）〕
①池野　智史　②埼玉県立浦和高等学校　③外国語（英語）　④6年

■授業概要・指導案（典型的な授業（1コマ）での内容について）

| 教科 | 英語 | 科目 | リーディング | 単元 | 源氏物語の英訳を読み比べる |
|---|---|---|---|---|---|

〔目的と目標〕
【目的】
異なる翻訳者による文章を比較対照しつつ、「よい翻訳とは何か」について、自分なりの考えを得る。
【目標】
大きくは「翻訳とは何か」を考え、日常的に授業で行う英訳・和訳において配慮すべきことに気を配る助けとする。

〔授業実施にあたり設定するルール〕
・エキスパート活動において、自分の担当箇所について十分に説明できるよう話し合う。
・ジグソー活動において、他グループの材料にかかる説明を聞きながら自分の担当箇所との関連を深く考える。

〔必要な機材・備品〕
プロジェクター（なくてもよい）

〔使用教科書・参考書等〕
源氏物語本文・現代語訳、英訳（3種類）の抜粋

〔その他、補足情報〕※アクティブラーニングを効果的に行うための工夫、その他
・生徒同士の対話に関して、本質的な介入は避けたほうがよい（指示が通じていない場合は修正の必要がある）。

〔大まかな授業の流れ〕※タイムテーブル、学習活動、生徒の活動、形態（ペア、グループ、チームなど）、指導上の留意点、評価

| 時間（分） | 学習活動 | 支援等 |
| --- | --- | --- |
| ※【　】内は実質活動時間 | ※本文・現代語訳は前週に配布。事前に通読しておくよう指示する。 | |
| 7【5】 | 導入：「上手な翻訳とは何か」についてワークシートに回答する。 | 机間巡視を行い、質問があれば応じる。 |
| 12【10】 | エキスパート活動：英訳の各バージョンを、箇所ごとに本文と併せて熟読する。（同一資料を持つ3人組で） | 7分経過を知らせる。 |
| 15【13】 | ジグソー活動：甲・乙・丙の資料を合わせ、各エキスパートの注目した英訳の違いを確認、所与の（a）（b）（c）の課題に臨み、最も注目するものを定める。（構成員を組み替え、3種の資料を揃えた3人組で） | 10分経過を知らせる。 |
| 10 | クロストーク | |
| 6【5】 | 再度、導入と同じ問いを示したワークシートを配布、回答する。 | |

■その他
〔アクティブラーニング型授業を実践しようとした経緯〕
　埼玉県が東京大学大学発教育支援コンソーシアム推進機構（CoREF）と連携して協調学習（特に「知識構成型ジグソー法」）の研究・実践を進めていくことが確定した折に研究推進委員として推挙された。事業は更新され、現在に至っている。

〔成功体験、失敗体験（改善策）等〕
満足：（クラス全体を前にした発言ではなく）ペアワークにおいても発言を苦手とする生徒が散見されるが、知識構成型ジグソー法を実践したことで誰もが、自分の担当箇所について発言をせねばならない状況に置かれる経験を得た。みな資料について懸命に説明をし、授業後のアンケートで「（講義ではなく、互いに発言して考えを深めることが）楽しかった」と評価する生徒が見られた。実践後、日常的に行っているペアワーク・グループワークがいっそう活発になった実感を得た。
反省：時間の都合上、エキスパート活動・ジグソー活動いずれにおいても、すべてのグルー

プが十分な結論を得られない段階で次の作業へ移らねばならない状況が発生しがちである。大がかりな問いを設定するにあたっては知識構成型ジグソー法の全工程を1時限に収めることに腐心するよりも、2時限の中で深い理解へたどり着くことを目標とすることが一案かと感じている。また、非常に単純な問いかけを複数並べて小グループでの対話を数多くこなすことで、できる限り多くの気づきを得られるよう促していくことも考えていきたい。

〔同僚など他の教員との関係について〕

現在、1年次「コミュニケーション英語Ⅰ」を担当する3名すべてが上記協調学習の研究推進経験者であり、アクティブラーニングを活性化させることを意識した着眼点・発問等の共有を日常的に行っている。

年度中、知識構成型ジグソー法の授業実践は限られた回数しか行わないが、年次全体で教材を共有し、全員が同じ活動実践の経験を得られるよう取り組む予定である。主体的な学び・協調の姿勢を日常的に活性化させる足がかりとなる授業実践を年次全体の計画に組み込むことが容易であり、足並みを揃えた指導体制を確立している。

〔今後の目標、目指したい授業、成果について〕

・苦心して自作教材を生み出すことをせずとも、教科書に掲載されている資料等をうまく利用して協調を生み出すこと。
・発話・発言を目的とするのではなく、理解を深めたという実感を生徒が強く感じられるように授業を組み立てること。
・深い理解を要する発問・単純な内容理解など、ペアワークの材料を様々なレベルにちりばめることで、活動に飽きを感じさせないようにすること。

〔上記以外の事項〕

自身への注意として、アクティブラーニングを促すにあたって様々な手法が考えられるだろうことに配慮したいと考えている。手法を一つに絞って袋小路に迷い込んだりすることのないよう、様々な取り組みを普段から模索しながら実践へとつなげていきたい。

また、特に深い理解・思考を要求したい場合には、グループの組み替えや発問の工夫を駆使したい。既習事項や個人の理解が対話の中で止揚する様を生徒に経験させられると理想的だと感じている。単なる事実確認にとどまらない対話の意義・重要性に目を向けた活動を普段から意識できるよう注意したい。

## ★★★Check others' opinions!★★★

| (a) 主語の違いで気付くこと | (b) 三者の各英訳の特徴 |
|---|---|
| A：there is ~ の形を多用<br><br>A：周りから見てる<br>B・C：当事者からの感じ<br><br>A：客観的、B：当事者<br>C：当事者一人だけ<br><br>A：第三者的、B：情景を主語<br>C：大胆に主語を扱っている<br><br>A：there, B：we, C：they<br>→より近くに感じる→<br><br>B：主語に自分を含む→主観的<br>C：自分含まず→主語が曖昧 | A（Arthur Waley 訳）<br>直接的／事実説明／流れを大事にして、一文が長い<br>ムズカシイ。逐語的／細かい説明／詳しいけど分かりづらい<br>第三者の目から、記録的／淡々／無感情・機械的<br>時系列（若干、語り口調）／本文に近い形／かたい<br>立場が外国寄り<br>B（Edward Seidensticker 訳）<br>第三者目線／淡々と述べてる／ところどころ省略<br>情感△／冷めた目線／簡潔<br>わかりやすい。子供向け／和歌→自然（秋）を主語に<br>C（Royall Tyler 訳）<br>セリフ・会話中心／勢いがある／物語風<br>詩の情感・リズムの意識／韻を踏む／深みを持たせている<br>筆者になりきり、感情的／筆者が当事者になり替わっている<br>情景描写少ない／簡単な英語、日本語訳に則す<br>内容をもとに一から文が作られている→読みやすい<br>日本語的アレンジ（行のあけ方） |

## 「上手な翻訳」の条件とは何か？

| | |
|---|---|
| 文を区切る、SVO明確化、状況に合わせて咀嚼<br>文法通りかつ作者の意図を踏まえた訳し方<br>誤解がなく伝わる文章。あまり長すぎないこと<br>単語の意味・ﾆｭｱﾝｽ、文法理解、状況把握<br>意味理解→ある程度の意訳も含む<br>慣用表現をうまく使う、意味の似た単語の選択<br>文章の要点を捉えていること、単純明快さ<br>流れ、言いたいこと把握。辞書通り一辺倒△<br>要旨を捉える／意図を汲み取る<br>その時代・文化に生きる人の気持ち、会話して<br>いる人同士の関係などを組み込んでいること<br>読み手の受ける感覚を元の言語と通わせる<br>原典のイメージ・オーラの再現、文化の差異を埋める<br>時間的・地理的条件押さえる<br>なじみのないモノ→違和感ないよう変換<br>全体の意味分かるように。指示後も明確化<br>代名詞、場合により内容説明／ﾆｭｱﾝｽ・文脈<br>単語・文の構成を調整／発音がいい | 直訳△、状況に合わせる。主語の違い見極める<br>本文から飛躍しすぎず、一文の長さにも注意<br>補いすぎ△もアリウルので、必要性を吟味<br>短く要点押さえ、内容整理、余分は省略<br>的確に意味捉え、ﾂﾎﾞに合致した単語・構文選択<br>景色や、話者・聞き手の感情を想像させられる<br>主語複数・曖昧主語ﾜｶﾘｽﾞﾗｲ→主語は明確化<br>当事者の気持ちに合わせて感情的に／雰囲気を<br>大切に／主語は統一する／詩は詩の形態で訳す<br>一度咀嚼→意図を踏まえたうえで文を作成<br>原文の意味合いから離れても、心情が表れてる<br>分かり易さ保ちつつ、原典の文化・語感を表現<br>省略された意味も補いつつ再構築<br>省略を適切に補う／順序変更・単語選択も適宜<br>なるたけ簡単な単語・文法で再構成<br>本来の作品が持つ深み＋読み手に分かりやすい<br>和歌などの雰囲気／微妙なニュアンスも<br>言語を越境する際の不自然さを解消して咀嚼 |

■記入者情報〔①氏名　②高校名　③担当科目（※担当科目が複数の場合はAL型授業を実践している科目）　④教員歴（年）　⑤補足情報（任意）〕
①石田　実貴　②三重県立桑名北高等学校　③国語　④6年

■授業概要・指導案（典型的な授業（1コマ）での内容について）

| 教科 | 国語 | 科目 | 国語表現 | 単元 | |
|---|---|---|---|---|---|

〔目的と目標〕
【目的】
ブックトークを行うことにより、自信を持って社会に出る。
【目標】
自分とクラスメイトの成長を認め合い、言語によりそれらを表出する。
言語活動の充実（読む・聴く・話す・書く力を全て育成できる授業を行う）。
系統的な読書をする機会を持ち、日常生活で読書を楽しむ経験をする。

〔授業実施にあたり設定するルール〕
★相互評価を行う際には、相手が嬉しくなるコメントを書く。
★教師（石田）は、生徒の「できるであろう姿」を信じて接するので、失敗や忘れ物などが何度かあってもそれだけでは評価しない。

〔必要な機材・備品〕
その時々で必要なシナリオ用紙、タイマー、ふせん、ブックスタンド等

〔その他、補足情報〕※アクティブラーニングを効果的に行うための工夫、その他
・なぜ、このような授業をするのかを懇々と伝える。
・「現在」の学力をきちんと見定めると同時に、「1年後」の理想を描いて、目標を高く設定する。

〔大まかな授業の流れ〕※タイムテーブル、学習活動、生徒の活動、形態（ペア、グループ、チームなど）、指導上の留意点、評価
《授業展開》
①【オリエンテーション】（1時間）…授業内容・スケジュール・評価方法・ねらいの説明、司書によるデモンストレーション等。
②【本の選定】（3時間）…ブックトークをする本を選ぶ《読む力》。

③【シナリオ作成】(5時間)…発表内容が書かれてあるシナリオを作成する。《書く力》
④【練習】(3時間)…3〜4人のグループになり、お互いの発表がよりよいものになるように、練習する。《話す・聴く力》
⑤【発表】(6〜7時間)…1人15分程度の発表。発表後に、発表者に対する評価やコメントを書く。コメントは全ての発表が終わってから返却。《話す・聴く力》
⑥【振り返り】(1時間)…クラスメイトが書いてくれたコメント用紙を各々に返却し、全体を通しての振り返りをする。《書く力》

## ■その他
〔アクティブラーニング型授業を実践しようとした経緯〕
　前任校(進学校)から現任校(多様校)へ赴任した際に、あまりものギャップの為に、自分が教師として何をしたらよいか分からなくなった。すがる思いで県内の先生(鈴木建生先生、鈴木達哉先生)を始め、様々な先生にお会いし協同学習やALの勉強をさせて頂いた。2012年8月の産業能率大学のキャリア教育推進フォーラムに参加させて頂いた時に菊池省三先生のお話を聴き、「教育の可能性」を確信し前進する勇気を頂いた。試行錯誤の中、ALを始め、2012年から本格的に行う。

〔成功体験、失敗体験(改善策)等〕
　最初は「とりあえずやってみる」という気持ちで授業に行っていたが、それだけでは深い学びに達することができないとしばらくしてから気づく。「協同学習の理念」や、「学び」、「教育」の本質を追求するようになってきてから、ALや協同学習の効果を深く感じた。

〔同僚など他の教員との関係について〕
　隣に座っている先生や同じ教科の先生に興味を示して頂き、実際にALを始めた先生もいる。

〔実践報告(1年間の生徒の振り返りより)〕
◎授業では、自分だけの答えを考えたり、発表ができるので楽しかった。他の人はこう考えているんだとか色々な視点から考えられたのでとてもよかった。確実に国語表現の授業を通して、色々な視点から物事を考えられるようになったり、計画性もついたので成長させてもらいました。
◎「イエローカードを出さない(本校はゼロトレを導入している)」という方法もよいなと思いました。最初のほうは甘いと感じることはありましたが、1人でも周りの子が頑張っていると「自分もやらないと」と思い、授業を受けているうちにみんな集中しています。
◎太宰治の「人間失格」を読み、なぜ彼はあんな生き方をしてきたのか、風呂の中でも考

えていました。初めは自信がなくても頑張り次第で成長できるとてもすばらしい授業でした。できれば後輩にもしてあげてください。

◎単に文章力が向上したというものではなく、私自身の物事の考え方や捉え方自体が大きく変わったのではないかと思っています。他の人の考えを聴き、自分の考えと違っている箇所についてなぜそう思うのかを理解することで、こんな考え方もできるのかという発見がありました。こういった成長は、例えば就職試験などで大きく役立ち、この授業を受けてよかったという感謝の気持ちを起こしてくれました。私は石田先生や考えを共有した国語表現のクラスメイトに感謝しています。これから先もこの「力」は様々な面において私を支えてくれるでしょう。

◎今までの授業と違って自分を少しでも表せるいい授業だと思いました。普段ではあまり考えないことを小論文を通して学んだり、ブックトークの時に人前で発表することの難しさを知ることができました。最初の頃は授業がうるさいと感じることがありましたが、今は石田先生がどうしたいのかを理解することができました。「学び」の何かを少し理解できた気がします。もっと授業を受けて自分を見つけたかったです。

◎私はこれと言って得意なことがなく、誰よりも自信があるくらい好き！というものがない「普通の子」です。ブックトークの授業をやってみて自分ってこんなに本が好きなんだと実感することができた。今の自分を知ることができる機会になりました。本当に嬉しかったです。自分を知れたことが私にとって一番実感できる「成長」です。

◎1学期は石田先生が大嫌いでした。書き方も教えてくれないし、苦痛だった。やっとブックトークの授業の途中で先生のよさに気づいて、自分は文句しか言わんのに色々なことを考えてくれたり、愛が見えました。1年間文句たくさん言ってごめんなさい。最初は授業も先生も嫌やったけれど、今になってちゃんと真面目にしとけばよかったと後悔です。

◎先生は生徒のことに興味なさそうにしていますが、みんなそれぞれの特徴をつかみ一番気づいてほしいところにも気づいてくれます。ブックトークは、他の人にその本のよさを伝え合うという経験をしたことのない授業でした。元々本を読むのは好きだったけれど高校に入って一切読まなくなってしまっていたのですが、この授業をきっかけにまた自分の中で読書ブームがきて、本を買って読むということが楽しく何冊も買って読みました。

# アクティブラーニング型授業レポート 4

〔今後の目標、目指したい授業、成果について〕

　色々評価方法が考えられてきているが結局は、教師から与えた評価基準であって実は生徒は頑張れば頑張るほど「特にここを見てほしい」「自分はこのようなことを頑張った」など自分の力の入れ所が出てくると思う。もちろん、生徒を導くために教師からの評価基準は必要なのだが、それだけではなく、生徒自らまたはグループ自ら評価基準を作り、それに対する評価も生徒に預けるというところまでいけば振り返りも充実され、また次への学習目標にもつながっていく。そうなると完全に教師は「脇役」、「見守る」、必要なときに「手助けする」存在にならざるを得ないということが起こり、真の学習者中心の授業作りというものが構築されてくる。様々な人生の課題に対する答えは結局自分の中に必ずあって、人生というのはそれを見つけていく過程でもある。その答えが一人ひとりの子どもの中に必ずあるということを教師が信じて接する必要があると思うのだが、それをどのように見つけるのか、またそのためにどのようにして人の力を借りるのか、その方法を練習する一端として授業があっても私はよいと感じる。

　社会に適応するために教育があるのではなく、自分が「より善く生きる」ために力をつける場所として学校は存在するべきである。学校をそのように捉えると、数値評価や偏差値、順位づけなどは意味を持たないものになる。人間が人間を評価するという行為そのものを疑いながら、これからも授業をしていきたいと思う。

■記入者情報〔①氏名 ②高校名 ③担当科目（※担当科目が複数の場合は AL 型授業を実践している科目） ④教員歴（年） ⑤補足情報（任意）〕
①永田　里美　②大阪府教育センター　③国語科実用国語　④14 年　⑤大阪府立西寝屋川高等学校での実践について記述したものです。

■授業概要・指導案（典型的な授業（1 コマ）での内容について）

| 教科 | 国語科 | 科目 | 実用国語（学校設定科目）<br>（50 分授業、40 人授業） | 単元 | 相手に自分の意見を<br>わかりやすく伝える |
|---|---|---|---|---|---|

〔目的と目標〕
自分の考えを自分の言葉で表現できる力を身につけてゆくこと、これがどのような学校においても国語科の軸にあると考えている。本授業では、このような目的のもと相手に自分の意見を伝えるためには、どのような工夫が大切なのかを考えることを目標とする。具体的には論理構成、根拠の挙げ方、表現方法について、グループワークを通して考えさせる。

〔授業実施にあたり設定するルール〕
グループワークをするなかで、個人が必ず何かの作業を担当すること。

〔必要な機材・備品〕
プロジェクター、スクリーン、プレゼンボードとなる紙（A3）、ペン（太字）

〔使用教科書・参考書等〕
『1 日 10 分言語力ドリル「聞く・話す」』、『1 日 10 分言語力ドリル「書く」』（第一学習社）

〔その他、補足情報〕※アクティブラーニングを効果的に行うための工夫、その他
・グループワークに入る事前作業として、ワークシートを個人で埋める作業を行っておく（必ず 1 人で行う作業時間を設ける）。
・4 人グループで行う作業項目を 4 つ作っておき、そのうちの 1 つを必ず 1 人の者が責任を持って行うようにする。
・机の移動はすみやかに行い、通常のスタイル（黒板対面型）とグループスタイルとのメリハリをつける。
・振り返りシートで、授業で身についた力を意識化させる。

〔大まかな授業の流れ〕※タイムテーブル、学習活動、生徒の活動、形態(ペア、グループ、
　　　　　　　　　チームなど)、指導上の留意点、評価

導入　講義　前時の復習（ワークシート 作業 の内容確認）（3分）
前時の復習（ワークシート内容の確認）
　①ねらい『「スーパーの袋は有料化すべきであるか』というテーマについて、自分の意見を相手にわかりやすく伝える。」を確認する。
　②自分の意見を相手にわかりやすく伝えるためには、複数の視点による根拠が有効であるということを確認する。
　③ワークシートを用いて、自分の立場（賛成または反対）を明確にし、根拠となる事例をできる限り挙げて、記したことを確認する。


展開1　講義　スクリーンを用いて、作業前の基礎知識・教養を確認する（5分）
相手に自分の意見をわかりやすく伝えるための方法としてこれまでに学んだこと（構成・表現の工夫）をスクリーンで確認する。
論理構成の工夫について
　①「意見」＋「根拠」から構成される文章の骨組みを確認させる。
　②論理をつなぐ言葉を生徒に考えさせる。
表現の工夫について
　相手に働きかけるために必要な表現方法は何かを生徒に考えさせる。


展開2　学習　作業　グループに分かれ、作業を行う（20分）
　本日のねらいと作業内容をスクリーンで示す（作業時間、スクリーンに映しておく）
・ねらい
　①「スーパーの袋は有料化すべきであるか」というテーマに賛成か、反対か、立場を明確にする。
　②論理構成、表現の工夫を念頭に置きながら、原稿を書き、プレゼンボードで発表する。
・作業内容　グループに分かれ（※あらかじめワークシートに基づいて授業者が分類しておく）、机を移動させる（4人が対面する）。
　①グループごとに、A進行役　B原稿書き役　Cプレゼンボード作成役　D発表役（2人でもよい）を決める。
　②各自のワークシートを参照し、適切な根拠を採択して発表のためのスピーチ原稿を書く（300字程度、1分間スピーチを目処とする）。
　③プレゼンボードを作成する。

展開3 学習 発表を行う（12分）
　　発表者：プレゼンボードを持ち、スピーチ原稿を読む（1グループにつき1分ほど）。
　　聞く立場：印象に残った発表グループのメモを取る。

まとめ 振り返り 作業 評価シートを作成する（10分）
　　机を通常のスタイルに戻し（1人の作業時間に戻る）、振り返りシートを作成する。
　　　他者評価：他のグループの発表でよかったところを記す。
　　　自己評価：改善点、このワークを通して身についた力を考える。

■その他
〔アクティブラーニング型授業を実践しようとした経緯〕
　進学校から現在の勤務校（いわゆる進路多様校）に転勤して以来、生徒が積極的に授業へ参加できる形態を模索してきた。そのような折、勤務2年目（平成25年）に姉妹校交流として訪れたカナダの高校での授業見学をきっかけにアクティブラーニング型の授業を構想し始めた。カナダでは教室内の机がコの字型に配列されており、生徒同士、生徒と教師との対話交流が活発になされ、校内はWi-Fiの利用が可能であり、教室のスクリーンや生徒の持参したパソコンなどで情報を即時に参照できる環境にあった。授業者による評価も細やかで、レポートの添削にはルーブリック評価が適用されていた。こうした授業をヒントにして、帰国後は授業者がタブレットとプロジェクター、スクリーンを用意して、視覚（聴覚）情報、机の配列、生徒間の交流、振り返りの細やかさを意識した授業作りを始めた。

〔成功体験、失敗体験（改善策）等〕
・学校全体で実施する授業評価アンケートにおいて生徒意識の高まりが見られるようになった。本授業はアンケート項目「授業を通して知識が身についたと感じる」および「授業への興味関心が高まった」という生徒意識の数値において、教科平均、学校平均に比して高い数値を出すことができている（成功）。
・グループワークの際、作業内容を分業化しているので、生徒が自分の得意分野で活躍しやすくなり、生徒の自信を涵養することにつながっている（成功）。ただしその半面、生徒がいつも特定の分野でしか活躍しなくなる（失敗）。グループをどのように編成すると効果的であるか、検討の余地がある。

〔同僚など他の教員との関係について〕
・現状では校内でアクティブラーニングについて学び合う機会はない。しかし、担当科目を同じくする教員に対しては、作成したワークシートを共有することで、授業に対する

ねらいについて共通認識を持つようにしている。
・プロジェクター・スクリーンを使用した授業方法については、教科内でも若手を中心に広がりつつある。
・昨年、大阪府立芦間高等学校の教員研修の講師として小林昭文先生（産業能率大学）が来られたときに、同僚の教員数名で参加させていただいた。

**〔今後の目標、目指したい授業、成果について〕**

　アクティブラーニングという用語を知ったのは、カナダからの帰国後のことで、もっと早くにこうした取り組みを知っておけばよかったと思っている。今後はさらにアクティブラーニングについて学び、生徒がもっといきいきとお互いの意見を発信し、その意見が響き合うような授業を作ってゆきたい。

## 実用国語　言語力ドリル「聞く・話す」p.26 〜 p.27

さまざまな視点から理由・具体例を考えてスピーチをしよう（相互評価シート）

（　　）組（　　）番（　　　　　　　　　）

はじめに　スーパーのレジ袋について、自分のイメージや意識を思いつくまま書き出してみよう。

```
便利　　もったいない　　デザインに工夫がある　…
（　　　　　　　）に使う　…
```

1. スーパーのレジ袋は有料化するべきか、するべきではないか。立場を決めて、内容を簡単に書き出そう。ヒント：具体例から挙げていこう

| 立場<br>（○をつける） | 有料化するべきだと思う　・　有料化するべきではないと思う |
|---|---|
| 理由まとめ | |
| 具体例1 | |
| 具体例2 | |
| （具体例3） | |
| 意見のまとめ | |

## アクティブラーニング型授業レポート 5

2．次の項目を入れて、スピーチの原稿を書いてみよう。
①聞き手への働きかけ　②結論（立場）　③理由　④具体例（2つ）　⑤大まとめ（決めぜりふ）

|  | メモ |
|---|---|
|  |  |
|  |  |
|  |  |
|  |  |
|  |  |
|  |  |
|  |  |
|  |  |

3．スピーチを聞いて、印象に残った班を挙げ、その理由を書こう。

| よかった班 | （　　　　　　）班 |
|---|---|
| 理由 |  |
|  |  |

4．自分のスピーチの反省点を書こう。1学期に比べて伸びたところを書こう。

| 反省点 |
|---|
|  |
| 伸びた点 |
|  |

■記入者情報〔①氏名　②高校名　③担当科目（※担当科目が複数の場合は AL 型授業を実践している科目）　④教員歴（年）　⑤補足情報（任意）〕
①河口　竜行　②渋谷教育学園渋谷中学高等学校　③国語　④28 年　⑤現代文・古典・表現（中学）、現代文・古文・漢文（高校）、および全学年対象の春夏冬期講習「やる気を出す国語教室」をアクティブラーニング型で実施。以下はこのうちの２例。

■授業概要・指導案（典型的な授業（１コマ）での内容について）

| 教科 | 国語 | 科目 | 高３現代文 | 単元 | 大学入試問題演習 |
|---|---|---|---|---|---|

〔目的と目標〕
【目的】
自分の考えを示し、互いに率直に議論する姿勢、また他者の考えをよく聞き、共に協力してより深く正確な読み取りを目指す姿勢を養う。そして、文章内容を正確に把握する力と、理解した事柄を簡潔にまとめる力とを養成する。
【目標】
一定時間内で、文章の筆者および出題者の意図を理解し、設問に合わせて客観性のある解答を作成できるようになる。

〔授業実施にあたり設定するルール〕
とくになし

〔使用教科書・参考書等〕
国公立大学二次試験問題過去問

〔その他、補足情報〕※アクティブラーニングを効果的に行うための工夫、その他
高３になって初めてグループワークを採用すると、その基本的ルール（積極参加など）の把握と定着に時間がかかってしまう。該当の学年では、中１時からグループやペアでの活動に慣れ、熟練しており、とくに新しく設定すべきルールなどは必要なかった。

〔大まかな授業の流れ〕※タイムテーブル、学習活動、生徒の活動、形態（ペア、グループ、チームなど）、指導上の留意点、評価
○事前に問題を配布しておく。生徒はあらかじめ解答を作成した上で授業に参加する。
第１時：個人の解答をもとに各グループで話し合い、全ての設問についてグループの解答を作成する。

第2時以降：授業の直前にあらかじめ各グループの解答を代表者が板書しておく。
　①グループの代表が、設問にかかわる本文の読みや解答への道筋等（なぜこのような解答になるのか）を説明する。
　②授業者が司会を務め、板書された複数の解答を吟味しつつ、解答を出した各グループの意見を聞きながらクラスとしての一つの解答を作成する。
　③予備校・出版社等の出しているもの、授業者の作成したものなど複数の解答例を配布し、クラス全体で比較検討して理解を深める。第3時以降、最終の設問まで繰り返し
〇グループは4～5名。全員の机を移動しグループで話す環境をしっかり作る。模範解答を盲信せずに考える（解答は一つではない）等、自分で学習する際の考え方や方法なども身につくよう留意する。振り返りは各時ではなく1～2カ月ごとに行っている。

| 教科 | 夏期講習　国語 | 科目 | やる気を出す国語教室 | 単元 | ——— |

〔目的と目標〕
【目的】
意欲的に物事に取り組む習慣をつける
【目標】
意欲の重要性に気づき、また意欲のある状態を作るには方法があることを知る。さらに、その方法を実体験する。

〔授業実施にあたり設定するルール〕
学年・性別等の違いを超えて対話したり話し合ったりする姿勢で臨む。互いに安心して自分の考えを語れる場を作れるよう協力する。

〔必要な機材・備品〕
PC・プロジェクター・スクリーン（PowerPoint 使用）・ホワイトボード・付箋

〔使用教科書・参考書等〕
自作のテキスト・ワークシート

〔その他、補足情報〕
春・夏・冬休みの「講習期間（中3以上で各教科の講座を設定しており、全体では半数以上の生徒が1講座以上取っている状況）」の中で、特別講座として全学年（中1～高2）対象に実施しているもの。ICT教室など、PC等の環境が整った教室を使用している。毎回、「や

る気を出す国語教室」に加えて「○○って何だろう」というサブテーマを設定している。

〔大まかな授業の流れ〕※タイムテーブル、学習活動、生徒の活動、形態(ペア、グループ、チームなど)、指導上の留意点、評価

○70分×4日間、希望者対象の集中講座。以下は、その第1時の例。

①自己紹介・アイスブレイク【10分】

②講座の説明・サブテーマにかかわるレクチャー【合わせて10分】

＊やる気講座が、様々なことへのモチベーションを向上させ維持する方法を学ぶ場であることを確認。サブテーマとやる気とのつながりが理解できるよう、スライドを用いて説明する。(「○○って何だろう」の実施例……大人・ひらめき・国語力・好き・テスト・遊び)

③サブテーマにかかわるゲーム等グループワーク【15分】

＊基本は4名で1グループ。付箋やホワイトボードを用いて、簡単なゲームやブレインストーミング等を行う。課題を設定してそれに取り組む場合もある。

④各自やる気を出したい事柄の、目標設定にかかわるピアコーチング(仲間同士の対面コーチング)【12分×2】

＊誰でもコーチング的アプローチのできる「ピアコーチングシート」を使用する。シートに合わせてまずコーチ役が12分間いろいろと質問し、クライアント役が答える。コーチ役がシートに相手の答えを記入する。後半は交代。最後にシートを交換すると、自分の答えた内容が手元に残る。(質問例：今やる気を出したいテーマは。それに関してどうなりたいか。実現したらどんな気持ちになるか。実現のために、いまできることは。)

⑤振り返り・まとめ・次回の説明【合わせて11分】

＊4回目(最終回)の後半に振り返りのグループワークとシート記入を実施。終了時に名刺サイズの「やる気講座修了認定証」を渡す。

○4回を通して、年齢や性別を超えたつながりができていくことを感じてほしいので、自分のことを安心して語る場ができるよう、授業者が常に移動して(最小限の)声かけをしている。やる気を向上させる中身については、「自分の求めるものを知る」「自分で選ぶ」「自分を認める」「制約にとらわれない具体的な目標設定を行う」「できることから実行する」など基本的なことが中心。これらをいかに主体的に捉え実感できる場を作れるかをテーマにしている。授業者の学んできたコーチングのスキルが生かせるよう実践・模索中。こうした講座を実施しながら研究・改善を続けていること自体が、授業者自身のアクティブラーニングになっている。

## ■その他

〔アクティブラーニング型授業を実践しようとした経緯〕

　私は教員になったころ（80年代後半）から国語の授業を「眠くならず主体的に参加できる＆解答に納得できる＆文法等を覚えられる＆楽しい」ものにしたいと考え、グループワークや自作プリントなどの工夫を自己流で一部取り入れ、実施していた。その後キャリア教育について学ぶようになったとき、将来にわたって生徒に身につけてほしい力は、一言でいえば「主体性」であるという確信を得た。そんな中、2008年、産業能率大学キャリア教育推進フォーラムで鈴木建生先生の教育コーチングの講座と小林昭文先生のアクティブラーニングの講座に出会い、一気に学びが加速した。その後コーチングを学びながら、得たノウハウを授業や学年指導に生かしている。

〔成功体験、失敗体験（改善策）等〕

　アクティブラーニング型の授業を行っていることで、国語の授業に対する生徒の参加意識は確実にアップしている。主体的に参加しているので、互いに教え合うことも自然に行われている。生徒の傾聴・対話力、思考力・文章力、さらにはテストでの学力（トップ層も含めて）にも、着実にプラスの影響が出てきている。

〔今後の目標、目指したい授業、成果について〕

　本校では、週2単位の「表現」という科目を設定している。ここでは、全担当者が、3年間にわたりスピーチ・ディベート・パネルディスカッション・プレゼンテーション等を行っている。また教科以外でも、毎年の校外研修についてグループでの研究・発表を行うなど、学びのチャンスは多い。実感からすると、生徒たちはここですでに仲間とともに課題に積極的に取り組み、堂々と発表する力が一定以上ついていると言える（「京都大学×河合塾　学校と社会をつなぐ調査」の結果からもそれはうかがえる）。

　よって私は、「表現」以外の国語授業（現代文・古文・漢文）で、アクティブラーニング型授業を通して読解力そのもの・表現力そのものをより鍛える手助けをしたいと考えている。またピアコーチングの手法に磨きをかけることによって、さらに生徒の主体性（すなわちやる気）を刺激していきたい。それに向け、コーチング的アプローチを日常のホームルームや授業での活動に生かす具体的方法を、今後も模索し続けようと思っている。

■**記入者情報**〔①氏名　②高校名　③担当科目（※担当科目が複数の場合はAL型授業を実践している科目）　④教員歴（年）　⑤補足情報（任意）〕
①佐々木　宏　②東京都立日野台高等学校　②国語（現代文・古典）　④「現代文」「古典」全ての授業でアクティブラーニング型授業を実施。

■**授業概要・指導案**（典型的な授業（1コマ）での内容について）

| 教科 | 国語 | 科目 | 古文 | 単元 | 物語 |
|---|---|---|---|---|---|

〔**目的と目標**〕
【目的】
①クラス全員がセンター試験古典正答率75％以上の読解力を獲得する。
②知の宝庫である古典テキストとつながることで、一人ひとりが自分の知的世界を広げ、人生や生活を豊かにする力を獲得する。
③人生で自分と他者が幸せになれるために必要な社会人基礎力（前に踏み出す力・考え抜く力・チームで働く力）を獲得する。
【行動態度の到達目標】
①自分から能動的に学習に取り組むことができる。
②周りの人と、質問する、教える、意見を言うなど言語活動を行うことができる。
【学習内容の到達目標】
①適当な箇所で区切りながら相手に伝わるように臨場感を持って音読することができる。
②登場人物を4人挙げることができる。
③会話（心内話）の部分を区別することができる。
④木曾の軍勢の戦いの推移を具体的に分かりやすく説明することができる。
⑤木曾の人物像を想像／創造／捏造することができる。
⑥木曾になったつもりで、巴に対する言葉を自分の言葉に直して相手に伝えることができる。

〔**授業実施にあたり設定するルール**〕
　クラスが安心安全の場であるために、全員が互いの学びを承認しましょう。全ての質問・意見はクラス全体の学びに貢献します。

〔**必要な機材・備品**〕
①付箋紙（25㎜×75㎜）×グループ数、②白い紙（A3）×グループ数、
③棒状マグネット×3

〔大まかな授業の流れ〕※タイムテーブル、学習活動、生徒の活動、形態（ペア、グループ、チームなど）、指導上の留意点、評価

【授業の流れ】挨拶・出欠確認・クラスの目標の共有（2分）→音読（ペア・4分）→前説の要約（ペア・全体・5分）→登場人物の確認（ペア・2分）→木曾の軍勢の戦いの推移を説明する（ペア・3分）→会話（心内話）の解説（講義・7分）→単語の解説（講義・3分）→木曾の言葉を現代口語に直す（個人・2分）→木曾の人物像を想像／創造／捏造する（グループ・全体・7分）→木曾になったつもりで3人の相手（巴）に向かって語りかける（全体ロールプレイ・5分）→振り返り（個人・5分）【評価】振り返りシートによるルーブリックを用いた自己評価

〔その他、補足情報〕※アクティブラーニングを効果的に行うための工夫、その他
・明るく笑顔で。
・時間管理をきちんと行う。
・トラブルや失敗から新しい気づきを得る。

# ■その他
〔アクティブラーニング型授業を実践しようとした経緯〕

　1991年に高校国語教員になった時から、小説単元は、生徒が自分たちで準備した授業を行う形で実施。また「国語表現」の科目では、コミュニケーションゲームやロールプレイなどを取り入れながら、話す・聞くを中心とした体験と振り返りの形で授業を行ってきた。一方、古典の授業の全てと現代文の評論の授業は、一方向の講義型で行ってきた。2011年春に産業能率大学の高校教員対象の大学説明会に出席した際に、河合塾の谷口哲也氏の講演を聞いたことが転機となる。これまで個人的に教科の中で試行錯誤しながらやっていたことが、大きな教育界全体の転換の動きとつながっていることを知り、世界が開けた衝撃を得る。同年夏に産業能率大学の高校教員向けセミナーに参加し、小林昭文氏のアクティブラーニング型物理の授業を体験。自分の授業が目指す方向はこれだと思う。それ以来、小林昭文氏から、また小林氏らと始めたアクティブラーニング実践交流会を通じて知り合った方々から学びながら、国語の科目全てでアクティブラーニング型授業の実践に向けて試行錯誤を始める。2012年4月、都立日野台高校赴任と同時に、現代文の全ての授業でグループワークを基本としたアクティブラーニング型授業をスタートさせる。

　また、2012年8月〜2013年1月に、筑波大学主催の「先生とアーティストでつくるコミュニケーションの教室」に参加。そこで出会った村井まどか氏（青年団俳優）、窪田壮史氏（俳優）、平中早智子氏（演劇コーディネーター）らと、丸山真男の評論「であることとすること」を題材に、授業で行う演劇ワークショップのプログラムを作成。2014年2月、文部科学省の「児童生徒のコミュニケーション能力の育成に資する芸術表現体験」事業とし

て採択され、勤務校にて2年生「現代文」の授業で2クラス×4コマを実施。以来、題材を変えた新しいプログラムを毎年度実施。演劇を取り入れたアクティブラーニング型授業の開発に取り組んでいる。

〔成功体験、失敗体験（改善策）等〕
　2012年4月に現勤務校への異動と同時に、古典の授業をグループワークを基本にする形にしたが、共通問題の進度に合わせられなくなる。ワークシートによる予習を前提に授業を行ったために、基礎力のない生徒が授業について来られなくなってしまった。放課後の補習で対応しようとしたが、部活動のためにうまく機能しなかった。そのため、1学期中間考査以後は講義型に戻した。2015年1月に、都立両国高校の沖奈保子先生の古文の授業を見学し、2015年4月から、古典の授業をペアワークとグループワークを組み合わせた形のアクティブラーニング型で再スタートさせた。

〔同僚など他の教員との関係について〕
　2014年10月、勤務校に校内研修準備チームを副校長と立ち上げる。そこに、若手教員3名（世界史・数学・物理）、教務主任に参加してもらい、2015年2月に小林昭文氏を招き「アクティブラーニング入門」の校内研修会を実施。校内外から約50名が参加。2015年2月、教員相互の授業見学を1週間実施。準備チームのメンバーを中心に授業紹介カードを掲示してもらい、教科を超えた教員相互のコミュニケーション確立に向けた組織的取り組みを始める。2015年4月、「校内研修授業チーム」が正式な校内組織「授業改善委員会」として改編発足し委員長を務める。新たに2名の教員（国語科、情報科）が加わる。研修会の実施と授業見学を両輪に、授業改善と組織改善への組織的な取り組みがスタートする。現在、国語、世界史、倫理、英語などの教科で、ペアワークやグループワークなどを利用したアクティブラーニングを取り入れた授業がゆるやかに始められている。

〔今後の目標、目指したい授業、成果について〕
　授業と授業外の時間（特別活動、放課後、家庭など）全体が関連づけられながら、生徒が主体的に学ぶ力を伸長させていくことができる仕掛けをつくりたい。
　3年間を通して、生徒の国語に関わる力とジェネリックスキルの伸長に合わせた発展的な学習プログラムを作りたい。例えば、現代文の評論であれば、教員が作った文章構造図をもとに考える授業→生徒が構造図を作成する授業へ。また、教員のファシリテーションで学習する授業→生徒がファシリテーションをする授業へ。これらを単線的ではなく、スパイラルに組み合わせながら発展させていきたい。

〔上記以外の事項〕
　2015年4月、東京都公認の研究会として「アクティブラーニング型授業研究会」の発足に、立ち上げメンバーの一人として合流する。広く教科を超えて、都立高校教員全体に対して、アクティブラーニング型授業の知識・スキル・情報の提供交換の場を作ることを目的に、模擬授業と振り返り会をセットにした実践交流会を基本に、特に若手教員の授業力向上に資する活動を目指す。

【私の授業実践に関する紹介】
『キャリアガイダンス　教科でキャリア教育「国語」』（Vol.402 2014.5 リクルート）

アクティブラーニング型授業レポート 8

■記入者情報〔①氏名　②高校名　③担当科目（※担当科目が複数の場合はAL型授業を実践している科目）　④教員歴（年）　⑤補足情報（任意）〕
①平良　桂一　②名護高等学校　③現代文・古典・国語表現　④4年

■授業概要・指導案（典型的な授業（1コマ）での内容について）

| 教科 | 国語 | 科目 | 現代文B | 単元 | 随想 |
|---|---|---|---|---|---|

〔目的と目標〕
【目的】
「越える力」をはぐくむ！（わからない・理解できなかったことを教科の壁を意識せず、つながっていると思うようになり、自分の枠組みを越え、みんなで意見を出し合い、その価値観を混ぜ、いろいろなことに驚き、さまざまなことに気づけるようになる）
【目標】
○「問い続ける力」をはぐくむ！（「本当にその答えか？　答えは1つではなく、多様に存在し、発展し、創り出すもの」）

○「自分の答えを創り出す力」（「自分の意見を持つことでもあり、そのため、メッセージのキーセンテンスをマーキングし、要旨を書く」

〔授業実施にあたり設定するルール〕
エレガントに！　…しゃべり、質問し、説明し、立ち歩き、チームに協力・貢献する

〔大まかな授業の流れ〕※タイムテーブル、学習活動、生徒の活動、形態（ペア、グループ、チームなど）、指導上の留意点、評価
〈授業展開［50分授業］：1時間の基本的な流れ（アクティブラーニング型）〉
①【導入】授業開始時には、基本的に3名1グループの形態にさせ、目標板書。
②【講義】教師による説明［5分］　プリント配布・目標確認・学習内容の説明・課題を明確にする。基本的には教員による一方的な講義形式。
③【作業】グループ活動［15分］　部分知識を読み合わせ、その内容や意味合いを話し合わせ、資料を読んでいないほかのグループの人たちにうまく説明する準備をする。
④【移動】グループ移動［5分］　違う資料を読んだ人を1人ずつ合わせて新しいグループを作らせる。
⑤【学習】グループ活動［15分］
　それぞれの部分知識をうまく組み合わせて答えを創る。
⑥【まとめ】振り返り［10分］　ポイント解説＋リフレクション（振り返りシート記入）

■その他
〔アクティブラーニング型授業を実践しようとした経緯〕
　理由は、主体性がなく、学ぶ理由が分からず、自己効力感がない生徒に対し、アクティブラーニング型授業を取り入れることで、個々の自己効力感を高め、クラス全員の力を集め、分かる喜びや学ぶ楽しさを伝えられる授業を実践したかったからである。その先に、生徒の主体性を育むことをにらみつつ、自己実現や充実した人生につなげさせていきたいと考えていた。

　学ぶ楽しさというものは、越える体験ではないか。分からなかったことが分かるようになる、理解できなかったことが理解できるようになる、教科の壁を意識しないようになる、意見を持てるようになる、など。また、みんなで意見を出し合い、その価値観を混ぜ、色々なことに驚き、様々なことに気づくときにもあるのではないか。生徒は楽しくなると、ついそれ以上のことをしたり、目標が達成できないことを悔しがったりするかもしれない。授業で学ぶ楽しさを伝えるため、自分たちの視点の多様性に気づかせ、生徒同士で意見を述べ合わせ、みんなの価値観を集められる授業を実践する必要があると考え、その授業改善の方策がアクティブラーニングだと考えていた。

〔成功体験、失敗体験（改善策）等〕
　失敗体験としては、生徒が試験でなかなか点数を取れないこと。

〔同僚など他の教員との関係について〕
・アクティブラーニング型授業の研修（2014年度：講師小林昭文先生）をきっかけに、授業改善を意識する教員が増加し、さらにお互いに授業を見合い情報交換・共有をする機会も増えている。

〔今後の目標、目指したい授業、成果について〕
　現在感じていることは、大きく分けて、2つある。1つ目に、本当に主体性を育めているのかということ。何をもって主体性を高めたと言えるのかがわからないという評価の定義が課題だ。2つ目に、学力を向上させることの厳しさだ。試験の点数にかなり執着している。これは目標設定のためだ。主体性（越える力）を高めるためには、学ぶ理由を考え、見つけようとする意欲が必要だ。そのためには、自己効力感を高める必要がある。自己効力感を高めるには、1時間の授業の学習内容で、分からなかったことが分かるようになり、理解できなかったことが理解できるようになり、目標を達成できたことを振り返ることと、試験でもいい点数を取れるようになることだろう。もちろん、点数に表れなくても、生徒が授業に主体的に参加している点は素晴らしいことだ。小林先生の授業を受けた生徒が眠くなっていないと振り返っていることも考えると、それだけでもいいかもしれない。しかし、その上のレベルも用意したい。そのための「次の一手」として、生徒同士のピアラーニングを活性化できるようにジグソー法型の授業を目指したい。

■記入者情報〔①氏名　②高校名　③担当科目（※担当科目が複数の場合はAL型授業を実践している科目）　④教員歴（年）　⑤補足情報（任意）〕
①宮崎　一樹　②神奈川県立港北高等学校　③数学、情報　④6年目

■授業概要・指導案（典型的な授業（1コマ）での内容について）

| 教科 | 数学 | 科目 | 数学Ⅰ・Ⅱ・A | 単元 | 全単元 |
|---|---|---|---|---|---|

〔目的と目標〕

【目的】
・数学の授業にありがちな、椅子に座り耳を傾け板書するだけの、機械的な授業を変えるため。
・活動を通して、毎授業での学びを長期記憶に落とし込み、知識の定着を図るため。

【目標】
・「暗記」ではなく「理解」する。
・人に教えることで自身の理解の深化を図る。
・協同的な学習による、効果的な学びを生む。

〔授業実施にあたり設定するルール〕

【生徒に提示するルール】
・班の机上のホワイトボードシートが見やすい位置に自由に場所を動いてもよい。
・わかる人たちだけで話を進めないこと。
・班員それぞれが必ず決められた役割を守り、全員が参加すること。（ペンの色を守る）
・班員が躓いている場合、代わりに解いてあげるのではなく、方法を教えてあげること。

【私自身の中で掲げるルール】
・生徒の「わからない」を私が解決しない。わかる班員や、他の班に教えさせる。

〔必要な機材・備品〕
ホワイトボードシート各班1枚、人数分のペン（黒・赤・青・他）

〔使用教科書・参考書等〕
実教出版　新版　数学Ⅰ・Ⅱ・A（普段から授業で使っている教科書、ノート）

〔その他、補足情報〕※アクティブラーニングを効果的に行うための工夫、その他
　私が心がけていることは、無理をしすぎないこと。少しの工夫を継続的に取り入れていく。自身のモチベーション維持のためでもあるが、授業のたび、授業スタイルにムラがあると、生徒も戸惑ってしまう。ALは生徒とともに成長させていくものだと考えるので、生徒の反応をよく見ながら、教員と生徒が互いに無理のないよう行っていく。

〔大まかな授業の流れ〕※タイムテーブル、学習活動、生徒の活動、形態（ペア、グループ、チームなど）、指導上の留意点、評価

【導入10分】
・前時の復習をする。
・授業の導入で「本時の見通し」と、「本時のねらい」を伝える。
・基本事項のみ説明をし、最低限の板書を行う（机上にはノートのみ）。

【展開①20分】
・ノートをしまわせ、4～5人の班をつくり、ホワイトボードシートとペンを配る。
・前もってこちらが定めたとおり役割分担をさせ、役割ごとにペンの色を決める。（役割を守らせ、全員を参加させる）
・班ごとに課題に取り組む。（積極的な生徒同士の教え合いを促す）
・よい解答、あるいはよい誤答がある場合、シートを皆に見せて共有する。
（全班がスムーズに解けた場合は、こちらからの解説は注意事項のみにとどめ、詳しい解説はしない。）

【展開②13分】
・教科書とノートを取り出し、各自教科書の練習問題に取り組む。

【まとめ2分】
・最後に振り返りを行い、「本時のねらい」を達成できたかもう一度確認する。

## ■その他
〔アクティブラーニング型授業を実践しようとした経緯〕
　試験後1週間で中身をすっかり忘れてしまうような、そんな数学の授業はかねてからしたくないと思っていた。なぜなら私自身、高校・大学時代に受けた講義の内容は、ことごとく忘れ去ってきたからである。しかしその一方で、大学時代に食堂で友達に教えた、解析学の重積分の問題は不思議と今でもよく覚えていたりするし、なにかと印象に残っているのは一度アウトプットしたことのある内容だと、漠然と感じていた。そして現在の職場の研修でラーニングピラミッドを知り、教えるという行為による学習定着率の高さを知った。私が自身の授業に取り入れたいのはこれだと思い、自分なりの方法で教え合いを授業に取り入れてみようと思ったのがきっかけである。

〔成功体験、失敗体験（改善策）等〕
【成功体験】
　授業中、普段からすごく静かで真面目なクラスで実験的に AL を実践してみたときのこと。本時の導入部分を終え、展開部分で、いざ班で協力して問題演習に取り組むよう促してみると、話し合いが始まると同時に、どこからともなく「やばい、全然わからない！」という声が聞こえてきた。これを聞いて、AL の効果を実感した。おそらくそのまま個人で演習を行っていれば、その生徒は「わからない」を口に出せなかったのではないかと思った。わからないもやもやを消化しきれないでその時間を終えたのではないかと思った。わからないと口に出せない環境は、それだけで生徒にとって窮屈である。そしていつしか嫌になって、「わからない」ではなく、「きらい」を口にするのだと思う。生徒に「きらい」と言わせる前に「わからない」と言わせよう、そのためには AL を積極的に取り入れていこう、と思った体験であった。

【失敗体験】
　AL を始めた当初は、どうにも我慢できずこちらから間違いを指摘したり、解法を教えてしまったりすることが多かった。しかし他の先生から、そのアプローチは生徒同士の教え合いのきっかけを奪ってしまうとの指摘を受け、こちらからの働きかけはあくまでサポートに留め、わからない班には、わかる班から生徒を派遣させたり、わずかなヒントだけ与えるように努めた。また、設定した問題が難しすぎて、班によっては教えられる生徒がいなかったり、逆にやさしすぎて、教え合いが生まれなかったりしたケースもあった。そこから、問題難易度の設定やこちらが提示するヒントの用意については、十分な準備をしておくように努めた。

〔同僚など他の教員との関係について〕
　本校の研修の一環で、講師に産業能率大学の小林昭文先生や、京都大学の溝上慎一先生をお迎えし、アクティブラーニング研修会が定期的に行われている。また、AL に取り組んでいる教員の実践報告会を開き、互いに情報を共有しながら、組織的に AL の推進に力を入れている。

〔今後の目標、目指したい授業、成果について〕
　今は、反転授業に興味がある。また、教育現場における ICT の活用は、まだまだ大きな可能性を秘めていると思う。まずは ICT と反転授業を絡めて何ができるか、いろいろな手法について学んでみたい。

アクティブラーニング型授業レポート　9

■記入者情報〔①氏名　②高校名　③担当科目（※担当科目が複数の場合はAL型授業を実践している科目）　④教員歴（年）　⑤補足情報（任意）〕

①吉澤　将大　②神奈川県立三ツ境養護学校　③数学　④1年　⑤前任校（神奈川県立藤沢清流高等学校）では1～2年のクラスを対象に通年でアクティブラーニング型の数学の授業を実施

■授業概要・指導案（典型的な授業（1コマ）での内容について）

| 教科 | 数学科 | 科目 | 数学Ⅰ・Ⅱ・B | 単元 | 全単元 |
|---|---|---|---|---|---|

〔目的と目標〕

【目的】
問題を解けるようになるだけではなく、数学を通じて「説明する力」「聞く力」「協働する力」を育て、どのような課題に対しても積極的にチャレンジする人間になる。

【目標】
①自分の考え・疑問を他者に分かりやすく伝える力をつける　②他者の考え・疑問に耳を傾け、理解する態度を養う　③仲間と協力し、課題の解決を目標としたコミュニケーションを通して、自他共に成長しようとする姿勢を身につける。

〔授業実施にあたり設定するルール〕
①「わからない」がスタート。まず個人で考え、ペアで考え、グループで考える。
②教員に質問する前に、必ず仲間に質問。教員は正解を教えない。
③活動中は移動も相談も自由。
④授業最後の確認テストは必ず満点を目指す。

〔必要な機材・備品〕
タブレットPC・プロジェクター・スクリーン

〔使用教科書・参考書等〕
『高等学校　数学』（数研出版）

〔その他、補足情報〕※アクティブラーニングを効果的に行うための工夫、その他
活動時間を確保するために、プロジェクターで投影するものと同じものを生徒にプリントとして配布。講義では、①読めばわかることは説明しない　②同じことを繰り返して説明しない　③ノートを取る時間はとらない　を意識している。また、グループ活動では　①

入試問題のような難易度の高いものを使う　②略解はあらかじめ配る（行間を埋める作業が入る）　③活動中は常にルールをプロジェクターで投影　を心がけている。

〔大まかな授業の流れ〕※タイムテーブル、学習活動、生徒の活動、形態（ペア、グループ、チームなど）、指導上の留意点、評価
① 【講　義】：定理を紹介し、証明・例題をプリントで確認（プロジェクターで投影）。関連した基礎問題を「個人で解く時間」「ペアで確認し合う時間」をストップウォッチで管理しながら進める。
② 【作　業】：複数の応用問題を配る。3～4名の班を作り、各問題の担当者を決める。
③ 【学習1】：問題担当者のみでチームを作り、解き方・説明の仕方を話し合う。（チーム全員が分からない場合は教員が助言を行う）
④ 【学習2】：最初の班に戻り、問題の解き方を他の班員に説明する。
⑤ 【テスト】：確認テストと振り返りシートの記入を行う。
⑥ 【まとめ】：その日の授業でよかった点・改善点などを活動中の様子、プリントの書き込み、振り返りのコメントなどをタブレットのカメラ機能で撮影しておいたものを投影しながら活動を振り返り、次回への足がかりとする。

〈本校は90分授業である。〉以下、指導上で留意している点は
①については、できる限り早く終わらせることを心がけ、講義中の質問は受け付けない。(相談の時間に仲間同士で解決させる)
②③④で個人に責任を持たせ、全員が参加できるように促す。特に、数学が苦手な生徒に対しては、④で困らないように③での活動での様子を十分に注意する。
⑤確認テストで満点を取れなかった場合に、その日の活動の何が良くなかったか、改善点がないかどうか考えさせる。（個人での振り返り）
⑥で全体の振り返りを行い、次回により良い活動ができるようにする。

## ■その他
〔アクティブラーニング型授業を実践しようとした経緯〕
　勤務校（神奈川県立藤沢清流高等学校）がアクティブラーニングを取り入れた授業改善を推進しており、自然とアクティブラーニング型授業を行うことになった。説明は最小限にし、確認テストと振り返りシートの記入をすべての授業に取り入れる形に落ち着いたのは、小林昭文先生の講演を参考にしたところが大きい。

〔成功体験、失敗体験（改善策）等〕
【失敗例】
初期の段階ではすべての定理・問題をグループワークで理解させ、全体に説明させるという形で授業を行っていた。また確認テストは行っておらず、時間を節約するために講義で復習を入れていなかった。そのため、定着の時間が十分に取れなくなり、一部クラスにおいて消化不足の生徒が見受けられるようになった。
【改善策】
グループワークで扱いやすそうな定理と講義で説明するものとに分けることにした。またペアやグループでの相談を多く取り入れたことによって、授業についていけなくなくなる生徒が減った。これは知識のあいまいな生徒が気軽に前回の内容を確認できるようになったからだと思われる。また確認テストが必ずあることで、生徒は講義・作業（学習）・確認とメリハリをつけて授業を受けられるようである。

〔同僚など他の教員との関係について〕
　5回のアクティブラーニング型授業の研修を軸に、お互いに授業改善・授業見学をするという雰囲気ができあがっており、アクティブラーニング型授業を実践している教員が多い。そのため教科の枠を超えて参考になることも多い。

〔今後の目標、目指したい授業、成果について〕
　1年間の実践によって、より活発なクラス（全員が積極的に参加できている）とそうでないクラスができてしまった。今後はクラスの生徒の特性に応じてアプローチの手段を変えることで、すべての生徒が積極的に参加できる学習環境を整えていきたい。
　また、「与えられた数学の問題を理解する」段階で止まっている生徒を、より質の高い学習へとシフトさせられるような授業を展開していきたい。

〔上記以外の事項〕
【授業を作る上で参考にした書籍】
『協同学習の技法』（E.F. Barkley, K.P. Cross, & C.H. Major 著　ナカニシヤ出版）
『活動性を高める授業づくり』（安永 悟著　医学書院）

アクティブラーニング型授業レポート 10

■記入者情報〔①氏名　②高校名　③担当科目（※担当科目が複数の場合は AL 型授業を実践している科目）　④教員歴（年）　⑤補足情報（任意）〕
①大村　勝久　②静岡県立浜松北高等学校　③数学　④25 年

■授業概要・指導案（典型的な授業（１コマ）での内容について）

| 教科 | 数学 | 科目 | 数学演習<br>（高校３年国際科文系） | 単元 | 全単元 |
|---|---|---|---|---|---|

〔目的と目標〕
【目的】
文系生徒に対して、数学に対する不安感、不得意感を拭いさり積極的に数学にふれることで数学のおもしろさを知り、かつ、実力をつける。
【目標】
互いの疑問に対して、言葉で答えることで、相互の理解を深める。
各自が解いた問題の発表を行うことで、答案作成能力や発表する能力を高める。

〔授業実施にあたり設定するルール〕
説明はしっかり聞く。ノートは丁寧に取る。

〔必要な機材・備品〕
プロジェクター、スクリーン

〔使用教科書・参考書等〕
参考書『チャート式基礎からの数学ⅠA，ⅡB』（数研出版）
演習書『システム数学練磨数学Ⅰ・Ⅱ・A・B』(新興出版社啓林館)：高２後半から高３前半
　　　　オリジナルプリント：高３秋以降

〔その他、補足情報〕※アクティブラーニングを効果的に行うための工夫、その他
相互が話しやすい座席にした（少人数の演習）。

〔大まかな授業の流れ〕※タイムテーブル、学習活動、生徒の活動、形態（ペア、グループ、チームなど）、指導上の留意点、評価
①事前指導
・事前に担当する問題を決める。
・発表用解答用紙（A4 の横幅を半分程度に裁断したもの）を全員に配布する。

・学習計画に沿って各自問題をノートに解く。
　　・発表者は発表用解答用紙に答案を作成し、発表の練習をする。
②授業
（ⅰ）発表
　　・各発表者は、各問題の数学的な背景や解法のポイントを説明する。
　　・ノートに解いた問題を発表用解答用紙に整理し直す。
　　・作成した答案をもとに発表をする。
　　・生徒は疑問に思ったことをその都度質問する。
　　・発表者は、質問に対し答案や黒板を使い説明する。
［指導上の留意点］
　　・教員は、つねにすべての生徒の反応をうかがい、発表者や発表を聞いている生徒に理解を深めるような質問をする。
　　・あえて生徒の理解に合わせてじっくり話し合う時間や考える時間を取る。
　　・発表者以外が取り組んだ発展性のある別解は、発表させる。
　　・たとえ誤答であっても、なぜ間違えたのかを生徒同士でできる限り考えさせる。
（ⅱ）授業でのまとめ
　　・教員が、各問題ごとの振り返りを行いまとめる。
　　・授業の感想を聞く。
③事後指導
　　・必要に応じて参考書の類題を提示し定着を図る。
　　・授業改善につながるアンケートを取り、授業改善を行う。


■その他
〔アクティブラーニング型授業を実践しようとした経緯〕
　総合的な学習の時間において、社会人基礎力育成に取り組んだことがあった。つまりアクティブラーニング型授業を行っていた。その時の課題であったのが、日々行われている教科授業でどのようにアクティブラーニング型授業を行うかであった。国際科文系生徒は、数学を苦手とする生徒がいるが、その半面非常に積極的に授業に参加する生徒が多い。その特徴を活かす授業方法としてアクティブラーニング型の授業が適していると考えたため。


〔成功体験、失敗体験（改善策）等〕
①成功体験
・生徒相互の話し合い活動、熟慮する時間を確保するために、生徒が板書した答案をもとに演習を行うことが多いのだが、事前に作成した答案をプロジェクターで写し出し板書

する時間を削減できたことが成功した大きな要因である。
- 毎授業において発表者が答案をつくり、わかりにくい答案については生徒から質問を受けたり、さらに教員によるその場での添削指導を、プロジェクターで見たりすることができたため、答案作成能力はものすごく高まった。また、よりよい答案作りを目指し生徒個々が競い合ったこともよかった。個別に添削指導する必要性をほとんど感じなくなった。
- 発表がうまくできない生徒は、リハーサルを行った上で発表を行った。そのため、人前で発表することが苦手であった生徒が少しずつ緊張することなく発表することができた。

②失敗体験
- 発表はでき、その場でも理解できているのだが、テストになると結果が反映されない生徒がいた。直接話を聞くと、復習が足りないために定着が悪くテスト結果に反映しなかった。授業ばかりか授業外でも学習した内容がより定着できるように苦手な問題については、類題を自主課題や予習課題として与えることを考えている。

〔同僚など他の教員との関係について〕
- 校内研修会で授業動画を流し発表させてもらえた。先生方から多くの感想や課題もご指摘もいただき今後の励みになった。

〔今後の目標、目指したい授業、成果について〕
- 今後は、様々なアクティブラーニングの方法を学び、その手法については大学教育を参考に取り入れていきたい。また、教育工学、キャリア教育、ICT、アクティブラーニングの評価などについても学び、実践的研究に取り組みたい。

〔上記以外の事項〕
- 今回対象クラスの生徒は、高2高3の2年間受け持った。中学時代は数学が得意ではなかったが、成績を大きく伸ばした生徒がいたのでその理由について本人に直接話を聞いてみた。数学の演習で発表することや教えたことで一番力がついた。発表するために発表用答案を作成して問題を整理し、さらに発表することで理解を深めることができた。さらに、同級生に説明することで自分が理解できていないことがわかったり理解が深まったりしたと。アクティブラーニングのすごさを実感できた言葉であった。
その生徒は、最難関と言われる大学へ進学した。

アクティブラーニング型授業レポート 11

■記入者情報〔①氏名　②高校名　③担当科目（※担当科目が複数の場合は AL 型授業を実践している科目）　④教員歴（年）　⑤補足情報（任意）〕
①柳田　一匡　②愛知県立横須賀高等学校　③数学　④11 年　⑤前任校よりアクティブラーニング型の授業を実施

■授業概要・指導案（典型的な授業（1コマ）での内容について）

| 教科 | 数学 | 科目 | 全科目 | 単元 | 全単元 |
|---|---|---|---|---|---|

〔目的と目標〕
【目的】
能動的に行動できる人間になること
【目標】
自分と周りがつながって、問題を解決し成果を上げる集団となること

〔授業実施にあたり設定するルール〕
分からないことを分からないと言える雰囲気をみんなで作る。
（教員である自分の目標として）5時間目に眠くならない授業をする。

〔必要な機材・備品〕
とくになし

〔その他、補足情報〕※アクティブラーニングを効果的に行うための工夫、その他
・クラス内にあたたかい空気を作る。授業の最初に簡単なゲーム、雑談をさせたりする。

〔大まかな授業の流れ〕※タイムテーブル、学習活動、生徒の活動、形態（ペア、グループ、チームなど）、指導上の留意点、評価

| 授業開始 | 机をグループにしておく（4〜6人） |
|---|---|
| 前回の課題の添削 | グループ内で課題のプリントを交換して答合わせと記述の評価、コメントの記入。その後グループの中で優れた解答について確認する。 |
| 講義 | 教科書の内容をポイントを押さえ簡単に解説する。 |
| 演習 | グループで解説部分の演習問題を行う。生徒同士のコミュニケーションが進んでいるのか、声かけを意識して行う。また理解に苦しむ生徒などへのケアをグループ内で促す。 |
| 課題の配布 | 次回で提出する課題プリントの配布。早く演習の終わった生徒は課題に取り組ませる。チャイムが鳴ったら終了だが、あいさつはせず続けたい生徒は続けさせる。 |

■その他
〔アクティブラーニング型授業を実践しようとした経緯〕
　2010年ごろ厳しい生徒指導で授業を成立させることに疑問を持つようになり、他校へ学校訪問に多く出かけるようになった。そのとき三重県立朝明高校の鈴木建生先生の進路指導、授業への取り組みに感銘を受けた。それをきっかけに産業能率大学のアクティブラーニングのセミナーを紹介され参加することとなる。その後自分の授業に取り入れ、生徒の活動を促進する授業を志向することとなる。

〔成功体験、失敗体験（改善策）等〕
　生徒に実施したアンケートの中に「先生の担任をしたクラスは仲が良いと他のクラスの生徒が言っていた」とあり、授業によって生徒同士のつながりを作ることができた。3年生最後の授業のアンケートに「3年間で寝なかったのは唯一柳田先生の授業だけ！」と書いてもらえた。

〔同僚など他の教員との関係について〕
　若い先生は興味を持ってくれたり、アクティブラーニングに挑戦することもあった。小林先生の振り返り会のメソッドを新任の先生、教育実習生の指導に応用した。コーチングの技術もうまく応用することで気づきを促すことができた。

〔今後の目標、目指したい授業、成果について〕
【今後の目標】
　現時点では1，2年次の授業でアクティブラーニングは実施できて模擬試験や定期考査などでも効果も上がっている。しかしながら3年生の演習の授業で効果的に行うメソッドが確立できていないので、改善の必要がある。

〔上記以外の事項〕
①成果として生徒のアンケートからみえたこと
・他の人の解答を見ることで多くのアイデアや記述法について触れることが生徒の新しい発見、多様な価値観の発見につながった。
・高校だとグループワークをするクラスとしないクラスでは友人とのコミュニケーションの量が全然違う。「私たちのクラスは数学のおかげで仲が良くなった。」という生徒が多く現れた。
・生徒自身が相手に教えることで自分の理解の不十分さ、伝えることの難しさに気づくことが出来る。
・「わからないこと＝恥ずかしいこと」という認識を持たせないことで、積極的に聞いた方が、授業も主体的に受けられる事が分かった。
②クラス懇談会の中でアクティブラーニングの技法を取り入れ、保護者同士が小グループを作り、子供たちの現状と親の悩みを共有できる時間を作った。保護者のアンケートから評判も上々であった。

アクティブラーニング型授業レポート 13

■記入者情報〔①氏名 ②高校名 ③担当科目（※担当科目が複数の場合はAL型授業を実践している科目） ④教員歴（年） ⑤補足情報（任意）〕
①横山　北斗　②関東第一高等学校　③数学　④5年　⑤教員1年目からAL型授業に挑戦し、試行錯誤中。

■授業概要・指導案（典型的な授業（1コマ）での内容について）

| 教科 | 数学 | 科目 | 数学I | 単元 | 全単元 |
|---|---|---|---|---|---|

〔目的と目標〕
クラス全員が、その単元の問題をできるようになること（自力で解ける、人に説明できる）。

〔授業実施にあたり設定するルール〕
よい授業態度：聴く、質問する、説明する、動く、チームで協力する、チームに貢献する。
悪い授業態度：黙ってじっとしている、黙々とノートを取る、自分が分かればそれでよいと考える。

〔使用教科書・参考書等〕
啓林館『数学I』

〔その他、補足情報〕※アクティブラーニングを効果的に行うための工夫、その他
　初回授業のオリエンテーションにて、アクティブラーニング型授業を実施する理由を共有した（21世紀型の学力、外国の授業スタイル、ラーニングピラミッド、学習とスポーツとのアナロジーなど）。
　また、グループ活動の練習として、アイスブレイクを兼ねたグループワークをいくつか実施した（自己紹介クイズ、コンセンサスゲーム）。

〔大まかな授業の流れ〕※タイムテーブル、学習活動、生徒の活動、形態（ペア、グループ、チームなど）、指導上の留意点、評価
50分授業：説明（15分）→ グループ演習（30分）→ 振り返り（5分）
説明のときは机を前向きにする。
前時の振り返りでリフレクションカードに書かれた質問・疑問のうち、全体で共有したいものを説明する。要望に合わせて、前回の練習問題の解説もここで行う。
前回の振り返りを終えたら、その時間の内容説明に入る。
黒板を消さない（1枚で収まる分量にする）ことを生徒と共有し、できるだけノートを取

ることよりも説明を聴いて理解することに集中してもらう。

4人グループを作ってグループ演習に入る。
問題は基本的に教科書の例題や練習問題。問題番号と終わる時間を指示する。練習問題の答えのみ黒板に書いておく。
生徒たちは、必要に応じて相談しつつ、解き進める。他のグループの生徒に質問しに行くことも認めている。

振り返りは、グループのまま、リフレクションカードを記入する。
項目は以下の4つ。
・態度目標（前述の「よい授業態度」）を達成できたかのチェック
・「次回の授業ではもっと××したい！」（次回の重点態度目標）
・学習目標を達成できたかのチェック
・コメント（面白かったこと、気づいたこと、まだ納得できていないこと、もっと考えてみたいことなど）

## ■その他
〔アクティブラーニング型授業を実践しようとした経緯〕
　大学院生の頃に協同学習を中心としたアクティブラーニング型授業に出会い、その魅力と可能性に引き込まれた。自分が教壇に立ったらぜひとも挑戦したかった。

**〔成功体験、失敗体験（改善策）等〕**
　1年目からアクティブラーニング型授業に挑戦したが、授業に置いていかれてしまう生徒を出してしまった。
　教員の基本スキルである「観ること」「聴くこと」「話すこと」「書くこと」「選ぶこと」「関係を築くこと」が全く身についていなかったことが原因である。
　そこで2年目には、まずはアクティブラーニング型でない講義中心の授業で、きちんと「分かりやすい授業」「生徒が安心できる授業」「生徒に信頼される授業」ができる力を身につけようと、グループワークに頼らず授業スキルの向上に努めた。
　生徒との信頼関係が築けた2年目の終盤から、再びアクティブラーニング型授業に挑戦。ICTの活用にもチャレンジし、試行錯誤を続けて今に至る。
　5年目に入ってついに、同僚の教員と協力してアクティブラーニング型授業の実践・研究を行えるような環境が整った。大規模校で多様な生徒が集まる本校ならではのアクティブラーニングのあり方を作り上げていきたい。

■記入者情報〔①氏名　②高校名　③担当科目（※担当科目が複数の場合はAL型授業を実践している科目）　④教員歴（年）　⑤補足情報（任意）〕
①岡田　敏嗣　②北海道函館稜北高等学校　③生物基礎・社会と情報　④31年

■授業概要・指導案（典型的な授業（1コマ）での内容について）

| 教科 | 生物 | 科目 | 生物基礎 | 単元 | 実験レポートの作成法：結果と考察 |

〔目的と目標〕
① 実験結果の表からグラフを作成し、そこから何が言えるのか（結果、事実）を考える。
② 実験結果（事実）からどんな推測（考察・意見）が言えるのか、根拠（理由）をもって答える。
③ 1年生の6月では難しい内容を含むので、グループで協同的に学び合いながら課題を解決する。

〔授業実施にあたり設定するルール〕
KJ法やブレーンストーミングに則って話し合い、課題解決に取り組む。

〔必要な機材・備品〕
授業プリント、授業プリントの拡大印刷物

〔使用教科書・参考書等〕
『生物基礎』（東京書籍）

〔その他、補足情報〕※アクティブラーニングを効果的に行うための工夫、その他
　本校では「総合的な学習の時間」および「社会と情報」の授業において、相手に自分の意見を伝えるための"わかりやすさ"についての授業を実施している。その中で、グループ学習等で用いるKJ法やブレーンストーミングの使い方を、実際に体験しながら学習し、他の場面でも活用している。協同的な学びの場面でも、相手の意見を受け入れながら自分の意見を交えて一人では考え付かないような考えに高めていく技法は重要である。

〔大まかな授業の流れ〕※タイムテーブル、学習活動、生徒の活動、形態（ペア、グループ、チームなど）、指導上の留意点、評価

　前時に実施した細胞の計測実験（タマネギの第1葉～第5葉の細胞の長径、短径、核の直径を班ごとに分担して計測）の結果を、1年生全員分集め（ビッグデータ化）、表を作成しておき、表からグラフを作成させる。この時、表とグラフの書き方の注意を確認する。次に、グラフからどのようなことが言えるのかを、根拠をもって考える。これが実験レポートの"結果"に当たることを確認する。さらに、その結果から推測できることを根拠をもって考える。これが実験レポートの"考察"に当たることを確認する。以上の内容を、4人一組の班ごとに考えさせ、発表させる協同的な学び合いを実施。

## ■その他
〔アクティブラーニング型授業を実践しようとした経緯〕
　異なる人の立場に立ちながら、答えの見つからない課題を解決していこうとする姿勢は、これからの時代に大切な能力の一つであると考え、低学年のうちはスモールステップで、学年進行とともに、話し合う時間を延ばしながら行う協同的な学び合いの授業を研究中。

# ■レポートの書き方：結果と考察編
〔細胞の長さを計測し、タマネギの成長の仕方について考察する〕

## A. 実験結果：1　表

表1　核の直径と細胞の面積

| 細胞の面積<br>($\mu$m) | 核の直径<br>($\mu$m) |
|---|---|
| 800 | 24 |
| 1020 | 26 |
| 1482 | 18 |
| 2103 | 25 |
| 2555 | 20 |
| 2990 | 21 |

表2　細胞の長径と短径

| 長径<br>($\mu$m) | 短径<br>($\mu$m) |
|---|---|
| 182 | 36 |
| 315 | 80 |
| 352 | 69 |
| 410 | 80 |
| 470 | 108 |
| 520 | 105 |

表と図の書き方の注意
1：番号とタイトルの位置
2：単位
3：グラフの軸名と単位
4：グラフのプロット
5：なめらかな線で結ぶ

表3　各鱗葉の各部分における細胞の平均の大きさ（$\mu$m）

| 部位 | 下部 | 中央部 | 上部 |
|---|---|---|---|
| 第一葉 | 790 | 820 | 812 |
| 第二葉 | 1051 | 1515 | 1133 |
| 第三葉 | 1210 | 1885 | 1421 |
| 第四葉 | 1383 | 2300 | 1675 |
| 第五葉 | 1800 | 3600 | 2205 |

## B. 実験結果：2　グラフ

軸名と単位、タイトルを記入して表からグラフを完成せよ

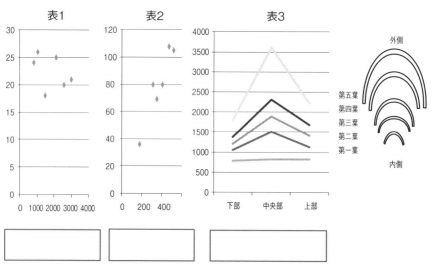

**アクティブラーニング型授業レポート 14**

年　　組　　番　　班　　氏名（　　　　　　　　　）

C．結果（事実）：グラフから分かる事実を書く

表1　　　　　　　表2　　　　　　　表3
2つ以上あげよ　　2つ以上あげよ　　3つ以上あげよ

① 　　　　　　　①　　　　　　　　①

　　　　　　　　　　　　　　　　　②

② 　　　　　　　②
　　　　　　　　　　　　　　　　　③

D．考察（推測）：この結果から推測出来ることは何か

表1　　　　　　　　　　表3

E．根拠（理由）なぜそうなっていると考えたのか

表1　　　　　　　　　　表3

F．この授業を受けて感想を書いて下さい

---

質問1
子タマネギ時代の一番古い鱗葉はどれ？

図にしてごらん

子タマネギ

⇩ 成長

質問2
倍率10×10、10×15倍の時、接眼ミクロメーターと対物ミクロメーターの1目盛り同士がほぼ一致した。接眼ミクロメーター1目盛りは実際には何μmか？

図にしてごらん　×10
　　　　　　　　×15

何μm？

10μm↓　×10

■記入者情報〔①氏名　②高校名　③担当科目（※担当科目が複数の場合は AL 型授業を実践している科目）　④教員歴（年）　⑤補足情報（任意）〕
①溝上　広樹　②熊本県立苓明高等学校　③生物　④6年　⑤博士（理学）

■授業概要・指導案（典型的な授業（1コマ）での内容について）

| 教科 | 理科 | 科目 | 生物 | 単元 | 生物の系統 |

〔目的と目標〕
【目的】
科学者（能動的学習者）の視点とスキルを手に入れる（通年）。
【目標】
よりよいポスターの完成と発表を目指して、チームで協力しながら制作や発表練習を進める

〔授業実施にあたり設定するルール〕
① より分かりやすく説明する。
② しっかりと聴く。
③ 理解を深めるために質問する。
④ チームで協力する、チームに貢献する。
⑤ 時間を守る。
※小林昭文先生の態度目標を参考に設定

〔必要な機材・備品〕
模造紙、付箋、水性マーカー

〔使用教科書・参考書等〕
4単位「生物」の教科書

〔その他、補足情報〕※アクティブラーニングを効果的に行うための工夫、その他
・マグネットテーブルによって、学習したい内容が同じ仲間と自ら集まるため、チーム内での関係づくりが円滑にできる。
・どのようなポスターを作りたいか、よい発表とはどのようなものかを、生徒と確認しながらルーブリック評価を一緒に作ることで目標を明確化することができ、その後の活動もスムーズになる。

・発表をしっかりと聴き、自然と質問が出ることを目指して、「傾聴力」に関する評価基準を示し自己評価を行う。
・ポスターツアーでは、すべての生徒が発表者になるため、「社会的手抜き」の予防が期待できる。

〔大まかな授業の流れ〕※タイムテーブル、学習活動、生徒の活動、形態（ペア、グループ、チームなど）、指導上の留意点、評価

1．ポスター作成までの流れ（50分×3コマ）
①生物の系統について解説後、原核生物、原生生物、植物、動物、菌類のうち学習したい生物のグループを紙に書く（第3希望まで）。[15分]
②マグネットテーブル形式で、自分と同じ生物のグループを挙げた仲間を探して4人班を作る。[5分]
③どのようなポスターを作りたいのかを考えて、評価を全員で考える（評価が高い班を表彰）。[15分]
④目標が分かったところで、ポスター作成開始。[15分＋50分×2コマ]
　…仲間と話し合いながら、まず付箋に教科書に載っている重要な語句やキーワードを書き出し、コンセプトマップ形式でポスターを作成。

【参考：ポスターの相互評価の基準】

| ☆事前に生徒と対話しながら作ったもの | まぁまぁ | よい | とてもよい |
|---|---|---|---|
| （1）重要な語句があるか？多すぎず、少なすぎず。 | 1 | 2 | 3 |
| （2）語句同士が適切に結ばれているか？ | 1 | 2 | 3 |
| （3）独自の話題や具体例が取り上げられているか？ | 1 | 2 | 3 |
| （4）全体的に見やすい構成か？ | 1 | 2 | 3 |
| （5）イラストが効果的に使われているか？ | 1 | 2 | 3 |

2．ポスターツアーによる発表会の流れ（50分1コマ）
①それぞれのポスター制作班のメンバーが1人ずつ集まったポスターツアー用の班（5名）を再編成。[5分]
②ポスターツアーの流れや、発表時と発表を聴くときの評価項目の確認を行う。[5分]
③発表5分、質疑応答2分で、次々にポスターを回り、自分の班のポスターのところに来た際に、発表を行い、他の生徒はしっかりと聴く。これを繰り返して、ポスターを回る。[35分]
④班内で相互評価をする。その後、リフレクションカードへ記入し活動を振り返るとともに、「傾聴力[※]」についても自己評価する。[5分]

【参考：発表時の相互評価の基準】
☆事前に生徒と対話しながら作ったもの　　　　　　まぁまぁ　　よい　　とてもよい
（1）適切な態度（笑顔、声の大きさ）で分かりやすい発表が行えているか？
　　　　　　　　　　　　　　　　　　　　　　　　　1　　　　 2　　　　3
（2）質問に対して、適切に応答していたか？　　　　1　　　　 2　　　　3
（3）他の発表者に対して、適切な質問が行えていたか？　1　　　 2　　　　3
（4）ジェスチャーを交えたりポスターを指し示したりしながら、聞き手を見て発表をしていたか？　　　　　　　　　　　　　　　　　　　　　　　1　　　　 2　　　　3
（5）時間どおりに発表が行えていたか？　　　　　　1　　　　 2　　　　3

※「傾聴力」のルーブリック評価については、経済産業省の「社会人基礎力」で示されている基準を改変して使用（一部抜粋）。

【Aランク】相手の表情や態度から気持ちを考え、状況を把握しながら話を聞く態度を作ることができるようになった。話を聞くだけでなく、聞きながら要点を整理するように心がけた。友達や先生に、いい質問だと言われることが何回かあった。

【Bランク】内容を理解し、質問を返すことができるようになってきた。しかし、理解はしているが、きちんと納得までできないこともあった。

【Cランク】相手の話をさえぎって、自分の意見を話してしまうことがよくあった。

## ■その他

〔アクティブラーニング型授業を実践しようとした経緯〕

　小学生の4、5年生の担任が生徒参加型授業を実践されていて、私や友人たちが活き活きと授業に参加していて毎日が楽しかったのを覚えている。その経験が教員を目指すキッカケとなっているが、実際に教員になってからは、いわゆる講義型授業をいかにうまくやるかを考えながら過ごしていた。それと同時に、生徒参加型の授業をどのように実施してよいのか分からず悩んでいた。しかし、2013年7月にキャリアガイダンス（リクルート）の小林昭文先生の記事と出会い、感銘を受けすぐに実践を開始した。

〔成功体験、失敗体験（改善策）等〕

　ポスターツアーで上位グループを表彰したところ、選ばれなかった班の生徒のうち1名が落ち込んでしまった。その後、個人の努力はきちんと友人からの数値で評価されていることを伝えたところ、「ちゃんと見ている人はいるんだと気づけたし、これからも手を抜かずに何でも全力で頑張りたい。」とコメントをしてくれた。この反省を踏まえて、それぞれの頑張りがさらに表に出やすい形式を考えていく必要があると感じた。そのヒントとして、KP法（川嶋直氏）を利用した発表会の実施を考えている。

〔同僚など他の教員との関係について〕
- 本校の理科では、すべての教員がアクティブラーニング型授業に取り組むようになっている。さらに、研究授業時などには他教科でもジグソー法やグループ学習を利用した授業が実施されるようになってきている。
- 熊本県を中心としたアクティブラーニング型授業の学習会を立ち上げて（現在高校教員を中心に40名程度）、小林昭文先生を招いての学習会の実施や、moodleやビデオ会議システムを利用したオンラインでの学びを行っている。
- 県外の実践者とは、SNS（「反転授業の研究」グループ、主催者：田原真人氏）やビデオチャットを通して日常的に情報交換を行っている。また、久留米大学の安永悟先生のグループによる「授業づくり研究会」に参加し、他校の教員との交流を行っている。

〔今後の目標、目指したい授業、成果について〕
- 生徒たちが深い学びを通して力がつけられるよう、担当教科に関する知識を深めるとともに、効果的な授業設計を考えていきたい。
- 本校は総合学科の高校のため、各学科での専門教科と生物の授業を結びつけるクロスカリキュラムによる授業の実施を目指したい。さらに、23km離れた農業高校と水産高校を母体とする新設校が誕生し、その学校にも所属している。日本一離れた校舎制高校を結びつける取組みのひとつとして、ICTを活用し両校舎をつなぐような授業が行えないかと考えている。

〔上記以外の事項〕
- 実践の記録：『チームで学ぶ！高校生物』　http://albio.hateblo.jp/

■記入者情報〔①氏名　②高校名　③担当科目（※担当科目が複数の場合は AL 型授業を実践している科目）　④教員歴（年）　⑤補足情報（任意）〕

①田中　将省　②学校法人矢谷学園　鳥取城北高等学校　③物理基礎、物理　④8年　⑤大学進学を目指す理系クラスにおいて物理基礎と物理の授業でアクティブラーニング型授業を実施。

■授業概要・指導案（典型的な授業（1コマ）での内容について）

| 教科 | 理科 | 科目 | 物理基礎、物理 | 単元 | 全単元 |
|---|---|---|---|---|---|

〔目的と目標〕

【目的】

物理の学習内容を習得するだけでなく、好奇心をもって物事に向き合い、調べる、知識を結びつける、アウトプットする、他者と協働する、など汎用的な能力を備えた人材を育成する。

【目標】

○講義と問題演習を通じて学習内容を理解し、「なぜ？」という視点を持つ。

○チームメイトと協働して課題の解決に取り組む。

○「行動」→「振り返り」→「気づき」→「行動」のサイクルで自他の成長を促す。

〔授業実施にあたり設定するルール〕

しゃべる、質問する、説明する、動く、チームで協力する、チームに貢献する。

〔必要な機材・備品〕

PC、プロジェクター、スクリーン

〔使用教科書・参考書等〕

『物理基礎』（数研出版）、『物理』（数研出版）、『リード $a$ 物理基礎・物理』（数研出版）

〔その他、補足情報〕※アクティブラーニングを効果的に行うための工夫、その他

・チーム作りは生徒に任せて席の移動は自由にする。

・本時の目標、ゴール、学び合いのルールを確認する。

・講義の導入では単元に合った効果的なクイズを入れて興味を持たせる。

〔大まかな授業の流れ〕※タイムテーブル、学習活動、生徒の活動、形態（ペア、グループ、チームなど）、指導上の留意点、評価

〈授業展開（50分授業）〉
① 【本日の目標・ルール確認、講義】（15分）
本時の目標やルールを確認してからパワーポイントを用いて授業内容を説明する。読んで理解できることは説明を省き、コンパクトな講義を心がける。特に導入では単元に合ったクイズを用いて生徒の興味を引く仕掛けも大切にしている。

② 【問題演習】（25分）
3名～8名程度のチームで学び合いながら問題演習を行う。教員は机間巡視を行い、チーム毎に介入を行う。生徒からの質問に関してはできる限り質問で返し生徒自身に考えさせるなど「ファシリテーター」として学び合いを支えるように心掛ける。

③ 【確認テスト、振り返り】（10分）
主に中級レベルの問題を選び確認テストを実施する。解答後は交換採点を行い、確認テストの下段にある「本日の振り返り」を記入させる。授業内容の何が理解できて何が理解できなかったのかをしっかり確認させる。確認テストはチームごとに提出させて授業終了。

## ■その他

〔アクティブラーニング型授業を実践しようとした経緯〕

　2012年までは板書中心の物理の授業を実践しており、「進度が遅いこと」、「問題演習や実験の時間が不足していること」、「真剣に授業を聴いている生徒≠授業を理解している生徒」など授業に関する様々な悩みを抱えていた。そんな中、2012年11月に鳥取大学との高大接続事業の一環で、大学教員と一緒にアクティブラーニング型授業を参観するという研修の機会を得た。その研修先である埼玉県立越ヶ谷高等学校で小林昭文先生（現：産業能率大学教授）の物理の授業に出会い、生徒たちが積極的に学び合いながら楽しそうに物理と関わる姿に衝撃を受けた。その後、2013年からアクティブラーニング型授業に挑戦し今に至る。

〔成功体験、失敗体験（改善策）等〕
【成功体験】
・確認テストができなかった生徒が悔しくて泣いていた。その後自ら予習をしてくるようになった。
・普段おとなしい生徒が生き生きとした表情でチームメイトの質問に答えていた。
・移動教室でも早めに入室して、授業前にチームで学び合っている姿が見られるようになった。
・演習時間の時間が増えたにもかかわらず進度が速くなった。

・校外模試の成績が向上した。

【失敗体験】
・演習問題の量と難易度の最適化ができず、学び合いが起きない。　⇒　問題数を絞り込んで難易度順に並べた。
・生徒が関係のない話をする　⇒　「チームに貢献する」というルールを確認し、チーム毎に介入した。
・生徒が後半の応用問題にチャレンジしない　⇒　大学名が記載された入試問題を入れて生徒の挑戦心を刺激した。

〔同僚など他の教員との関係について〕
　本校では教科主任や管理職で構成された「ＡＬ・授業改革委員会」を組織して学校全体でアクティブラーニング型授業に取り組んでいる。研究授業の振り返り会で建設的な議論ができるように、同委員会が進め方やワークシートを作成し、すべての教科で運用している。また、教科毎にアクティブラーニング型授業の「強化選手教員」を指名して、教科主任や他の教員が強化選手教員の授業づくりのサポートを行っている。さらに、同委員会は校内通信「OPEN SESAME」を発行し、校内の教員が実施しているアクティブラーニング型授業の事例やその成果を紹介するだけでなく、授業づくりの悩みに関しても取り上げて学校全体で情報の共有を図っている。

〔今後の目標、目指したい授業、成果について〕
【今後の目標】
　電磁気の分野に関して、「ブレッドボード」を用いた電子工作をテーマとしたアクティブラーニング型授業や、上級生と下級生がお互いに教え合い学び合う「屋根瓦方式」によるアクティブラーニング型授業に挑戦したい。
【目指したい授業・成果】
　教員が役割を失うくらい生徒たちが自立して積極的に学び合う授業を目指して、授業の「仕組み」「仕掛け」「教え方」「支え方」を研究していきたい。物理学者アルベルト・アインシュタインは「学校で学んだことを一切忘れてしまった時になお残っているもの、それこそ教育だ」と言っているが、私はその「最後に残るもの」こそ一生の中で活用できる汎用的な能力だと考えている。そのような能力を育成する上でアクティブラーニング型授業は有効であると確信している。

アクティブラーニング型授業レポート 16

■記入者情報〔①氏名　②高校名　③担当科目（※担当科目が複数の場合は AL 型授業を実践している科目）　④教員歴（年）　⑤補足情報（任意）〕
①上田　ゆかり　②関西大倉高等学校　③理科（物理）　④3年

■授業概要・指導案（典型的な授業（1コマ）での内容について）

| 教科 | 理科 | 科目 | 物理 | 単元 | 電場 |
|---|---|---|---|---|---|

〔目的と目標〕
その日の内容を人に説明できるくらいに理解して帰ること。

〔授業実施にあたり設定するルール〕
演習中は、手か口を動かすこと。

〔必要な機材・備品〕
各単元の1～2回目の授業のときは、プロジェクターを使用。

〔使用教科書・参考書等〕
・問題プリント（人数分）：生徒の持っている問題集から何問かピックアップして作成
・解答（2人で1枚くらい）
・スライドを印刷したプリント（人数分。プロジェクターを使うときのみ）
・教科書：数研出版　・問題集：第一学習社のセミナー物理

〔その他、補足情報〕※アクティブラーニングを効果的に行うための工夫、その他
①自分の手書きのノートをスキャナで取り込んでその画像をスライドに利用したことで、画像処理技術が高くなくても思い通りのスライドを作成することができた。
②そのスライドを印刷して配ったことで、板書の時間を短縮することができた。
（ちなみに、ノートを下図のように4つに区切って書くようにすると、①のことがスムーズにできた）

　　　　　　ノート　　　　　　　　　　　　　　　スライド

〔大まかな授業の流れ〕※タイムテーブル、学習活動、生徒の活動、形態（ペア、グループ、チームなど）、指導上の留意点、評価

| 教員の活動 | 生徒の活動 | 形態 | 以前の授業と変えた点 | 今後の改善点 |
|---|---|---|---|---|
| スライドを用いて端的に学習内容の説明を行う | 話を聞きながらプリントに補足事項を書き込む | 個人 | 全て説明しようとせず、イメージをざっくりと理解させることに努めている点。細かい定義等は各自で調べてもらうようにした点。勇気が要りました。 | 説明を省きすぎて生徒が問題を解けなかったり、説明をしすぎて小テストの時間が取れなくなったりしている点。もう少し計画的に行いたいです。 |
| 問題プリントと解答プリントを配布して問題演習 | 机を寄せて、問題を解く。わからなければ相談する。 | グループ | 板書で説明するのをやめて、解答プリントを配布するようにした点。自分のタイミングで取り組めるということで好評です。 | 説明不足や問題の難易度設定のミスにより、板書で全員に解説を行わなければならないことがある点。模索中です。 |
| 時間があれば小テスト＆感想記入（小テストの問題は、演習プリントに載っているのと同じ問題） | 解いて、相互採点して、感想を書く | 個人 | 感想を書いてもらう点。話すのは苦手だけれど、紙になら書ける、という生徒の気持ちを知るよいツールになりました。 | 時間が足りずに中止にすることがある点。 |

## ■その他
〔アクティブラーニング型授業を実践しようとした経緯〕
・物理が得意になるためには、演習を行って頭をそれぞれの単元に慣らしていけばよい。
・それなのに、概念が理解できておらず、演習を自力で行うところまでたどり着かない生徒が多い。
・私が授業で1～10まで説明しても、初学者である生徒が理解できるのは3くらいまで。
・理解した3の中にも、思い違いがたくさん含まれているようだ。
・それでも、4～10の説明を省くのはなんだか怖い。

　以上のところで悩んでいた頃に、小林先生の研修を受講しました。定義や法則の説明があまりに簡潔で驚きました。そこで、私の場合、10まで説明していたのは、「全部説明したのだから私は責任を果たした」と思いたいという気持ちからだったのかもしれないと気がつきました。生徒のためではなく自分のためだったかもしれない、ということです。説明が上手なベテランの先生であれば、10まで説明してもよいのかもしれませんが、私はそうではありません。
　いたく反省をし、「教えきること」ではなく「初学者である生徒が理解すること」を目標として授業を組み立てることに意識を置こうと誓い、見よう見まねでアクティブラーニング型の授業を始めてみました。

〔成功体験、失敗体験（改善策）等〕
　演習の時間に出てきた質問に、つい答えてしまった点。友達と協力してあの手この手で問題を解決していく、というのがアクティブラーニング型の授業の醍醐味であるのに、先生に聞けば何とかなるのだという気持ちにさせてしまいました。迂闊なことでした。アクティブラーニング型の授業を行うのであれば、生徒同士で解決させるという点は徹底させるべきだと痛感しました。

〔同僚など他の教員との関係について〕
　小林先生の研修会を紹介してくださった他教科の先輩教員や、失敗を許してくださる同じ教科の先輩教員に恵まれ、新しいことに挑戦しやすい環境にあります。

〔今後の目標、目指したい授業、成果について〕
【成果】
居眠りをする生徒がいなくなったこと、物理が楽しいと多くの生徒に言ってもらえるようになったこと、小テストで0点ばかりだった生徒が満点を取るようになったことです。
【目標】
今はひとまず物理の内容をよりよく理解させるという点にのみ意識を置いてAL型授業をしていますが、今後、生徒間のつながりを作ったり問題解決の手法を学ばせたりするための手法として活用していきたいです。

■記入者情報〔①氏名　②高校名　③担当科目（※担当科目が複数の場合はAL型授業を実践している科目）　④教員歴（年）　⑤補足情報（任意）〕
①円井　哲志　②岩手県立盛岡第三高等学校　③理科（化学基礎）　④13年　⑤１年生の化学基礎を担当しており、初期指導として、学力とは何か、学習とは何か、化学とはどのようなものかを伝えるために、AL型授業はとても効果的であると考えています。

■授業概要・指導案（典型的な授業（１コマ）での内容について）

| 教科 | 理科 | 科目 | 化学基礎 | 単元 | 物質の三態 |
|---|---|---|---|---|---|

〔目的と目標〕
【目的】
持続可能な社会を担う、問題解決能力を持つ生徒を育成する。
【目標】
問題解決能力としての「科学的探求力」、「発展的対話力」、「論理的思考力」の醸成。

〔授業実施にあたり設定するルール〕
質問や設問に対して以下の流れで取り組む。
必ず自ら考え、仮説を立てる→相手に自分の考え、仮説を伝え、また相手の意見を聞き、自分の考え、仮説を再構築する。→全体に自分の考えを発表する。

〔必要な機材・備品〕
PC、プロジェクター

〔使用教科書・参考書等〕
『化学基礎』（東京書籍）

〔その他、補足情報〕※アクティブラーニングを効果的に行うための工夫、その他
①PCやプロジェクターのセッティングによるタイムロスを省くため、ICT機器を常設した化学実験室で授業を行っている。
②教員の板書時間を省き、生徒自らが考える時間を確保するため、授業はすべてパワーポイントで行っている。
③生徒自らが考える時間を確保するため、単元ごとにこちらで作成した授業ノートを配布し、必要最低限の項目のみノートに記入させている。
④先に説明をしたり、生徒に考えさせた後に授業ノートの穴埋めを生徒にさせる。これにより、生徒は単なる書き写しではなく、自分の答えとして、ノートに記入できるように

なる。
⑤今は説明を聞く時間、今はノートを取る時間、今は話し合う時間等、時間のメリハリをしっかりとさせている。
⑥授業ノートや配布プリントの紛失によるタイムロスを省くため、生徒に配布するプリント類はすべて2穴を開けて配布し、専用の化学ファイルに保存させている。
⑦アニメーションや実際の実験を記録させるために、授業中、デジカメやスマートフォン等を使用可にしている。(指示したときのみ)
⑧プロジェクターはスクリーンではなく、ホワイトボードに投影することにより、補足事項をすぐに書き込めるようにしている。

**〔大まかな授業の流れ〕**※タイムテーブル、学習活動、生徒の活動、形態(ペア、グループ、チームなど)、指導上の留意点、評価

〈授業展開〉[50分]　1時間の基本的な流れ(アクティブラーニング型)〉
①[前回の復習]最初の2分間は自分で前回の範囲を復習する。次の2分間ではペアを作り、1人は先生役として隣の相手に教え、1人は生徒役として先生役に質問する。最後の1分間で代表生徒1人がクラス全体に発表する。これにより、生徒を授業の受動者ではなく、能動者であると意識付けさせる。なお、この流れは態度目標でもある。また、時間配分は時計モニターを見て生徒自らが行い、教員は「2分たったよ」などの指示はせず、5分間机間巡視を行う。これにより教員は生徒の理解度の観察に集中できる。(5分)
②[導入]　2つの瓶を用意し、1つの瓶に色のついた煙を入れ、もう一方には煙を入れず、この2つの瓶を繋げたらどうなると思うか?という発問から「拡散」という現象を生徒が考え出す。そして、なぜ拡散が起きるのかという発問から、個人→ペア→全体への発表という思考・表現サイクルへと生徒を導いていく。(5分)
③[学習1]　導入より、拡散と熱運動の関係について、イメージが頭の中でぼんやりとできている生徒に対して、たたみかけるように熱運動のアニメーションを投影し、視覚からダイレクトに脳に訴えかけ、熱運動のイメージを確かなものにさせる。このとき、生徒は自由にスマートフォン等を利用してアニメーションを録画することができる。また、このアニメーションにより、温度が高くなると熱運動も激しくなることが理解できるので、熱運動と温度との関係性に話を進める。(15分)
④[学習2]　温度には上限、下限があると思うか?という発問から、下限があるとすれば、その時、分子などの粒子はどのような状態になっていると思うか?という発問につなげる。そして[学習1]での温度が高くなると熱運動も激しくなることを再度思い出させて、下限では分子などの粒子は止まっていることを生徒自らに考え出させる。そして、もしも自分が新しい温度計を作るとすれば、どんな温度計を作りたいか?という発問から、-273℃(絶対零度)を基準0とした絶対温度という科学概念を生徒自らに考え出させ、自分自身が新しい科学概念を見つけることができたような達成感を味あわせる。(15分)

⑤［問題演習］本日学習した（生徒が自ら導き出した）絶対温度 T とセルシウス温度 t との関係（T=t+273）を活用できるかどうかを、基本的な問題を解くことによって確認する。（5分）

⑥［まとめ］本時で理解したこと、理解できなかったこと、気づいたこと等を授業ノートの下の欄に記入し、生徒自らが本時のまとめ、要約を行う。（5分）

## ■その他

〔アクティブラーニング型授業を実践しようとした経緯〕

　アクティブラーニング型授業（本校では参加型授業と呼ぶ）を、学校を挙げて推進している盛岡三高に勤務することにより、自分が今まで行ってきた授業形態がアクティブラーニング型の授業と少なからず一致することを知り、アクティブラーニング型授業とは何なのかと興味を持つようになった。その後は自分の授業に取り入れられることはないかと、自分の教科だけではなく他教科の先生方の授業を積極的に参観するようになった。

〔成功体験、失敗体験（改善策）等〕

　成功体験としては、まず居眠りが激減したことです。また、授業に対する生徒の意見も以前は「先生の授業はわかりやすい」だったのが、最近は「先生の授業は楽しい！」と言ってくれる生徒が増えたことです。少しずつ生徒の中で「化学」が「化楽」になりつつあるのかなあと感じます。失敗体験としては、生徒の話し合いの時間に気をとられ、授業進度が予定よりも遅くなってしまったことがあります。現在は自分の授業を撮影し、不必要な説明をしている箇所や、ここは生徒が話し合わなくても良いと思われる時間を見つけることで、改善しております。

〔同僚など他の教員との関係について〕

　学校を挙げてアクティブラーニング型授業を推進している盛岡三高では、教員全員の意識が高く、実際に多くの先生方がアクティブラーニングを実践しているので、意見交換しやすい。また、盛岡三高ではいつでも授業を見学できるようになっているので、気になる授業があれば、授業者への事前承諾なしで見学することができる。

〔今後の目標、目指したい授業、成果について〕

　小林昭文先生著の「アクティブラーニング入門」のP19に記載されている、「AL型授業はキャリア教育の機能をもつことができる」とあるように我々教師は自分の専門教科を通して、生徒にキャリア教育をしていると自分は考えています。授業が単なる知識の伝達だけにならず、高校卒業後、自らが答えを導き出す社会に旅立つ生徒達が、目的や目標に書いたように、問題解決能力としての「科学的探求力」、「発展的対話力」、「論理的思考力」を養い、持続可能な社会を担う、問題解決能力を持つ人間が育つ授業が目標です。

月　　日（　）

物質の三態　　教科書P_____～P_____

拡散　気体の臭素 $Br_2$ の入った集気瓶と、窒素の入った集気瓶を重ねておくと、_____色の $Br_2$ は2つの集気瓶全体に広がる。このように、物質の構成粒子が自然に散らばっていく現象を_____という。この現象は、気体だけでなく、溶液中の分子やイオンなどでも見られる。
この現象は、物質を構成する粒子が、絶えずその温度に応じた不規則な運動をしているために起こる。このような粒子の運動を_____という。温度が高くなると、この運動はより激しくなる。

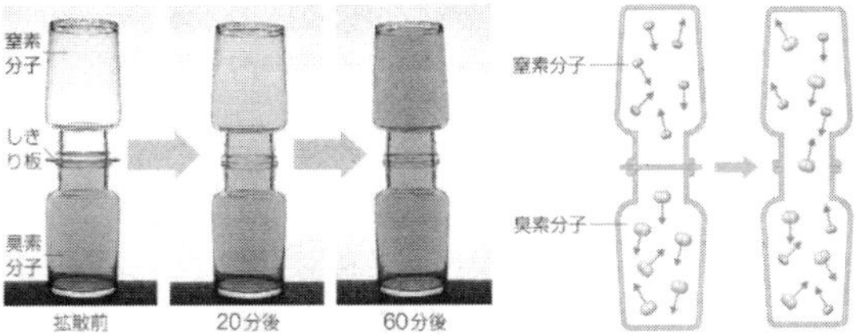

▲図16　臭素の拡散　2個の容器の間のしきり板を除くと、無色の気体の窒素と赤褐色の気体の臭素分子は互いに拡散を始め、やがて均一に混じり合う。拡散は、窒素分子と臭素分子がそれぞれ熱運動をしているために起こる。

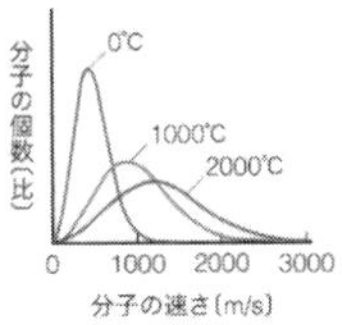

▲図20　窒素分子の速さと温度との関係　高温ほど、速さの速い分子の割合が増加する。

温度　私たちが日常使う、℃を単位とする温度は水の凝固点（　　　℃）と沸点（　　　℃）の間を100等分して1℃の温度差が定められている。この温度は提唱者の名前にちなんで_____温度、略してセ氏温度（摂氏温度）という。

温度には上限はないが、下限があり、_____℃より低い温度は存在しない。この下限の温度を_____といい、このとき粒子の熱運動は_____している。絶対零度（−273℃）を基点とし、セルシウス温度と同じ目盛り幅をもつ温度を_____温度といい、単位には_____を用いる。絶対温度[K]とセルシウス温度[℃]との間には次の関係がある。

_____

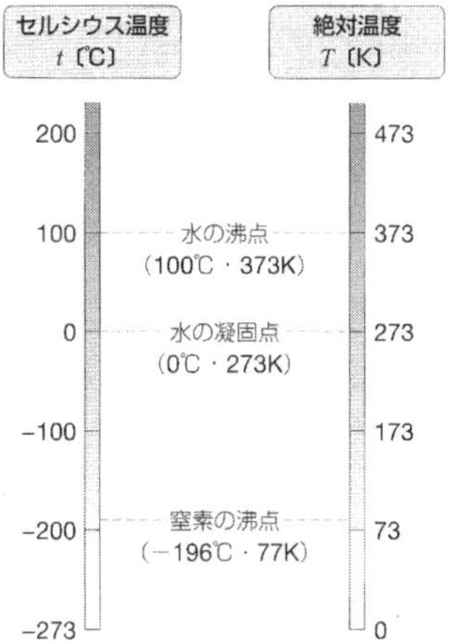

練習問題

（1）～（3）を絶対温度（K）で、
（4）～（6）をセルシウス温度（℃）で表せ

（1）−50℃ →_____K
（2）0℃→_____K　　（3）100℃→_____K

（4）0K→_____℃
（5）200K→_____℃　（6）400K→_____℃

本日理解したこと

化学基礎P1

■**記入者情報**〔①氏名　②高校名　③担当科目（※担当科目が複数の場合は AL 型授業を実践している科目）　④教員歴（年）　⑤補足情報（任意）〕

①金子　勇太　②青森県立五所川原高等学校　③日本史　④15 年　⑤本校は、青森県西北地域に所在し、9 割以上の生徒が大学に進学する"進学校"である。そのために各教科の授業で受験対策を実施している。

■**授業概要・指導案**（典型的な授業（1 コマ）での内容について）

| 教科 | 地理歴史科 | 科目 | 日本史B | 単元 | 鎌倉幕府の滅亡と建武の新政 |
|---|---|---|---|---|---|

〔**目的と目標**〕

【目的】

知識を受け身で得るのではなく、自分で史資料から情報を収集し、得た情報を自分のことばで説明することで構造的理解を深めさせる。

【目標】

鎌倉幕府滅亡の背景と建武の新政が失敗した理由について、史資料から情報を読み取り、それをアウトプットすることで理解を深める。

〔**授業実施にあたり設定するルール**〕

自分の考えをペアに間違いを恐れず、遠慮しないで伝えること。

〔**使用教科書・参考書等**〕

『詳説日本史』（山川出版社）、『最新日本史図表新版』（第一学習社）、『新編史料日本史』（とうほう）・自作授業プリント

〔大まかな授業の流れ〕※タイムテーブル、学習活動、生徒の活動、形態（ペア、グループ、チームなど）、指導上の留意点、評価

【授業展開（50分授業）について】
※授業では、ペアワークを生徒の活動の場として設定している。ペアは隣の座席の生徒と組む。

|  |  | 学習内容 | 学習活動 | 学習形態 |
|---|---|---|---|---|
| 導入 | ①前時の復習 | | ●前時の内容（元寇後の御家人体制の変化）について、確認する | ペアワーク |
| | ②学習テーマの提示 | | ●学習テーマ（鎌倉幕府はなぜ滅亡したのか、また、建武の新政が失敗した理由は何か）に関する既習知識を確認する | ペアワーク |
| 展開 | ①後醍醐天皇の登場 | | ●朝廷の分裂について、理解する | 講義 |
| | | | ●後醍醐天皇の特異性について、肖像画から気づく | ペアワーク |
| | ②鎌倉幕府の滅亡 | | ●鎌倉幕府滅亡の経緯を理解する | 講義 |
| | ③建武の新政 | | ●建武の新政の方針を史料から読み取る | ペアワーク |
| | | | ●建武の新政への不満原因を史料から読み取る | ペアワーク |
| まとめ | ①本時の内容のまとめ | | ●学習テーマに対する自分の考え説明する | ペアワーク |
| | ②次時予告 | | ●南北朝の動乱について、次時で学習することを知る | 講義 |

【評価と手だて】
　ペアワークの活動状況と生徒の発表内容から評価する。その際に生徒が自らのことばで表現することができているのか、史資料を正確に読み取っているのかを評価規準とする。


■その他
〔アクティブラーニング型授業を実践しようとした経緯〕
　進学校ということもあり、大学受験を意識した講義式の授業を進めていた。毎時間、生徒を飽きさせないように様々な歴史的こぼれ話を紹介したり、入試対策用の問題演習を取り入れたりするなどの工夫をしていた。しかし、生徒が何度も説明した部分を定期テストや模擬試験で間違うという経験から生徒に学力が定着していないのではないかという疑問を抱くようになり、講義式の授業に限界を感じた。そのような時に地域史をテーマにした

討論学習を行う機会を得た。生徒たちは教科書や副教材を熱心に調べ、それをもとに予想以上に活発な議論を交わした。そのことから、得た知識を生徒自身が活用する場を設ける必要性を痛感した。ただ、討論学習のような授業は、時間を多く必要とし、大学受験を考えれば、授業進度の関係上、到底そのような授業ばかりをやることはできず、結局は講義式の授業を続けた。そんな中、2014年6月に岩手県盛岡市で開催された小林昭文先生（産業能率大学教授）の研修会に参加することができた。そこで、アクティブラーニングについて初めて知った。その時に小林先生が、授業の中に1回でもいいので生徒が活動する場を設定すればアクティブラーニングになるという話を聞き、気軽さを感じて興味を持つようになった。また、同年に産業能率大学で開催された第8回キャリア教育推進フォーラムに参加し、地歴科のアクティブ型授業を体験することから、自分なりのアクティブ型授業の構築を目指して、現在に至る。

〔成功体験、失敗体験（改善策）等〕

　大学受験対策として、センター試験の過去問等を利用した問題演習を行っている。生徒に問題を解かせ、自己採点後に教師が解説するという形で行っていたが、生徒が教壇に立ち、解説を行うというスタイルに変えた。流れとしては、解説させることを予告した上で、生徒を4名前後のグループに分けて、解いた問題の正解をグループで確認させる。その時に解答・解説は渡さないので、生徒はグループで協力し合って、教科書等を利用して正答を探す。その後、各グループに大問を割り当てて、解説を考えさせる。最後に教師が適当に生徒を指名して、その生徒が皆に解説をする。解説に困った時には、グループのメンバーが手助けをする。このスタイルを数回取り入れたところ、休み時間や放課後に生徒が自主的に集まり、問題を解説し合うという姿が多く見られるようになった。生徒から感想を聞いたところ、教師の解説を聞くよりも理解度が深くなるとのことであった。しかし、問題点もある。自分が担当する箇所についての理解は深まるが、他のグループが担当する箇所については、ただ説明を聞くだけで、受け身の姿勢になるので、どうしても理解が浅くなるとのことである。今後、さらに工夫を凝らして改善する必要がある。

〔同僚など他の教員との関係について〕

　先述した第8回キャリア教育推進フォーラムの内容を職員会議で報告したり、各方面でアクティブラーニングが取り上げられたりすることにより、校内でも徐々にアクティブラーニング型の授業の認識度が高くなってきた。数学科でも入試問題を題材として、グループで解き、解説までつくるという流れのアクティブラーニング型授業の試みが行われるようになった。

〔今後の目標、目指したい授業、成果について〕
　まだまだ毎時間の授業で完全にアクティブラーニング型を実施しているわけではない。単元によっては、講義式だけの場合もある。今後の目標としては、各単元の学習内容に即した授業展開を詳細に考えていきたい。現時点では、普段の授業ではペアによる作業を主に採用しているが、それ以外の方法も開発したい。特に知識の羅列で終わりがちな文化史分野において、バズ学習等の手法を用いた授業展開の実践を考えている。

〔上記以外の事項〕
◆紹介したもの以外の授業について
　私は授業を3種類の形態で行っている。1つめは紹介したペア学習を中心にした授業。これは、教科書の内容を学習する通常の授業である。2つめは先述した受験対策のグループでの問題演習を行う授業。そして、3つめは討論授業である。この討論授業では、地域の歴史から日本史を見つめることを目的とし、地域史を教材としている。5～6時間の授業時間を必要とするので、年に1回程度しか実施できないが、1回でも実施するのとしないのとでは、違いがあると考えている。この討論学習は、アクティブラーニング型授業を実践する前から行っているが、普段の授業をアクティブラーニング型にすることで、今後、さらに活発な討論が行われると期待している。

【私の討論学習の実践についての論考】
・「高等学校日本史の単元開発研究－解釈批判学習と討論学習からのアプローチによる地域史学習」（金子勇太『弘前大学教育学部附属教育実践総合センター研究員紀要』第9号、2011年）
・「北方史研究の成果を活用した高等学校日本史の単元開発－13～16世紀の和人・アイヌ民族の関係史を題材として－」（金子勇太・小瑶史朗『弘前大学教育学部紀要』第111号、2014年）

■記入者情報〔①氏名 ②高校名 ③担当科目（※担当科目が複数の場合はAL型授業を実践している科目） ④教員歴（年） ⑤補足情報（任意）〕

①溝上　貴稔　②長崎県立佐世保北高等学校　③日本史　④14年（うち中断3年）　⑤アクティブラーニング型授業について模索中。現状としては歴史的思考力を深めるための一方策として「問い」を軸にした授業と展開している。

■授業概要・指導案（典型的な授業（1コマ）での内容について）

| 教科 | 地理歴史科 | 科目 | 日本史 | 単元 | 明治初期の国際問題 |
|---|---|---|---|---|---|

〔目的と目標〕

　西欧的な価値観と東洋的な価値観のぶつかり合いの中で新しい国際秩序が築かれていく過程が日本の近代史である。まずはその価値観の違いを知り、国境を画定する段階において日本が西欧的な価値観に追従したことを理解させたい。本授業は琉球処分、日清戦争にいたる朝鮮・中国との外交問題、日露戦争にいたるロシアとの外交問題、といった明治期の外交史の導入段階にあたるものである。

〔授業実施にあたり設定するルール〕

個人で考え、グループで意見を出し合いまとめる。グループは近くの人と4人組になる。話し合いの結果をボードに記入し、発表する。

〔必要な機材・備品〕

ミニホワイトボード　水性ペン

〔使用教科書・参考書等〕

自作プリント、「明治維新」（集英社版『日本の歴史16』中村哲著）より抜粋した文章

〔その他、補足情報〕※アクティブラーニングを効果的に行うための工夫、その他

　アクティブラーニング自体がこれまでの一斉画一的な教授法を改め、柔軟な発想での指導法を模索するための突破口になると考えている。しかし、抜本的な授業改革となると準備が追いつかず、永続性がない。そこで、本授業のように思考を深めてほしい単元をまたがるようなテーマや、史資料の読解などの場面においてミニホワイトボードを配り、グループで意見交換を行わせている。

〔大まかな授業の流れ〕※タイムテーブル、学習活動、生徒の活動、形態（ペア、グループ、チームなど）、指導上の留意点、評価

・通常の授業用プリント配布　授業内容、テーマの確認（5分）
　メインクエスチョン（MQ）の提示：「明治初期、日本は東アジアにおいて、どのような国際関係を築こうとしたのか？」
・資料文の配布　精読後、次の問いに対する解答を考える（15分）
　サブクエスチョン1（SQ1）：「中国にとって近世（江戸時代）の日本はどのような国として位置づけられていたか」
　サブクエスチョン2（SQ2）：「『万国公法』=近代国際法において、文明国とはどのような条件を持つ国であったか」
・グループでの考察（15分）
　意見のすり合わせ　ホワイトボードにSQ1・2の解答を書き出し、その上でMQに対する結論を出す
・各班の代表者が発表（15分）　9グループ　各班1分程度　→次の時間にリフレクションシートの記入・回収　5分（授業の導入として）

## ■その他

〔アクティブラーニング型授業を実践しようとした経緯〕

　2013年9月に長崎で行われた小林昭文氏によるアクティブラーニングの講習会に参加した。説明を極限まで圧縮し、生徒の活動を中心に据えた授業の型に興味を覚え、教科は異なるがマンネリ化しつつある自分の授業でも可能な範囲で実践してみたいと考えるようになった。

〔成功体験、失敗体験（改善策）等〕

　問いの性質にもよるが、時間配分が難しい。グループ活動を取り入れるとどうしても時間がかかりすぎてしまう傾向にある。またグループ内での話し合いが活発化するためには事前にある程度情報を咀嚼する時間が必要だが、その時点での取り組みで温度差が生じることも多い。話し合いが始まってもいろいろと意見が出始めるまで時間がかかり、予定していた時間内にまとまらないことが多い。また、グループでの活動に消極的な生徒もいるので、常に声掛けが必要である。設定するべき核心となる「問い」（メインクエスチョン）と、そこに向かう「問い」（サブクエスチョン）を精選していかねばならない。

　上記の授業を実践してみて、生徒の反応はよかった。リフレクションシートには「答えを見つけるのに苦労した点が印象に残った。学習していない内容の結論を出すのには協力が必要だと感じさせられた。話し合いによって自分に新しい考えを発見する機会となりよかった。いつもとは違った授業で新鮮だった」「いろんな意見が聞けた点。日本は中国とヨー

ロッパとどちらを目指していたのかという結論がさまざまで今後の授業意欲もわいた。」「クラスの友達はこんなに深く資料から読み取れるんだと思ったこと。驚いた。」「日本人が持っていた当時の思想や外交に対する姿勢の変化について詳しく調べてみたい。」といった感想が出された。その後の授業の展開を予想する機会にもなり、授業の狙いは十分達成できたようである。

〔同僚など他の教員との関係について〕

　教科全体でアクティブラーニングを意識して授業を展開するようになってきている。教科内の教員の興味関心度は高い。ただし取り組みや形式は様々なので、それぞれの実践を通して事例を増やしていく必要がある。

〔今後の目標、目指したい授業、成果について〕

　現状はイベント的な取り組みで終わっており、アクティブラーニング型授業の体系化ができていない。ややもすればグループ活動を行うこと自体が目的化してしまい、生徒にとって「おしゃべりができる楽しい時間」となりかねない。また、現状取り組んでいる方式でのアクティブラーニングは思考力を高める上で有効であるが、基礎的な歴史用語の習得につながっておらず、定期テストや模試、大学入試に直接対応することができていない。

　「歴史的思考力」とは１つの歴史事象を多面的・多角的に分析・考察し、理解する力を指すと考えている。生徒同士が活発に意見を出し合うことができるアクティブラーニングは、これまでの学びの質を飛躍的に向上させ得る可能性を持っており、うまく授業を展開することができれば高度な歴史的思考力を養うことができるはずである。今後アクティブラーニング型授業を常態化していくためには、授業計画の見直し、テーマの選択、教材の精選等、検討すべき点が多々ある。また、グループ活動を活性化するためには、教員自身、ファシリテーターの技能の習得が不可欠であると感じている。実践事例を一つ一つ積み重ねつつ、学び甲斐のある日本史の授業を目指していきたい。

振り返りシート

前回の授業で、以下のようなテーマについて考察しました。

> MQ 明治初期、日本は東アジアにおいて、どのような国際関係を築こうとしたのか?
>
> SQ1 Ⓑの文章より、中国にとって近世（江戸時代）の日本はどのような国として位置づけられていたか。
>
> SQ2 Ⓐの文章より、「万国公法」＝近代国際法において、文明国とはどのような条件をもつ国であったか。

①この学習内容は印象に残っていますか？

   Yes  No

・Yesと答えた人は、どのような点が特に印象に残っていますか。


・Noと答えた人は、なぜ印象に残らなかったと思いますか。


②授業を通して考えたことや疑問に思うこと（質問事項）、今後調べたいと思うことなどを自由に書いてください。




      _____　組　　　番　氏名_____

■記入者情報〔①氏名　②高校名　③担当科目（※担当科目が複数の場合は AL 型授業を実践している科目）　④教員歴（年）　⑤補足情報（任意）〕
①皆川　雅樹　②専修大学附属高等学校　③日本史　④ 10 年　⑤専大推薦・大学受験クラスにかかわらず、通年でアクティブラーニング型の日本史の授業を実施

■授業概要・指導案（典型的な授業（1コマ）での内容について）

| 教科 | 地理歴史科 | 科目 | 日本史 | 単元 | 全単元 |
|---|---|---|---|---|---|

〔目的と目標〕
【目的】
日本史の知識習得だけではなく、日本史を通して「社会人」="学び家（か）"になる！（指示待ちで教わってばかりの"教わり家"ではなく、主体的・積極的に学べる"学び家"）
【目標】
○日本史を学びながら、今の自分たちの常識から考えて「変だなぁ」と思うことをできるだけ多く発見すること（疑問を持つこと・わからないことをきちんと認識すること）が"学び家"への第一歩！（さらに、その疑問を自分たちの知恵で解いていくことができるとなおよい！）
○クラスメイト・仲間（＝学びの友［学友］）とのコミュニケーション（学習ネットワーク）を通して、「感謝の気持ち」と「謙虚さ」を持てる"学び家"になる！

〔授業実施にあたり設定するルール〕
★暇な人はいらない！
　…「暇な人にならない」ために、「暇な人を作らない」ためにどうすればよいか、意識できるようにしていきましょう！
★「フリーライダー」はいらない！
　…「フリーライダー」（他のメンバーに頼りっきりでその成果にタダ乗りする人）では、授業に参加しても無駄な時間になるだけ！

〔必要な機材・備品〕
ＫＰ法用のＢ４用紙 10 ～ 20 枚と 20cm くらいの棒状マグネット
※ KP 法…K と P は、「紙芝居」と「プレゼンテーション」の頭文字をとったものであり、川嶋直氏を中心に実践されるプレゼン方法。キーワードやイラストなどを書いた何枚かの紙をホワイトボードなどにマグネットを使って貼りながら 2 ～ 5 分程度でプレゼンを行う。

〔大まかな授業の流れ〕※タイムテーブル、学習活動、生徒の活動、形態（ペア、グループ、チームなど）、指導上の留意点、評価

＠皆川の日本史：1 時間（50 分）の基本的な流れ（アクティブラーニング型）

①【講義】学習内容との対話 1（KP 法＋板書）［10 分］
　…「本日の問い」の提示、本日扱う単元内容について説明
②【作業】学習内容との対話 2 ［5 分］
　…基礎知識の確認作業

〈授業の目的〉
"学び家"
アクティブラーナー
（"教わり家"は×）

③【学　習】：学習内容との対話 3 ＋仲間との対話［15分程度］
　　…本日の事柄のつながりや応用を学び合う
④【試　験】：自己との対話［5分程度］
　　…①・②・③で学んだ内容の試験（選択＆つぶやき）
　　　→答え合わせ
⑤【メタ認知】：自己との対話 2 ＋担当者との対話［15分程度］
　　…「振り返り＆"質より量"シート」記入→担当者との対話（OKが出たら終了！）

②・③：1チーム
　　　2〜4 1人
＊教え合いOK！
＊時にはひとりで考え
　込むのもOK！

①【講　　義】：単元内容に関わる「本日の問い」を板書し、レジュメ（配布プリント）の所定の欄に記入させる。KP法を用いて、レジュメの内容に則して授業内容を説明する。基本的には教員による一方的な講義の時間である。なお、レジュメは、前の授業時に配布し予習できるようになっており、基礎事項（単元内容を理解する上で最低限知っておくべき歴史用語）一覧や「NHK高校講座日本史」のQRコードも記載されている。

②【作　　業】：個人作業の時間である。ⅰ）基礎事項の意味を一問一答問題集などで確認する。ⅱ）年表形式の穴埋め問題にレジュメや教科書などを使いながら取り組む。ⅲ）教科書本文の太字以外の穴埋め問題シートに取り組む。ⅰ）〜ⅲ）はどこからでも好きな順番で取り組んで良い。

③【学　　習】：チームを作り、②【作業】の進捗情況や記入内容を確認する。さらに、つながりや因果関係について考えるシートに取り組み、教え合いながら理解し、次の④【試験】や⑤【メタ認知】の時間に備える。

④【試　　験】：5分でできる簡単な選択（○×・四択）問題とつぶやき（もし□□だったらどうする？）問題の試験を行う。試験時間終了後、周囲の級友と交換し答え合わせをする。つぶやき問題は各自の主観で○△？などをつける。

⑤【メタ認知】：「振り返りシート」には、下記の項目に☑を入れる。

①本日の授業全体を5段階で自己評価（「学び家」度）→☑を入れてみよう
□5：「学び家」全開（理解するため、なんとかしよう・工夫しよう・わからないをも楽しもう）
□4：プチ「学び家」（少し理解するため、なんとかしよう・工夫する・わからないをも楽しもう）
□3：「学び家」「教わり家」半々（なんとかしようと思いつつ、答えを写す聞く）
□2：プチ「教わり家」（少し答えを写す・聞く。少し答えを持っている人にベッタリ）
□1：「教わり家」全開（答えを写す・聞く。答えを持っている人にベッタリ）
②本日の授業内で自分ができたことに☑を入れよう（クラスメイト＝学友［学びの友]）
□会話する　　□訊く（質問する）　　□教える　　□教え合う　　□情況把握し合う
□聴く（傾聴：人の話を耳・目・心で丁寧に聴く）
□対話（日本史の授業内容を学友同士で深め合う）
□学友への感謝の気持ち　　　　　　□学友への謙虚さ（仲間を素直に受け入れる）
□自分が暇にならない　　　　　　　□学友を暇にしない
□自分がフリーライダーにならない　□学友をフリーライダーにしない

「"質より量"シート」は、下記の項目について、A4用紙1枚分に"質より量"で紙いっぱいに書き出す。

> 「本日の問いの自分なりの答え」(→半分以上はこれを書いてみよう!)
> 「今日の授業内容を通じて、感じたこと、知ったこと、わかったこと、学んだこと」
> 「今日の授業内容で、疑問に(変だなぁ)思ったこと、気になること」
> 「授業内容などの疑問・訊きたい(質問したい)こと、担当者へのあったかコメントなど自由に!」
> →「質より量」でとにかく具だくさん(具体例をたくさん)で文章化しよう!(箇条書き、図・絵入りも可)

記入が終了したら、自己評価(下記のルーブリック)をして、担当者に確認してもらい(担当者との対話を行い)、OKが出たら授業は終了。

> ★最後に…《質より量》で《具だくさん》の自己評価(☑を入れる)
> □S:質・量ともに思考充分(自分の言葉で問いを立て考察あり)
> □A:質・量ともにあり思考あり (具体例をあげて自分の言葉で説明)
> □A-:質・量ともにあり少し思考あり(自分の言葉で説明)
> □B+:質より量で書け思考あり(自分の言葉/教科書等を写す半々)
> □B:質より量で書け少し思考あり(教科書等を少し写している)
> □B-:質より量で書けている(教科書等を写しているところが多い)
> □C+:質より量で思考なく教科書等を写している
> □C:未提出・真摯に取り組んでいない
> □今日はちょっと…(授業後に提出する場合は担当者に一声)

## ■その他

〔アクティブラーニング型授業を実践しようとした経緯〕

　2010年7月までは板書と解説が中心の、いわゆる「チョーク&トーク」で進めていた。学期ごとの授業アンケートを見ると、生徒からは「板書がわかりやすい」「説明が丁寧」と好評で、改善の必要も感じていなかった。しかし、2010年2月に授業を見学した教員志望の大学生から、「先生の授業は完璧ですね」という感想をもらったことから、「完璧な授業などあるのだろうか」「生徒にとって『よい』授業とは何か」と疑問を持ち、自身の授業方法を見直すようになった。そんな中、2010年5月末に小林昭文先生(当時は埼玉県立越ヶ谷高等学校教諭・現産業能率大学教授)の授業実践に出会ったことが授業改善の方策を得ることとなり、同年9月から授業方法の改善が始まり今に至る。

〔成功体験、失敗体験(改善策)等〕

　穴埋め問題で、グループワークによる生徒同士の答えの写し合い(フリーライダー問題)を解消するため、黒板に解答を書かせたり書いたりすることをやめた。改善策としては、穴埋め問題は教科書のゴシック(重要語句)部分ではなく、その前後のゴシック部分を説明する部分を穴埋め問題にし、さらに穴埋め問題の全体での答え合わせをやめ、その内容を【試験】の時間に問うことで、自力もしくはグループで考えさせるようにした。

〔同僚など他の教員との関係について〕
・アクティブラーニング型授業の研修（2011・2013年度：講師小林昭文先生）をきっかけに、授業改善を意識する教員が増加し、さらにお互いに授業を見合い情報交換・共有をする機会も増えている。
・国語・数学・英語・理科・地歴・公民など様々な教科で、考えをまとめたり、問題を解いたり、答え合わせをしたりする際に、ペアワークやグループワークなど、生徒主体の学習の時間がとられている場合が多くなってきている。
・日本史では、専任教員（2名）が、導入・講義（10～20分）→ペア・グループなどでの問題解決（20～30分）→テスト・振り返り（10分）のサイクルで毎時間の授業を展開している。
・日本史では、非常勤講師（2名）が、毎時間の授業の最後に振り返りシートの記入の時間を設けることによって、生徒の理解度をはかったり、生徒からの授業のフィードバックを受けたりすることで授業を改善する努力を重ねている。
・英語では、専任教員（1名）が、協同学習のサイクル（講義→個人ワーク→グループワーク→全体共有→個人）で毎時間の授業を展開している。
・現代社会では、専任教員（1名）が、講義→復習の時間→グループワーク（ジグソー風に役割分担をして問題を整理）→グループ内で声を出して整理した問題を2分間授業（アウトプットの時間）→振り返りのサイクルを、中単元内の山場で展開している。

〔今後の目標、目指したい授業、成果について〕
　アクティブラーニング型授業が、「汎用的な歴史教育」＝「学問知を前提とした歴史的思考力の育成」につながると考えている。アクティブラーニング型授業が単なる「おしゃべり学習」にならないようにするためには、学問知をきちんと押さえつつ、それが何かを考えられるような仕掛けを作る場（個人・グループ・全体で考え書いたり発表したりするバランス）が必要である。そのような仕掛けを通して、大学生や社会人になっても活用できる汎用的技能の育成につなげたい。

【私の授業実践に関連する論考・紹介】
1．「高校日本史におけるアクティブラーニング型授業の実践」（『(専修大学附属高等学校) 紀要』33号、2013年）
2．河合塾『Guideline』（2014年4・5月号）「変わる高校教育（第1回　授業改善）」（http://www.keinet.ne.jp/gl/14/04/koukou_1404.pdf）
3．「アクティブラーニング型授業と歴史的思考力の育成—高大連携・接続での汎用的な歴史教育の可能性を考える—」（『(専修大学附属高等学校) 紀要』34号、2015年）
4．三幸学園『アクティブラーニング情報通信』№3（2015年2月）「ＡＬ実施高等学校インタビュー」
5．「遣唐使派遣と「国風文化」—歴史的思考力の育成とアクティブラーニング型授業を意識した授業実践—」（『歴史地理教育』833号、2015年）
6．リクルート『キャリアガイダンス』（Vol.408 2015年7月）「教科でキャリア教育　第15回歴史」
7．「大学付属高等学校における汎用的な歴史教育の実践と課題—高大接続・連携をめざして—」（大阪歴史教育研究会・史学会編『高大連携による大学歴史系専門教育・教員養成教育の刷新』山川出版社、近刊）

■記入者情報〔①氏名　②高校名　③担当科目（※担当科目が複数の場合は AL 型授業を実践している科目）　④教員歴（年）　⑤補足情報（任意）〕
①斎藤　信太郎　②岩手県立大船渡東高等学校　③世界史　④4年

■授業概要・指導案（典型的な授業（1コマ）での内容について）

| 教科 | 地理歴史科 | 科目 | 世界史 | 単元 | 全単元<br>（事例はフランス革命） |
|---|---|---|---|---|---|

〔目的と目標〕

【目的】
世界史を「覚える」授業ではなく、世界史から「考える」授業を行う。（なぜ今の世界があるのか、なぜ自分がここにいるのか）

【目標】
○生徒が望む進路を実現する。（アクティブラーニングと学力向上は矛盾しない）
○「世界史（歴史）をもっと学びたい」と思う生徒を一人でも増やす。（学び方・考え方を示す）
○学びの共同体を作る。（教科＝課題を共有する公共圏を生み出し、切磋琢磨する環境を作る）

〔授業実施にあたり設定するルール〕

★想像力を働かせること。（思考は時空を超える）
★自分の意見・疑問・イメージを持つこと。そして共有すること。（他者との会話の中から自分の意見を鍛え上げる）
★他者の考えを「全否定」しない。（批判はかまわない、しかし相手の人格・意見を尊重しながら）

〔必要な機材・備品〕
普通の授業で使うもの（黒板、チョーク、ノート、プリント etc）

〔使用教科書・参考書等〕
『詳説世界史』『要説世界史』（山川出版者）『アカデミア世界史』（浜島書店）

〔大まかな授業の流れ〕※タイムテーブル、学習活動、生徒の活動、形態（ペア、グループ、チームなど）、指導上の留意点、評価

〈授業展開〔50分授業〕：1時間の基本的な流れ（アクティブラーニング型）〉
①【導入】前時の内容の確認〔10分〕…一人で振り返る→隣と相談→全体発表で共有
②【展開】板書＋講義＋ペアワーク〔20分〕
　…授業内容を2～3個に分割。一つにつき一問「本質的な問い」を設定し、その問いに向かって構築的に発問を重ねていく。その際、一人で考える時間や、ペアで相談する時間、グループで発表する時間などを設けて、生徒の歴史的思考を喚起していく。
③【まとめ】ペアワークで話したことを全体発表、論述シートを用いての授業の総括など〔10分〕

　アクティブラーニング型の授業を、地理歴史科で行おうするとき、重要なのは手法ではなく問いであると思う。ディベートやKJ法などどうしても表現する活動に注目が集まるが、重要なのはその表現に至る思考が、確かな学習目標に向かって学問的かつ体系的になされているかである。そういった思考を喚起するときに重要になるのが発問の質と、その提示の仕方である。授業者にはその双方をよく練った学習指導計画が求められる。

事例紹介：世界史Aにおけるフランス革命の指導

| 学習内容 | 時間 | 学習活動 | | 指導上の留意点 |
| --- | --- | --- | --- | --- |
| | | 教師の活動 | 生徒の活動 | |
| 1. 導入 | 7 | ※授業前に振り返りプリント配布<br>ペア作りを指示。<br>前時の学習内容から質問を出す。<br>・革命前のフランスの問題点を2つ挙げて説明せよ。<br>　個人で思考→ペアワーク→全体発表<br>・国民議会は「どんな人々」が、「なんのため」に結成したのか説明せよ。<br>　個人で思考→ペアワーク→全体発表 | ペアを作る。<br>ジャンケン、発問に対しペアワーク。<br>教師の説明を聞く。 | ・個人での思考を大切にさせる。<br>・ペアワーク後、教師が解説し正しい知識を確認する。 |

| | | | | |
|---|---|---|---|---|
| 2. 展開 | 15 | 板書①《立法議会崩壊まで》…4行<br>説明①<br><br>・1791年憲法に基づき、法律制定のため立法議会形成<br>・中流市民の支持を受けたジロンド派内閣、オーストリアに宣戦<br>・連敗→王家の情報漏洩→8月10日事件→王権停止→議会解散<br><br>オープンな発問<br><br>・「なぜ王権停止により立法議会が解散しなければならなかったのか」<br>　個人で思考→グループワーク→全体発表 | 板書を写す。<br>発問に答える。 | ・クローズな発問は答えやすいように生徒を誘導する。またテンポを大切にし、生徒の授業への注意力を切らさないようにする<br>・オープンな発問に対しては、個人で思考する時間を十分に取る。<br>・説明は流れを意識し、前後の文脈が明確になるようにする。<br>・板書後は机間巡視。 |
| | 15 | 板書②《テルミドールまで》…7行<br>説明②<br><br>・再度、憲法制定のため国民公会成立<br>・急進的なジャコバン派が政権を握り、ルイ16世処刑<br>・民衆のための諸政策、一方で独裁、恐怖政治を展開<br><br>歴史事象の予測<br><br>・「このあとジャコバン政権はどうなったか？」<br>　個人で思考→ペアワーク→全体発表 | 板書を写す。<br>発問に答える。 | |
| 3. 集結 | 8 | 振り返りプリント<br><br>・振り返りプリントの語句；「財政難・国民議会・8月10日事件・ルイ16世・テルミドール」<br>・指導計画；メモ作り（3分）→独白（1分）→メモ修正（1分）→ペアワーク（1分）→確認＆シェア（1分） | | ・時間制限は厳密に。<br>・文章化は残った時間、もしくは課題で。 |

アクティブラーニング型授業レポート 22

■記入者情報〔①氏名　②高校名　③担当科目（※担当科目が複数の場合は AL 型授業を実践している科目）　④教員歴（年）　⑤補足情報（任意）〕
①美那川　雄一　②静岡県立韮山高等学校　③地歴公民（世界史）　④12 年目

■授業概要・指導案（典型的な授業（1コマ）での内容について）

| 教科 | 地理歴史 | 科目 | 世界史 | 単元 | 二つの世界大戦 |
|---|---|---|---|---|---|

〔目的と目標〕
【目的】
①統計資料を歴史的事象と関連づけてよみとく。
②戦間期の各国の動きを、歴史的事象を具体的に挙げながら論述する。
【目標】
戦間期のイギリス、フランス、ドイツ、ソ連、日本の時代的特色を、工業生産と関連づけて理解する。

〔授業実施にあたり設定するルール〕
目的と目標を理解し、主体的に授業に臨む。

〔必要な機材・備品〕
授業プリント

〔使用教科書・参考書等〕
『詳説 世界史 B』（山川出版社）

〔その他、補足情報〕※　アクティブラーニングを効果的に行うための工夫、その他
生徒がすでに持っている知識はどういったものか、生徒はどの程度資料を読み解いたり論述したりすることができるのかを教員は把握しておく（診断的評価）。
生徒たちの最近接発達領域がどこにあるのかを推測し、グループワークにより解決される問題はどのようなものか、生徒の様子を観察しながら授業を展開する。

〔大まかな授業の流れ〕※タイムテーブル、学習活動、生徒の活動、形態（ペア、グループ、チームなど）、指導上の留意点、評価
Ⅰ　統計資料（1920 ～ 37 年の英国・仏国・ドイツ・ソ連・日本の工業生産の推移。ただし、国名 A ～ E とし伏せてある。）を提示。生徒は個人で、工業生産の推移から 5 カ国を

推測する。個人を指名して答えさせる。
Ⅱ　グループ（4人組）で話し合いをして、5カ国を推測。グループを指名して答えさせる。
Ⅲ　統計資料に歴史的事象を加える作業。教科書の年表を参照し、歴史的事象を統計資料に書き込む。
Ⅳ　再度、グループで話し合いをして、5カ国を推測。歴史的事象と工業生産の増減を結びつけて考えることができるようになり、より論理的に統計資料をよみとくことができる（例：E国は1929年の世界恐慌の影響を受けず、1928年以降工業生産が伸び続けていることから、計画経済、五カ年計画を実施しているソ連である）。
Ⅴ　個人で論述。ルーブリックに基づき、5カ国の戦間期の特色について、150字程度で論述する。
Ⅵ　グループのメンバーでお互いに論述をルーブリックに基づき評価。授業後提出し、教員も評価。
＊統計資料は大学入試問題から作成。

## ■その他
〔アクティブラーニング型授業を実践しようとした経緯〕
　学習指導要領に基づく、世界史における思考力「広い視野で考える力」を身につけるため。世界史とは「広い視野で考えないと、答えが出ない問題」を扱う科目である。アクティブラーニングによって、世界史の知識は活用され、思考力の育成につながる。

〔成功体験、失敗体験（改善策）等〕
**【成功】**
・単元の核となる分野、生徒が個人では理解しにくい分野、単元のまとめとしてアクティブラーニングを実施。生徒たちは知識を活用することにより、歴史用語の丸暗記ではなく「わかる学力」を身につけるようになる。
・アクティブラーニングにより、知識と知識の関連づけによる知識構造の精緻化が行われ、理解の深化につながる。また、多くの生徒が、学び合いの後に「論述」することで歴史の構造を整理・理解しやすくなることを実感している。

**【失敗】**
・生徒は、教員の思いどおりに思考してくれない場合がある。そういった生徒の「脱線」を上手に拾いながら「本線」に戻すとともに、なぜ生徒がそのように思考するに至ったのかについては形成的評価を加えていく必要がある。
・論述は日ごろから授業の中で取り入れておかなければ、いざ書こうとしても生徒は書くことができない。生徒は、教科書から文章を抜き出したり、用語集の説明を短くまとめたりという訓練を通じて、「文体」を身につけていく。こうした世界史における言語活

動の試みに関しては、拙稿『世界史における言語活動 −論述指導と思考を促す発問を取り入れた授業の試み−』(東書Ｅネット、2012 年 9 月 7 日)。

〔同僚など他の教員との関係について〕
同僚である鈴木映司教諭から助言をいただいたり、二人で夜遅くまで研究室でアイデアを練ったりしています。

〔今後の目標、目指したい授業、成果について〕
・生徒に身につけさせたい学力や考えさせたいことを明確にし、これらを満たすために生徒にどのように発問を投げかけていくのか、「本質的な問い」の立て方について勉強したい。
・アクティブラーニングによって育成された生徒の学力をどのように測るのか、「真正の評価」について勉強したい。

〔研究業績に関する事項〕
拙稿『逆向き設計論による世界史授業デザイン ―パフォーマンス課題・評価の試み―』『歴史と地理 世界史の研究』(243 号、山川出版社、2015 年、16 〜 25 ページ)

アクティブラーニング型授業レポート 23

■記入者情報〔①氏名　②高校名　③担当科目（※担当科目が複数の場合はAL型授業を実践している科目）　④教員歴（年）　⑤補足情報（任意）〕

①鈴木　映司　②静岡県立韮山高等学校　③地理　④30年　⑤地方の進学校、センター地理Bを受験する理系の生徒が主となる。現代社会やキャリアガイダンスも担当している。

■授業概要・指導案（典型的な授業（1コマ）での内容について）

| 教科 | 地理歴史科 | 科目 | 地理B | 単元 | 全単元 |
|---|---|---|---|---|---|

〔目的と目標〕

【目的】

「なぜそれがそこにあるのか？」「人々はそれをどのように活用しているのか？」という問いを通して自然・社会から地球の未来を描く。このような視点に立脚し社会環境の理解や地域理解を深め地域・社会の有意な形成者（地球市民）になる。

【目標】

○身の回りにある「！？♡」を発見し、まず自分の考えを持ち、周囲と協力して根気よく解決策を考える。（できれば行動にも移したい）

○自分や地域の特性を発見する。ものごとをバランスよく多面的に見る視点、課題に取り組む積極性、チームワークによって課題を解決する能力、未来予測と将来設計能力等グローバルな市民性を育む。

〔授業実施にあたり設定するルール〕

★アクティブラーニングで最も大切なのは、まず「安心・安全」の確保。そのために、教室内に特別な人は存在せず、教師も協力者に過ぎないということ、誰もが平等であること、話を聴く姿勢、発言機会の均等といったグランドルールを示すことから始める。このことは日常のクラス内での生活や他の授業の中でも守られていることが前提となる。これら1つ1つの実行が市民性の獲得につながる。

〔必要な機材・備品〕

　パソコンまたはタブレット1・スクリーン1、プロジェクター1、地理用語が書かれたマグネット付きネームタグ（生徒の人数分）、クリップまたは紐（制服の形状による）・背面黒板も活用・必要によってホワイトボード等の増設、普通教室でも可能だが広めの教室が好ましい。

〔大まかな授業の流れ〕※タイムテーブル、学習活動、生徒の活動、形態（ペア、グループ、チームなど）、指導上の留意点、評価

〈授業展開［60分授業］：1時間の基本的な流れ（アクティブラーニング型）〉
①【講　義】「本日の問い」の提示・グランドルール・本日の流れの説明［5分］
②【作　業】Mission Ⅰ［12分］…基礎知識の再確認作業
③【学　習】Mission Ⅱ［13分］Mission Ⅲ［10分］…知識の言語化と構造化
④【交　流】Mission Ⅳ［10分］自分以外の問いについての答えを交互に書き写す
⑤【まとめ】Mission Ⅴ［10分］リフレクション（振り返りシート記入）

①【講　義】：最終的に解く問いの明示（四択のコンセプトテスト）。グランドルールと本日の流れの説明。
②【作　業】：Mission 0（予習）ワークシートに最終的に解く問いの答えを授業前に一度書いてみる。教科書より「地理用語」を抜き出す。
Mission Ⅰ（ネイチャーゲーム）自分が背中の札につけている「地理用語」が何かを「YesかNo」でしか答えられない質問を受けながら解答する。アクティブラーニング型授業へのウォーミングアップとなる時間。
③【学　習】：Mission Ⅱ（バズグループ＆ワードウェブ）同じ分野の「地理用語」を付けていたグループで「地理用語」を図示・構造化して問題に答える準備をする。
Mission Ⅲ各自で「地理用語」を活用した文章を作成する。
④【交　流】：Mission Ⅳ（ピアエディティング）相互交流で他の課題の解答例をお互い書き写す。（アウトプットとインプット）
⑤【まとめ】：Mission Ⅴ（リフレクションシート）本日の振り返り。ここまでで（60分）好ましい態度や姿勢を暗黙のうちに提示している。
次回の授業（30分程度）→ワークシートの回収・教師による模範解答例のピックアップ
Mission Ⅵ（次回の）流れ模範解答例の鑑賞会および最終的な問いに関するClica（ピアインストラクションで使用するクリッカーを無料でWeb上で利用できるサービス）による投票。

※今回の授業の取り組みはアクティブラーニング（以下AL）という方法をとっているが、今回は知識の活用や深化を目的としたり、集合知を引き出すタイプのALではなく、「知識の定着」にターゲットを絞った。コミュニケーションのデザインで、よりベーシックなレベルにおける共同的な学びの展開である。「ジグソー法」的な手法は活用している

が異なる専門分野の問いの組み合わせで「本質的な問い」にたどり着くという形にはなっていない。今回の場合は本格的なジグソーではないという点は指摘しておく。

## ■その他
〔アクティブラーニング型授業を実践しようとした経緯〕
　約16年前に総合学科改編の仕事に携わり「産業社会と人間」の立ち上げで「キャリア教育」に本格的に関わった。その後、全国高等学校進路指導協会教材の開発、キャリア発達に関わる諸能力の育成に関する調査研究協力者会議委員の仕事や、普通高校におけるインターンシップの導入等を進めた。「キャリア教育の普及活動」の中から教授一辺倒ではない授業のあり方も模索し「知識基盤社会」への移行という時代の変化を感じながら、経済教育やキャリア教育推進を自分の通常の授業にも取り入れた。5年前には若い先生方に自分の授業を見せながら授業改善のコーチをするという仕事を県から委託され、「アウトプット」を取り入れた授業開発を通じて手応えを得た。こうしてインプットだけでない授業への取り組みが増え、各校での生徒の変容・成長の報告等を通じて成果を確信している。

〔成功体験、失敗体験（改善策）等〕
【成功した点】
　着目点・ネイチャーゲームを取り入れた今回のアクティブラーニング型授業は年に4～5回行っている。その際のリフレクションカードから次回実施の改善ステップを見ている。「食料と農業問題」というテーマの次に「資源エネルギー問題」の授業を実施した。この2つの授業の間に約1ヵ月の期間があった。ここで行った改善例を具体的に述べてみたい。変更点①グループワークで教室全体を活用するため背面と側面に移動式のホワイトボードと黒板を設置した。②グループワークにてなるべく少人数に分かれて討論することを促し・付箋や小型のホワイトボードも貸し出した。③繰り返し行っているため「作業手順等の説明」は簡略化して実施した。④2040年を予測する。発展的な問いの集計はClicaで行ってみた。
【失敗した点】
　①4人くらいまでの班にして少人数で話し合いをさせたいと思って誘導したができなかった。②説明文になぜその用語を選んだか？ということを語り合った上で文章化させてみたいと思ったが時間が不足した。
　このように実施する度に改良しているのが現段階である。今後としては、①ネイチャーゲームの部分は慣れてきたので徐々に省略してもよい②ポストイットを活用してMission Ⅱの活動を4人くらいの班にしたい。③なぜその用語を選んだか？語り合いの後に文章化させたい。④「問い」を工夫することで「ディープラーニング」に近づけたい。⑤（キャリア教育の視点から）「地元で幸せに生きる」のテーマを加えたい。

〔同僚など他の教員との関係について〕
- 世界史の先生とのクロスカリキュラム型の授業を開発し生徒だけでなく全国の先生方にも体験していただいた。
- 英語・数学の若手教員が熱心に授業見学にきている。
- 現代社会を担当するベテラン教員もアクティブラーニング型授業を取り入れ始めた。
- 公開授業日を設定して授業見学をしてもらっているので校内でもある程度は関心は高まっている。
- 30年前から地理の授業にALTを招いてTTをしており、この授業については定型化できている。
- 全国・世界に散らばっている卒業生のネットワークを活用、テレビ電話システムで教室にてライブトークをしてみた。
- 全国各地における出前公開授業の機会の中で交流を通じて手応えを得ている。
- ALの導入に関して一般に義務教育の交流経験がある管理職は理解が早い。
- 地元で所属の枠を超えた学びの会を結成した。

〔今後の目標、目指したい授業、成果について〕
　日本の教育の良さを見つめ直し、自分の原点である「キャリア教育」との関わり部分、特に「地元で幸せに生きる」というテーマを多く取りあげたい。
　キーコンピテンシーと教科内容のクロスの部分でのディープラーニングを達成したい。
　アクティブラーニングにおけるICT授業での活用と評価での活用。(特に費用と労力をかけずに評価方法の簡素化という点で活用ができないか。)
　アクティブラーニングに大いにマッチする「地理」という教科科目のアピール。

【私の授業実践に関連する論考・紹介】
よろしければ「授業とキャリア教育」のブログもご覧ください。
http://blogs.yahoo.co.jp/suzukifamilyeiji
『キャリアガイダンス』(Vol.404 2014.10 リクルート)
http://souken.shingakunet.com/career_g/2014/10/2014_cgvol404_50.pdf
『高等学校地理・地図資料』(2013年度1学期②号 帝国書院)
http://www.teikokushoin.co.jp/journals/geography/pdf/201301g2/09_hsggbl_2013_01g2_c04.pdf
産業能率大学「キャリア教育推進フォーラム」
http://www.sanno.ac.jp/exam/teachers/forum_koushi.html
『キャリア発達にかかわる諸能力の育成に関する調査研究報告書』第5章第4節(文部科学省国立教育政策研究所生徒指導研究センター 平成23年3月)
『朝日新聞』(2015年(平成27年)3月25日　27教育面)

■記入者情報〔①氏名　②高校名　③担当科目（※担当科目が複数の場合は AL 型授業を実践している科目）　④教員歴（年）　⑤補足情報（任意）〕
①林　仁大　②三重県立津東高等学校　③地理　④21 年　⑤2・3 年生の全ての授業でグループをつくり学習している。

■授業概要・指導案（典型的な授業（1 コマ）での内容について）

| 教科 | 地理歴史科 | 科目 | 地理 | 単元 | 全単元 |
|---|---|---|---|---|---|

※本授業レポートは、平成 26 年度までの勤務校である三重県立津高等学校での実践について記述したものです。現在は三重県立津東高等学校で実践しています。

〔目的と目標〕
○「基礎学力」の向上と「人間力」の育成を授業の中で行う。
○「学校生活全体がキャリア教育」を授業でも実施する。
○授業：1「学力」を伸ばす　2「主体的に学ぶ力」を伸ばす　3「自分の考えを表現する力」を伸ばす　4「ともに学び合う力」を伸ばす
○表現力やコミュニケーション力を養うために、知識活用能力や考察力の向上を意識して授業を展開する。地理の授業で既習したことはもとより他教科・他科目、小中での学習、生活の中で体感し会得したことなど様々な知識を使い考察することで「本質」を学ばせる。
○グループやクラスの仲間と学び合うことで、基礎的・汎用的能力や論理的思考力、知識活用能力、また意欲・態度などを身につける授業を目指す。
○いわゆる「見える学力」だけでなく「見えにくい学力」「見えない学力」を刺激し、有機的につなげる。

〔授業実施にあたり設定するルール〕
○基本 4 人一組のグループで学習（ペアでは二人の人間関係が大きくなりすぎ、5 人以上になると発言しなくてもすむ生徒ができるため。）
　授業前に机を移動させ班の状態をつくる。
○傾聴を大切に。（議論の時は仲間の話をしっかり聴き、他人の意見を尊重し、様々な意見から相乗効果を生み出そう。）
○誰もが説明できる準備を。（各班で導いた答えは班員 4 人のうち誰が指名されても文章で説明できるよう班で用意しまとめておく。蚊帳の外の生徒をつくらない。）

〔必要な機材・備品〕
授業によってはパワーポイント使用（写真や図などを活用）

〔使用教科書・参考書等〕
教科書：『新詳地理B』『新詳高等地図』（帝国書院）副教材：『最新地理図表ジオ GEO』（第一学習社）『新地理B要点ノート』（啓隆社）『データブック　オブ・ザ・ワールド』（二宮書店）

〔大まかな授業の流れ〕※タイムテーブル、学習活動、生徒の活動、形態（ペア、グループ、チームなど）、指導上の留意点、評価

〔65分授業〕
○導入　5分
　・本時のねらい、内容、学習後どうなることを目指すかを伝える。
　・前回授業を振り返る。
○作業と講義55分
　・質問は授業の中にちりばめられている。
　　→常に主体的に学習
　・各々の発問に対して生徒が議論する時間
　　→1分もの〜15分もの（3分〜5分のものが最も多い）
　　　発問は、はじめ抽象的な質問から次第に具体的な事象の質問に絞っていく場合が多い。
　・グループ討議は授業時間の半分程度の時間が多い。
　　→その過程で講義（説明）や介入を入れる。
　　　講義形式の時間：知識がなければ議論できないのでそれも大切な学習の要素の一つと考えている。
　・発問が最も重要…発問は3パターンに大別できる。目的、意図にあわせてどのパターンの発問するのか、こちらが意識して発問する。以前はあらかじめ用意していたが、最近はその場で考え発問している。
　　→パターン1：前回の授業の復習や宿題の答え合わせなど（これを生徒たちでするだけでも前向きな姿勢が得られることが多い。）
　　　パターン2：これまで得た知識の確認（地理の知識だけでなく、他教科・科目、小中の学習も活用。メタ認知を各自得られる。）
　　　パターン3：知識活用力、論理的思考力、考察力を育む（と願う）ための発問（様々な視点から意見が出ればよしとする。）
　・それを教員がファシリテート・コーディネートする形で授業展開。
　・生徒にどんな力をつけて欲しいかの「どんな」は、論理的思考力の○○の部分、汎用

的能力の○○の部分というように具体的イメージを持つことが重要と考えている。それを授業で形にしたものが「発問」といえる。
○まとめ　5分
　・生徒は各自・各グループで振り返る重要語句やポイントの確認をする。
　・ノートに重要語句（3～5語）と感想、ポイントを記入する。（ポートフォリオ的活用）
◎系統地理分野を終えたあと地誌分野の授業を行うが、地誌の学習は「反転授業」の手法を活用すると効果的である。

## ■その他
〔アクティブラーニング型授業を実践しようとした経緯〕
○本校入学生が生徒数減少などの理由から多様化したことの対策として必要性を感じた。
○京都大学志望生徒が知識はあるのに論述ができない事態に遭遇し、これはこの生徒の問題だけではないと考え導入した。
○本校のキャリア教育の取り組みを続ける中で、「日常型キャリア教育」としてキャリア教育の視点からの授業改善の重要性を感じた。
○進学校として求められる、必要な様々な力を身につけられる授業の重要性を感じた。

〔成功体験、失敗体験（改善策）等〕
○発問の重要性は痛感するところである。

〔同僚など他の教員との関係について〕
○本校では「授業力向上」を目指し、生徒の主体的な学習活動を促す取り組みを行うなかで、アクティブラーニングもその手法として共有され広がってきた。進路指導部と教務部が連携して取り組んでいる。
○仲間を増やしているところ。校内外で研修会を実施している。校内外で、他の教員の授業をみる（教科も超えて）。授業をみるという文化、しくみができてきた。少しずつ広がりを感じる。

〔今後の目標、目指したい授業、成果について〕
【今後の目標】
○キャリア教育の取り組みやアクティブラーニング型授業を受けたことに刺激を受け、主体的に志高く前向きに勉強する骨太の人材を育成したい。
○様々な意味の「学力」と「人間力」をつける学校でありたい。
○アクティブラーニングは奥深い。「不易流行」を意識してさらに自分のスキルを向上させたい。

【私の授業実践に関連する論考・紹介】
・学研・進学情報（2015.5 学研教育みらい）「キャリア教育を基軸に人間力と学力、「志」を涵養」
・キャリアガイダンス（vol.402 2014.5 リクルート）「進路指導部が授業も後押しする進学校の日常型キャリア教育」

■記入者情報〔①氏名　②高校名　③担当科目（※担当科目が複数の場合はAL型授業を実践している科目）　④教員歴（年）　⑤補足情報（任意）〕

①酒井　淳平　②立命館宇治中学校・高等学校　③数学、CSL（キャリア教育授業）　④16年　⑤CSLは本校高1のキャリア教育授業。教育課程上は総合的な学習の時間。

■授業概要・指導案（典型的な授業（1コマ）での内容について）

| 教科 | 総合的な学習の時間 | 科目 | CSL（キャリア教育授業） | 単元 | キャリアデザイン |
|---|---|---|---|---|---|

〔目的と目標〕

①「なぜ学ぶのか」について、生徒が多様な考え方にふれながら自分で答えを発見する。
②学ぶことの大切さ、すばらしさについて、生徒が授業の中で実感する。
③誰のために学ぶのか、学んだことを将来にどうつなぐのか、学んでいることをどう役立てるのかについて、他の生徒とディスカッションする中で考えを深める。

〔授業実施にあたり設定するルール〕

はじめの授業でワーク・話し合いのルール4＋1として次の内容を示し、教室に掲示する。
①全身で話を聞く（へそを相手に向ける）。
②人の発言は尊重する（批判はしない）。
③よい雰囲気作りを心がける。
④場を楽しみ、どんどん発言する。
＋ロールプレイをするときは役になりきる。

〔必要な機材・備品〕

パワーポイント、ワークシート

〔その他、補足情報〕※アクティブラーニングを効果的に行うための工夫、その他

　継続的に実施すること、はじめは難易度の低いものからスタートすることの2つが大切です。大人向けワークショップに参加するなど、自分が参加者になる体験をすると、アクティブラーニング型の授業が効果的に実施できるようになります。

〔大まかな授業の流れ〕※タイムテーブル、学習活動、生徒の活動、形態(ペア、グループ、チームなど)、指導上の留意点、評価

| 進行 | 内容（生徒の活動） | 留意点など |
|---|---|---|
| 導入<br>5分 | ・今日のねらいを知る。<br>・中学生の悩みに答える。 | ・近くの人とシェアし、時間があれば数人が全体の前で発表。 |
| 展開1<br>3分 | ・なぜ勉強するのかを書く（1回目）<br>・考えて、文字にすることが大事と伝える。 | ・悩みへの回答と重なってもいいことを伝える。 |
| 展開2<br>7分 | ・クイズを考える<br>（子どもに"なぜ勉強するのか"と聞かれたらどう答えるかという質問に対する大人の答え。上位に来るものを考えさせる）<br>・大人が学びをどう仕事に活かしているのか聞く（経営コンサルタントの方とプロサッカー選手の例を示す） | ・気軽な雰囲気で考えさせる。 |
| 展開3 | ・なぜ勉強するのかを書く（2回目） | ・1回目との変化、そうなった原因を書かせる。 |
| 展開4<br>25分<br>（時間は展開3との合計） | ・ランキング（1回目）<br>（なぜ学ぶのかに対する5人の大人の答えを示し、納得させられた順に順位をつける。理由も考える）<br>・5人のストーリーを説明<br>（マララ、ドラゴン桜、夜間中学校、孔子、病気の高校生） | ・どれを一位にしたのかを聞き、集計結果を黒板に書いておく。<br>・必要なことはメモを取らせる。 |
| 展開5<br>5分 | ・ランキング（2回目）<br>（背景も聞いた上で、改めて納得した順に順位をつける） | ・どれを一位にしたのかを聞き、集計結果を書く。1回目との変化もわかるようにする。 |
| まとめ<br>5分 | ・なぜ学ぶのかを書く（3回目）<br>・本時の気づきや感想を記入 | |

★次の時間の授業ではワールドカフェ方式でのディスカッションを中心とし、なぜ学ぶのかについて議論を深める。詳細は〈参考資料2〉のとおりだが、次ページに概略を掲載する。

〈2時間目〉

| 進行 | 内容（生徒の活動） | 留意点など |
| --- | --- | --- |
| 導入<br>5分 | ・グループワークのルールを知る | ・ワールドカフェ方式で行い。模造紙に考えたことなどをどんどん書かせていく。 |
| 展開1<br>10分 | ・3つの仕事と教科を提示し、それぞれの仕事にそれぞれの教科がどう役立つのかを考える（"美容師、理科""ゲームクリエーター、国語""保育士、社会"） | ねらいは「教科」→「職業」の理解。 |
| 展開2<br>12分 | ・ファッションデザイナー、ホテルマン、弁護士から一つを選び、この職業に就くにはどんなことを学ぶ必要があるかを考える。 | 興味ある職業別にグループを作る。ねらいは「職業」→「教科」の理解。 |
| 展開3<br>12分 | ・展開1のときの座席に戻る。<br>・自分は学んでいることをどう役立てることができるか、どう役立てたいかを考える。 | ・学びを自分の意義に結びつけて考える。 |
| 展開4<br>6分 | ・ふりかえり。各グループで感想をシェア。<br>・発表。各グループから1人発表。 | ・どれを一位にしたのかを聞き、集計結果を黒板に書いておく。<br>・必要なことはメモを取らせる。 |
| まとめ<br>6分 | ・教員からまとめの話 | |

＊展開2、3ははじめに各グループでどんな話し合いだったのかを共有してから話しあう

## ■その他
〔アクティブラーニング型授業を実践しようとした経緯〕
　キャリア教育授業であり、教師の一方向の講義よりも生徒同士の意見交換などがあることで、深い学びになるから。

〔同僚など他の教員との関係について〕
・1年の終わりの口頭試問（面接試験）は学年の教員＋キャリア教育部で実施。口頭試問で他の先生も生徒の成長や、口頭試問のような場の大切さを感じておられた。
・いろいろな先生がCSL授業を見に来てくださった。こうしたことを通して学年の取り組みとCSLをうまく連動させることができた。

〔今後の目標、目指したい授業、成果について〕
　教科（数学）の授業でアクティブラーニング型授業を全面的に実施し、数学を通して生きていく力を育みたい。そして学習面で高め合える集団を育てたい。

〔上記以外の事項〕
・キャリア教育授業での経験から、数学でもアクティブラーニング型授業の導入をすることになった。一緒にキャリア教育授業を担当している教員も自分の教科で活かしている。同僚も授業を見に来て手法など参考にしている。CSLのような授業があることで、結果的に教員研修となり、アクティブラーニング型授業が広がるきっかけにもなるだろう。
・キャリア教育は学校全体を通して推進すべきものだが、中核となる教科がある意味は大きい。
・アクティブラーニング型授業は単発ではなく、継続するからこそ意味がある。

〈参考資料〉
1、立命館宇治中学校・高等学校「CSL（キャリアサービスラーニング）実施報告書」
　（平成25年度、文部科学省"キャリア教育の実践に関する調査研究"報告書）
2、『キャリアガイダンス』（Vol402 2014.5 リクルート）
　「立命館宇治高校　×　キャリアガイダンス編集部　教科学習の意味を発見する特別授業『なぜ学ぶのか？』」
　（http://souken.shingakunet.com/career_g/2014/05/vol402201405-ce5a.html）
3、「『なぜ学ぶのか』を考える授業～キャリア教育授業の一環として～」（酒井淳平　学びの場.com）
　（http://www.manabinoba.com/index.cfm/8,21275,21,185,html）

■記入者情報〔①氏名　②高校名　③担当科目（※担当科目が複数の場合は AL 型授業を実践している科目）　④教員歴（年）　⑤補足情報（任意）〕
①須藤　祥代　②千代田区立九段中等教育学校　③情報　④11 年

■授業概要・指導案（典型的な授業（1コマ）での内容について）

| 教科 | 共通教科　情報 | 科目 | 情報の科学 | 単元 | 全単元 |
|---|---|---|---|---|---|

〔目的と目標〕
単元に対する知識を理解するのはもちろんのこと、学び方の学びを体験的に身につける。協働学習によりコミュニケーション能力やプレゼンテーション能力を高める。アクティブラーニングの中でも、他人に教え合う活動を行うことで、学びを深める。情報機器を活用することで情報活用能力を向上させ、学習内容の振り返りを複数回行うことで、知識の定着を図る。

〔授業実施にあたり設定するルール〕
ダイアログで話した内容を付箋やプリントに可視化する。
時間を意識して、プレゼンテーションやリーディングを行う。
自分の担当した内容を責任を持って調査し、説明をする。
他のメンバーの話している内容のメモを取る（ノートテイキング）。
振り返りをグループおよび個人で行う。

〔必要な機材・備品〕
教科書、副教材、コンピュータ、付箋

〔使用教科書・参考書等〕
『情報の科学』（数研出版）『情報最新トピック集 2015』（日本文教出版）

〔その他、補足情報〕※アクティブラーニングを効果的に行うための工夫、その他
2種類（単元・Q&A）のグループを併用し、生徒それぞれの役割と活動を明確にする。付箋を使い、可視化を行うことで、グループ内でのシェアを行う。マインドマップでメモを取ることで、ノートテイキングのスキルと記憶への定着を図る。アナログメディアとデジタルメディアの双方を特性に合わせて組み合わせて活用させる。視覚・聴覚・身体感覚（VAK）などの様々な感覚を複合的に活用するアクティビティにする。タイムマネジメントとファシリテーションを教員が行う。

〔大まかな授業の流れ〕※タイムテーブル、学習活動、生徒の活動、形態（ペア、グループ、チームなど）、指導上の留意点、評価

| タイムテーブル | 生徒の活動状況 |
| --- | --- |
| 導入 | ・本時で学ぶ内容・本時の流れを理解する。 |
| 展開① | ・学習内容を４つの単元に分け、自分の担当ページを個人で読んで理解をする。<br>・各生徒がそれぞれ担当しているページについての概要を、他の単元を担当している生徒のメンバーと構成されたＱ＆Ａグループでプレゼンテーションを行う。<br>・Ｑ＆Ａグループでそれぞれの担当しているページに対しての質問を作成して付箋に記入し、質問の交換を行う。 |
| 展開② | ・Ｑ＆Ａグループのメンバーからもらった質問について、教科書や副教材、インターネットなどを活用して個人で回答を調査する。<br>・同じ調査内容の単元の生徒同士でグループを組み、質問と個人で調査した回答について情報のシェアやクロスチェックを行う。 |
| 展開③ | ・Ｑ＆Ａグループで質問・回答についてプレゼンテーションを行い、それに対する質疑応答を生徒同士で行う。<br>・聞き手はプレゼンテーションを聞いた内容のメモを課題（マインドマップ）に記入する。<br>・個人で振り返りシートの課題の入力・提出を行う。 |
| まとめ | ・本時の学習のまとめをする。 |

■その他
〔アクティブラーニング型授業を実践しようとした経緯〕
　実習は主体的に学ぶ生徒が多いものの、座学では内省的な学習を苦手とする生徒が見受けられた。そのため、生徒全員が寝たりせず、主体的に学べ、生徒も教員も楽しく学べる方法はないかと考え、ソーシャルリーディングをベースとした２グループ編成のぐるぐる読書の方法を考え、実践した。

〔成功体験、失敗体験（改善策）等〕
　平成26年度までの勤務校である東京都立葛飾総合高等学校では、放課後等、学習の定着を図るために出している課題やテスト勉強などを、自主的に互いに教え合い、学び合う姿が見られるようになった。また、普段の試験勉強で、マインドマップなどの学び方を活用し、テストの点数が上がったという報告があった。

〔同僚など他の教員との関係について〕
　授業を実際に見学した先生方から、授業展開やシェアの方法など、アドバイスをいただき、改良を続けている。同じ勤務校だった国語の教員や他校の同じ教科の教員などが授業を見てくださり、同様の授業展開を実施している。国語科では、従来よりも生徒の読みが深くなったとのことだった。また、アクティブラーニング型の授業を見学した先生方が、一方的な講義の授業展開だけでなく、グループを作って学び合う授業を展開するようになったり、新しいアクティビティを考え、実施してくださったりしている。

〔今後の目標、目指したい授業、成果について〕
　生徒各々の責任感だけでなく、学ぶことが楽しいと思え、ワクワクするような興味関心を持てるアクティビティやコンテンツを開発していきたい。また、授業デザインをさらに工夫し、年間を通じて、学び方の学びや学習が深まるようなカリキュラムを作成していきたい。

〔上記以外の事項〕
【参考資料】
「課題解決型のアクティブ・ラーニングによる思考力・判断力・表現力等を育むための学習評価」（平成25年度　教育研究員報告書　高等学校：情報）
http://www.kyoiku-kensyu.metro.tokyo.jp/09seika/reports/files/kenkyuin/kou/joho/h25kou-joho.pdf
「キャリア教育を意識したアクティブラーニング　PBLで実施した高次のアクティブラーニングの授業実践」（高等学校情報教育研究会　紀要　2013（平成25）年度）
「ソーシャルリーディングを活用したアクティブラーニング」（高等学校情報教育研究会　紀要　2011（平成23）年度）
「グループ・マインドマップを応用した協同学習」（高等学校情報教育研究会　紀要　2010（平成22）年度）
『ICT・Education』No.52　日本文教出版「さまざまなタイプのアクティブラーニング　生徒を主体的に動かすしかけを意識した授業デザインの実践」
http://nichibun.net/case/ict/e52/index.html
『キャリアガイダンス』（Vol.403　2014.07　リクルート）「教科でキャリア教育『情報』」
http://souken.shingakunet.com/career_g/2014/07/vol403201407-4b5c.html
『キャリアガイダンス』（Vol.406　2015.02　リクルート）「教科でキャリア教育『特別編』」
http://souken.shingakunet.com/career_g/2015/02/vol406201502-359b.html

アクティブラーニング型授業レポート 27

■記入者情報〔①氏名　②高校名　③担当科目（※担当科目が複数の場合は AL 型授業を実践している科目）　④教員歴（年）　⑤補足情報（任意）〕
①森口　安紀　②京都市立堀川高等学校　③家庭　④20年

■授業概要・指導案（典型的な授業（1コマ）での内容について）

| 教科 | 家庭 | 科目 | 家庭基礎 | 単元 | |
|---|---|---|---|---|---|

〔目的と目標〕
【目的】
・家庭科で身につけさせるべき力は、単なる生活に必要な技能・技術の習得ではなく、これから生きていく社会の中で様々な課題に対応できる資質や能力および豊かな人間性であり、自らの将来展望につながる力である。生活を営むために必要な内容を掘り下げて考える過程で、生涯発達の視点で人の一生を見通すことの重要性や社会とのつながりを持つ意義を考えさせたい。

【目標】
・生涯発達の視点で人の一生を見通す〈時間軸：過去－現在－未来〉
　現在は過去の集積であり、未来は現在の自分の生き方が創り上げる。生活活動にかかわる内容を題材にして、これから先の人生を見通し、見えた課題を自分自身のこととしてとらえる。
・社会とのつながりを持つ〈空間軸：他教科・他領域との関わり〉
　日常生活のあらゆる活動のひとつひとつを関連させる過程で、個々の生活の営みが社会と関係していることを認識する。現在では疑問にも思わないことの背景に、様々な出来事や多くの人々が関わってきた経緯を理解する。

〔授業実施にあたり設定するルール〕
・グループ活動では、考えたことや感じたことを言葉にして伝え、新たな気づきにつなげる。
　⇒自分の意見や感じたことを言葉にすることで考えをまとめて再確認すると同時に、グループで意見交流し、新たな気づきを得てほしい。
・ロールプレイングでは、与えられた配役になりきる。
　⇒相手の立場に立って考えようとしても自分の想定内の意見にとどまることが多い。ロールプレイングでは与えられた配役を演じることで、今まで見えていなかった視点から与えられたテーマを考えてほしい。

〔その他、補足情報〕
・授業では課題の本質を考えさせ、自ら意欲的に次のステップへ進めるように興味関心を持たせたい。

〔大まかな授業の流れ〕（タイムテーブル、学習活動、生徒の活動、形態（ペア、グループ、チームなど）、指導上の留意点、評価）

〈本時の授業展開〉
①導入（5分）本時のテーマを理解する。
②講義（10分）本時のテーマに関するポイントを説明する。
③グループ活動（15〜20分）本時のテーマについて、ロールプレイングやグループ活動を行う。
④各グループの意見交流（10分）各グループで話し合われたことを全体で交流する。
⑤まとめ（5〜10分）本時の授業内容を振り返り、わかったことや課題をまとめる。
※次回の授業時に本時のテーマのポイントを再確認する。

**事例1** 生涯を見通す：高齢期を自分のこととしてとらえる。
①導入…高齢者疑似体験等をふまえ、自分たちを取り巻く環境の改善やどのような支援が必要かを考える。
②講義…日本の高齢社会の現状を理解するとともに、高齢社会の進展はどの世代にも関わる課題であることを認識する。
③グループ活動…ロールプレイングによって高齢期の生活を自分のこととしてとらえ、具体的な課題を考える。

【ロールプレイングの内容】妻Aと夫Bはきょうだいである。妻Aは夫婦（夫Aと妻A）、両親（妻Aと夫Bの父母）と子2人で同居している。最近、夫Aの母の具合が悪くなり、同居をともなう介護が必要になった。妻Aは夫Bに自分たちの両親との同居を考えてほしいと相談したところ、夫Bは同居できない理由があるという。両親との同居など、今後の生活について妻Aと夫Bの家族同士が話し合う。

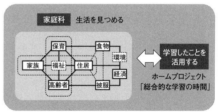

図1　各単元に題材を組み入れた授業計画モデル

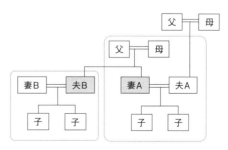

図2　ロールプレイングの登場人物

④意見交流…それぞれの家族の立場から、現代家族に関する現状や課題について意見を交流する。
⑤まとめ…急速な少子高齢化社会の進展にともなう課題を把握し、それを解決するために必要なことを考える。

<授業後の生徒の感想>
・家族に関する問題は、経済的な側面や社会制度、それぞれの家族の事情などが複合的に関連していると思う。優先しなければならないことがわかっていても実際には解決が難しいことも多い。このようなことをふまえて、少子高齢化の課題を考えていく必要がある。
・ロールプレイでの家族の問題は現実に起こりうることである。この授業では家族と高齢社会の課題のどちらも自分のこととして考えることができた。この問題は答えが一通りではないため、個々の考え方によって高齢者の境遇は大きく変わると思った。

事例2

他領域との関連：現代家族を軸とし、「家族」「保育」「高齢者」の単元を関連させ、「住居」の題材を組み入れる。

※「住居」の題材を用い、少子高齢化など他の単元の内容と関連性を理解する。
①導入…車椅子の使用や高齢者疑似体験をふまえて、バリアフリーの住環境を考える。
②講義…間取りの問題点や改善点を確認した後、リフォームを検討した間取りについて、高齢者が生活する上で快適に暮らすことができるかを考える。
③グループ活動…各グループで間取りを検討する。
④意見交流…検討した間取りの問題点や改善点について意見を交流する。
⑤まとめ…間取りが家族生活に与える影響を認識し、快適な住環境について理解を深める。

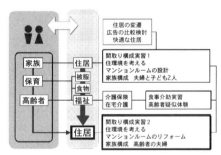

図3 事例2 授業計画（本時：間取り構成実習2）

<授業後の感想>
・自分の家や家族のことを見直す機会に

図4 生徒の構成した間取り事例

なった。高校生の自分とは違う乳幼児や高齢者の生活を具体的に考えることで、ともに生きることの大切さがわかった。
・今の社会問題を自分の未来と照らし合わせることで現実として考えられるようになった。少子化が進み、さらに高齢社会に進展していく日本の現状を再認識した。
・少子高齢化や福祉対策など、日本には多くの課題があると感じた。誰もが住みやすい環境について、今後も考えていく必要があると思う。これらの問題に向き合っていくために知らなければならないことがたくさんあることがわかった。

## ■その他
〔アクティブラーニング型授業を実践しようとした経緯〕
　教師は生活が便利になっていく過程を自分自身の経験として実感しているが、今の高校生は豊かで便利な生活しか知らない。さらに、乳幼児や高齢者と接する機会や、自立をうながす生活技術の習得と定着機会が少ないことから、身近な生活活動に関わる課題の本質を自分のこととしてとらえられないのではないかと考えるようになった。今は実感できない生活課題であっても、高校生の段階から考えていくことが重要である。そのために、高校生がこれからどのように社会と関わりながら生きていくかを考えさせるような授業を展開したいと思ったからである。

〔今後の目標、目指したい授業、成果について〕
・生徒の実態を把握し、家庭科を学ぶ上での不易と流行を常に考える。
・少子高齢化の急速な進展に伴う課題など、今後は予測することもできない課題にも適応する力をつけるために「考えを深めるプロセス」に重点を置いた授業展開を構築したい。

〔参考文献等〕
1)『高等学校新学習指導要領の展開　家庭科編』(石井克枝編著　明治図書)
2)「岐阜県教育委員会学校支援課　学力向上プロジェクト授業改善　高等学校　家庭」
http://www.gifu-net.ed.jp/ssd/sien/gakuryoku_koujou_project/09homesci/kateihome.htm
3)「「現代家族」から広がる授業展開」(森口安紀　森百合子) 第59回近畿高等学校家庭科教育研究大会 (2008) p41 − 50

■記入者情報〔①氏名　②高校名　③担当科目（※担当科目が複数の場合は AL 型授業を実践している科目）　④教員歴（年）　⑤補足情報（任意）〕
①石川　瑛子　②松戸市立松戸高等学校　③家庭　④7年

■授業概要・指導案（典型的な授業（1コマ）での内容について）

| 教科 | 家庭 | 科目 | 家庭総合 | 単元 | 私たちの食生活 |
|---|---|---|---|---|---|

〔目的と目標〕
　休み時間になると教室の中ではお菓子を食べている生徒が多く見られる。本校は運動部が盛んであり、食事から栄養素を摂ることが大切であると意識している生徒は多い。しかし、補食について考えると、ごみ箱にたくさん入っているお菓子の空箱の量を見ると栄養素について意識して食品を選んでいるとはいえない。PFC 比率について計算をしながら理解し、お菓子を食べたときに本来理想とされる PFC 比率が崩れてしまうことを理解させたい。お菓子にはエネルギー表示が記されているのでそれを見て考えて食品を選ぶ態度を身に付けさせたい。

〔授業実施にあたり設定するルール〕
班のメンバーで計算方法などを教え合う。班のメンバーは4、5人。
計算に使用するお菓子は班で1つを共有する。

〔必要な機材・備品〕
プリント、電卓、お菓子の箱

〔使用教科書・参考書等〕
生活ハンドブック（第一学習者）

〔その他、補足情報〕※アクティブラーニングを効果的に行うための工夫、その他
お菓子は事前に予告しなくてもかばんに入っているものをその場で使わせる。そうすると自分の実生活が授業の題材に反映され、驚くとともに意欲的に学習に取り組む。

〔大まかな授業の流れ〕※タイムテーブル、学習活動、生徒の活動、形態（ペア、グループ、チームなど）、指導上の留意点、評価

〈授業展開［50分授業］：1時間の基本的な流れ（アクティブラーニング型）〉
①【講　義】学習内容説明（板書）（15分）
②【作　業】自分たちのお菓子を使って計算する（20分）
③【共　有】班で計算した結果を班の代表者が板書する（10分）
④【まとめ】プリント記入（今日学んだこと・気づいたこと・感想）（5分）

①【講　義】：「PFC比率を調べよう」というタイトルを板書する。生活ハンドブックの「外食・一般調理食品」の中からビッグマック、緑のたぬき、とん汁鮭定食を例にして、PFC比率を計算して求める。これまで学習してきた知識を整理する。たんぱく質（P）は1gあたり4kcal、脂質（F）は9kcal、炭水化物（C）は4kcalの熱量を発生する。計算方法を考えさせながら黒板を使って一緒に計算をしていく。その過程でPFC比率の言葉の意味を理解させる。

②【作　業】：4、5名で班を作り、机を向い合せにする。PFC比率を調べる食品を班で一つ選ばせる（自分のカバンの中に入っているものを使う）。計算方法を班のメンバーで教え合いながら同じお菓子を使って学習する。箱に書かれているエネルギー表示を見ながら計算をしていく。電卓を使用する。

③【共　有】：班の代表者が自分の班で調べた食品の名称と計算結果を板書しにくる。

④【まとめ】：板書された8種類のお菓子とPFC比率の結果を見て、考えること感じたことをプリントに記入する。

## ■その他

〔アクティブラーニング型授業を実践しようとした経緯〕

　休み時間にお菓子を食べている生徒が多くお菓子には全員が関心があると感じたため。運動部加入者が多く（部活動加入率89％、うち運動部は61％）、食事を通して競技力の向上を目指している生徒も多くいる。

　教科書の改定により家庭科の脂質の摂取基準の表記が男子65g／日、女子55g／日から、男女ともに脂肪エネルギー比率20～30％という記述になり、実際に自分たちが一日に摂った食事のエネルギー比率はどれくらいかということを計算することは難しい作業となる。脂肪エネルギー比率の言葉の理解と大雑把でもよいので、食品もしくは食事ごとの脂肪エネルギー比率の数値の例が必要だと感じ、この授業を実践しようと考えた。また生徒の行動や態度を変化させるためには具体的な指標を記す必要があるとも感じた。教科書

の20～30%という数値を自分の身近なものを利用して計算することで理解し、自分の生活を振り返る行動の変化につなげたいと感じたため。

〔成功体験、失敗体験（改善策）等〕
・自分の菓子が偶然的にも授業に使われることにより、生徒はいきいきと授業に臨む。
・ユニークなお菓子を食べている生徒がいると共有のときに全体が盛り上がる。（卵ボーロや福豆）
・非糖質系甘味料（アスパルテーム、アセスルファムカリウム、ステビア、スクラロース）などが入っているものは、計算値に影響が出るので使用させない。「ミンティア」「キシリトールガム」など。

〔同僚など他の教員との関係について〕
・校内の授業力向上委員会で定期的に授業について生徒の反応や授業の方法について話し合う場をもうけている。
・家庭科の授業を学年で一人の担当者が持つのではなく、学年をまたいで担当しており、授業方法や実習教室の整備など相談して行う体制ができている。
・部活動で補食を作っている部もあり、選手の体重維持や体重増加のための食事について関心が高く家庭科での学習内容についても顧問と話をする機会がある。

〔今後の目標、目指したい授業、成果について〕
　「お菓子は脂質を多く含んでいるので控えようと思った」という感想が多く見られる。補食にはどのようなものが適しているか、生徒の生活の中で実際に手軽で購入しやすく栄養価が高い補食となる食品・食材は何なのかと考える時間を取れるようにしたい。

〔上記以外の事項〕
　この授業はたまたま時間数が多いクラスで、「次はどうしよう」と考えたときに突発的にその日に行った。お菓子を持ってきなさいということも言わなかったが成り立った。生徒が休み時間にお菓子を食べていることを知っていたからだ。家庭科は学年によっては2時間連続で授業をすることがある。その場合は準備室には戻らずに教室にいてプリントの整理や生徒と話をしたりしていた。いつが大会であるとか様々な話を生徒から教えてもらえる。体育の持久走は○日まで続くなど、、。生徒の生活実態を知り生徒が今持っている知識や関心ごとを授業に取り込む過程には、休み時間に生徒と一体になることも家庭科の場合は、必要なことであると感じています。

アクティブラーニング型授業レポート 29

■記入者情報〔①氏名　②高校名　③担当科目（※担当科目が複数の場合はAL型授業を実践している科目）　④教員歴（年）　⑤補足情報（任意）〕
①梨子田　喬　②岩手県立大船渡高等学校　③地歴公民、総合学習（小論文）　④14年
⑤年間計画に組み込み、総合学習の時間に小論文指導を実施

■授業概要・指導案（典型的な授業（1コマ）での内容について）

| 教科 | 総合学習 | 科目 | 小論文 | 単元 | |
|---|---|---|---|---|---|

〔目的と目標〕
【目的】
小論文や要約の答案作成、およびその評価を他者と協同し、
①他者を意識しお互いに知恵を出し合う中で、課題解決力を養うこと。
②他者の意見を理解し、自分の意見を人に伝える中で、論理的コミュニケーション能力を養うこと。
③構成や論理を練り、言葉を選ぶ中で、文章作成能力を養うこと。
【目標】
以上の目的を達成するための具体的活動目標
グループエッセイⅠでは、「グループ全員が家に帰ってアウトラインに沿って一人で答案を作成することができる」
グループエッセイⅡでは、「グループ全員が答案作成した人に対して評価の根拠を説明できる」

〔その他、補足情報〕
※アクティブラーニングを効果的に行うための工夫
1　単なるグループ学習に陥らない。協同的な学びの雰囲気を醸成。
　協同的な学びにおいては、集団全員の向上が、メンバーの共通目標となり活動のゴールとなる。安易な妥協により課題を終わらせることだけが目標化したり、質を問わない議論にならないようにする。そのために単なるグループ学習に陥らないように、プロジェクト型の投げかけ、グループ間の競争意識の醸成、「集団全員ができるようになる」という目標の明確化などに留意している。
2　人数は4人が最適。ハコは大きい方がいい。
　グループ人数は、4人が最適。5人になるとお客さんになる生徒が発生する。3人だと課題をこなしきれなくなる。（やむを得ない場合は3人で仕方なし。お客さんになるよりまし）大教室で大人数でやると議論が活発に。教室がうるさくなり、周囲を気にしなくな

るからか。

3　個人⇄グループ、思考⇄協同、

　アクティブラーニングだからといって50分フルアクティブだと、学びに深みが出ない。「個人の思考」があってこそ、「協同」の質が高まる。グループエッセイにおいては、週末課題（個人・思考）と授業（グループ・協同）を組み合わせながら学びの質を高めるよう留意している。

4　生徒を能動的に動かす教材

　平凡な教材を平凡に提示してもダメ。知的好奇心をくすぐる良質の教材を工夫して提示。思考を必要とすること、ちょっと難しめであること、面白いこと。この3条件にあてはまるよう教材を練るようにしている。いい教材の時は、休み時間や放課後でも生徒が黒板に書いて議論をしたり、週番日誌に書いてきたりする。授業後も学びが継続している証拠。

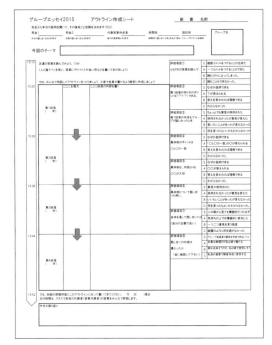

5　簡潔にして要点をおさえた一斉介入

　教師が話をするのは、はじめ5分、中（2分程度）×1～2回、まとめ5分。教師が教授内容を十分把握していないと簡潔には説明できない。（簡潔に説明することは難しい。）要点をしぼった説明と、生徒の高レベルの集中のおかげで、教えた内容はよく定着する。ただ、過度の介入は、協同の妨げになるので、授業者は我慢しなくてはいけない。

6　ルーブリック＆リフレクション

　生徒が教師の狙い通りの活動をしているのか、把握が難しい。かといって、過剰な介入は議論の妨げになる。そこで、ルーブリックを提示することで、この授業では何を理解すればいいのか、どこまでできれば理解したことになるのかが生徒に示されるので、教師の狙いも伝わり生徒も動きやすくなる。また、活動の最後には、リフレクションをする。リフレクションによって、学びを個人に返し学習内容を整理することができる。

〔大まかな授業の流れ〕※タイムテーブル、学習活動、生徒の活動、形態（ペア、グループ、チームなど）、指導上の留意点、評価

|   | 形式 | 活動 | 授業 | 形態・配布物 | 活動の流れ |
|---|---|---|---|---|---|
| ① | 課題 | 思考 | 週末課題Ⅰ | 小論文課題を提示し、各自で解答する | 課題の内容を理解し、グループエッセイの準備のために個人で思考する。 |
| ② | 授業 | 協同 | グループエッセイⅠ（アウトライン作成） | 形態：4人1組のグループ<br>アウトライン作成シートを配布 | ①説明・役割決め（司会1、司会2、代表、時間）<br>②作成上のルール提示（例：具体例を使う、など）<br>③メンバーの答案を読み合い、添削コメントを記入<br>④アウトライン作成（アウトラインシート使用）<br>⑤リフレクション |
| ③ | 課題 | 思考 | 週末課題Ⅱ | アウトラインに基づいて自宅で各自答案を作成 | アウトラインシートのとおりに原稿用紙に書く。アウトラインシートがしっかりしていれば自宅で書きやすいが、しっかりしていないと苦戦する。 |
| ④ | 授業 | 協同 | グループエッセイⅡ（評価会） | 形態：4人1組（前回と同様のグループ）<br>各グループの代表答案をコピーして配布。<br>評価シートを配布。 | ①評価のポイントを解説（作成上のルールが評価の重点項目）<br>②各グループの答案を読み、添削コメントを記入<br>③評価規準を考え、採点<br>④結果発表（黒板の得点表に各班の採点結果を記入）<br>⑤リフレクション（全体＆個人） |

## ■その他
〔アクティブラーニング型授業を実践しようとした経緯〕

　前任校（盛岡北高校）は、小論文委員会を組織し学校独自テキスト『唸らせる小論文』を作成するなど、小論文指導に早期に取り組んだことで全国的にも知られた学校であった。小論文の授業はといえば、授業時間に生徒に書かせた文章を教員が点検し添削するという形式が多くなり、当然、生徒の小論文答案を添削する教員の負担は重く、現実的には検印をついて返すのが精一杯であった。また、答案の中には、力作ばかりではなく意欲を疑うものも散見し、教員の負担軽減と生徒の意欲喚起が課題であると感じていた。そんな折、三重に学校訪問をする機会を得て鈴木達哉先生や岩佐純巨先生から大いに刺激を受け、キャリア教育や協同学習の観点から小論文学習を見直すことができないかと考えるようになった。その後、2012年秋に杉江修治先生（中京大学）の講演、2013年鈴木達哉先生、岩佐純巨先生の講演や公開授業、千葉栄美先生（弘前高校）の授業見学、2014年小林昭文先生（産業能率大学）の公開授業、などから影響を受けつつ、当時の進路指導主事であった千葉貢先生（大船渡高校）から様々な助言をいただきながら、この「グループエッセイ」のスタイルに至った。

〔成功体験、失敗体験（改善策）等〕

　宿題を出さずに叱られてばかりの生徒が「家で書いたんですけど、まだ満足できないので書き直したい。」と職員室に原稿用紙をもらいにきた。「私の答案がなぜ他のグループの評価で点が入らなかったのか教えてください。」と職員室に相談に来る生徒があらわれた。無気力答案もだいぶ減った。生徒の感想を見ても「これなら小論文力があがる気がする」「頭がよくなっていく気がする」「先生の添削より他グループから0点をつけられる方がへこむ」など意欲喚起がうまくいっているように感じている。なにより、添削や授業案の立案、授業前打ち合わせによる教員の負担も軽減され、他の先生方も机間巡視をしながら生徒の議論に介入したりアイデアを提供したりするだけなので、負担なく参加してもらえるようになった。

〔同僚など他の教員との関係について〕

　2014年、皆川雅樹先生（専修大学附属高校）による日本史の公開授業を本校で実施。様々な場面でアクティブラーニングという言葉が職員室にも浸透し、授業の中で取り入れる先生方も増えてきたように感じている。

■記入者情報〔①氏名　②高校名　③担当科目（※担当科目が複数の場合はAL型授業を実践している科目）　④教員歴（年）　⑤補足情報（任意）〕
①濱本　昌宏　②熊本県立熊本北高等学校　③保健体育　④20年

■授業概要・指導案（典型的な授業（1コマ）での内容について）

| 教科 | 保健体育 | 科目 | 保健 | 単元 | 生涯を通じる健康<br>「1 思春期と健康」 |
|---|---|---|---|---|---|

〔目的と目標〕
1　健康・安全に関する適切な思考力・判断力・表現力を身につける。（全単元共通）
2　生涯を通じて、社会の一員として健康・安全に生き抜く力を身につける（全単元共通）
3　思春期における心身の発達や健康問題および、思春期に多い悩みや問題行動に対する適切な対処法について考える。（本単元）

〔授業実施にあたり設定するルール〕
1　しゃべる　　　　2　質問する　　　　3　説明する　　　　4　動く（立ち歩く）
5　グループで協力する　　　6　グループに貢献する
7　その他（①時間を守る　②発表は教室の前方で行う　③笛が鳴ったら授業者の話を聞く）

〔必要な機材・備品〕
1　プロジェクター型電子黒板　　　2　教師用タブレット
3　笛　　4　ストップウォッチ
※本校には1が12教室に常設してあり、2は職員室に12台保管している。

〔使用教科書・参考書等〕
1　使用教科書　大修館書店「最新高等保健体育」、大修館書店「図説最新高等保健」
2　説明スライド（パワーポイント）　大修館書店指導用CD-ROMの中にある指導用スライドを編集したもの
3　ワークシート（A3縦置き両面）「2 説明スライド」を配布資料形式でプリントアウトしたもの
4　演習問題（A3横置き片面）　大修館書店指導用CD-ROMの中にある問題集を編集したもの
5　確認テスト（A4縦置き片面）　大修館書店指導用CD-ROMの中にある問題集を編集したもの

〔その他、補足情報〕※アクティブラーニングを効果的に行うための工夫、その他
1 年度初めのオリエンテーションで授業の進め方とルールを説明する。また、主体的に学ぶアクティブラーニングの重要性についても説明する。
2 年間を通じて、毎回授業の始めに、ペアで互いの脈拍測定を行う。仲間の健康に関心を持つとともに、協調性が高まる。

〔大まかな授業の流れ〕※タイムテーブル、学習活動、生徒の活動、形態（ペア、グループ、チームなど）、指導上の留意点、評価
1 学 習 活 動→下表の「保健学習の進め方」に沿って進めている。下表は年度初めのオリエンテーションで生徒に提示したスライドである。
2 生徒の活動→下表のスライドにある「2　プレゼン」では2回程度のディスカッションを取り入れている。
3 形　　　態→脈拍測定はペアで実施。プレゼン〈説明〉と演習問題は3～4人のグループで実施している。
4 評　　　価→定期考査、確認テスト、リフレクションカード等により学期ごとに評価を行っている。

```
保健学習の進め方
1 出欠確認・脈拍測定    （5分）
2 プレゼン〈説明〉      （20分）
3 演習問題             （10分）
4 確認テスト           （10分）
  リフレクション        （3分）
  採点                 （2分）
```

■その他
〔アクティブラーニング型授業を実践しようとした経緯〕
　平成25年7月に熊本県教育委員会から学校改革プロジェクト支援事業の指定を受け、学校全体で授業改革に取り組んでいた時、平成26年6月に熊本県立教育センターで開催された小林昭文先生の研修を受け、アクティブラーニングと出会った。
　すでにパワーポイントを使用した授業を行っていたが、一方的な説明が中心で居眠りをする生徒も少なくなかった。そのような時、アクティブラーニングと出会い衝撃を受けた。早速、授業の中にグループワークを取り入れることから始めた。

〔成功体験、失敗体験（改善策）等〕

　アクティブラーニングと出会い、早速、グループワークを取り入れ始めたものの想像しているものとはほど遠い状況だった。そこで、「なぜ、仲間と協力することが大切なのか」ということについて具体的に説明し、併せてグループワークの目的と方法も説明した。また、年度初めには、授業中のルールを提示することで、少しずつではあるが、生徒が主体的に学ぶ授業へと変わりつつある。

〔同僚など他の教員との関係について〕

　学校全体で授業改革に取り組んでいることから、本校では多くの先生方がグループワークやペアワークを取り入れている。

　本校は、教科を超えて互いの授業を見学し合うスキルアップ期間を年2回（6月と10月）実施している。平成26年度10月に実施したスキルアップ期間では、約9割の職員が授業公開を行うほど多くの先生方が積極的に授業改革に取り組んでいる。

〔今後の目標、目指したい授業、成果について〕

　引き続き「思考力・判断力・表現力」を高める授業づくりに学校全体で取り組んでいきたい。また、アクティブラーニングを実践する上での評価の工夫・改善を図り、さらに生徒主体の学びを構築していきたい。

アクティブラーニング型授業レポート 31

■記入者情報〔①氏名　②高校名　③担当科目（※担当科目が複数の場合は AL 型授業を実践している科目）　④教員歴（年）　⑤補足情報（任意）〕
①三浦　正貴　②宮崎県立宮崎西高等学校　③芸術科書道（書道Ⅰ、Ⅱ）　④23 年

■授業概要・指導案（典型的な授業（１コマ）での内容について）

| 教科 | 芸術科書道 | 科目 | 書道Ⅰ | 単元 | 古典の鑑賞と臨書<br>（楷書及び行書） |
|---|---|---|---|---|---|

〔目的と目標〕
【目的】
書道選択生徒やその保護者の主たるニーズは「美しい文字を書けるようになること」だが、そのニーズを高い次元で満たすことと、「書道を通じて」多様な学習能力を向上させることは両立が可能であると考えている。生徒の学びが、前向きで主体的なものになるアクティブラーニング型授業により、この二つの目的を達成したい。併せて書道のイメージをアクティブなものにしていきたい。

【目標】
書道学習上の主題材である古典の臨書学習において、字形の特徴を分析的に鑑賞し、次にその用筆をグループ学習で解析する。生徒は互いに適切な言語と実技を用いて説明し、それに対する同意や配慮ある異議を伝え合う。生徒は互いに他者の意見を受け止めながらよりよい結論に導く力、つまり議論する力を磨く。そうして臨書作品を確かな意図に基づいて制作していく。
この学習法は、一つの物事を深く掘り下げて見る習慣を身につけさせることや、双方向の学びにより確かな基礎力を身につけることを目標としており、またそれが発展的に他教科学習の思考力や洞察力によい影響を与え、かつ社会を生き抜く上で必要なディベート能力や人間関係力をも身につけさせることを目標としている。

〔授業実施にあたり設定するルール〕
①「カモシレナイ」を大切にする。
②他者の意見はうなずきながら真剣に最後まで聞く。
③同意や賛辞は適切な用語ではっきりと示し、改善点については非難と受け取られない配慮ある表現で真剣に誠意をもって語る。
④周囲とともに課題を解決し、高め合うことの意義とよろこびを大切に考える。

〔必要な機材・備品〕
補助プリント、作品集等（機材は特に使用しない）

〔使用教科書・参考書等〕
光村図書「書Ⅰ」

〔大まかな授業の流れ〕※タイムテーブル、学習活動、生徒の活動、形態（ペア、グループ、チームなど）、指導上の留意点、評価

〈授業展開〔50分授業×2〕：2コマ連続授業の流れ（アクティブラーニング型授業)〉
①【説　明】学習内容および学習方法の把握（板書＋プリントの拡大版）〔10分〕…具体的なイメージを持たせるための説明
②【作　業】古典の分析的鑑賞〔5分〕… プリントを使って、自分で気づいた留意点には全て印を記入
③【学　習】となりの生徒とプリントを交換して内容を確認〔2分〕… ペア学習
④【実習①】分析的な鑑賞を生かして臨書（3〜4枚）し、検討会用に1枚残す（①）〔15分〕 ※ 3〜4名のグループ学習
〜アイスブレイク〜
⑤【協議①】検討用の練習作品（実習①）を向かいの生徒と交換し、よい点を3つ、改善したい点を2つ発表〔3分〕… 用語に留意
⑥【実習②】指摘してもらった改善点や用筆法を意識しながら臨書（2〜3枚）し、検討会用の仮清書（②）を残す〔10分〕

〜休憩（休み時間）〜

⑦【協議②】検討用の仮清書作品（実習②）をとなりの生徒と交換し、用筆の難しい点などを話し合い教え合う。〔10分〕
⑧【実習③】用筆法も含め改善すべき点を意識した臨書（5枚以上）〔20分〕… 不明な用筆などを適宜協議しながら1枚清書
⑨【鑑賞会】グループごとにまとめて壁面に清書作品を貼り、協議の成果を確認する。最優秀グループに投票する。〔5分〕
⑩【まとめ】作品集に実習①、②および清書の3枚を重ねて貼りつけ、本時の学習成果および感想等を記入する。〔10分〕

① 【説　明】本時の授業で取り扱う単元（古典）についての理論的内容（成立の経緯、時代の背景、筆者にまつわるエピソード等）を板書しながら説明し、教科書の記述内容を補足する。また、本時の授業についての流れを説明し、どう取り組めばよいかを生徒が具体的にイメージできるよう配慮する。一方的な講義形式で行う。

② 【作　業】古典の文字を拡大したプリント（教員が作成）を生徒へ配付する。生徒は「色ペン」を準備して、「字形の分析的鑑賞」を行う。自分が気づいた特徴について、もれなく印、線、記号およびことばで記入する。時間制限の中で集中して取り組むよう伝える。

③ 【学　習】となりとプリントの交換をさせて、「自分と共通の指摘箇所」と「自分が気づかなかった指摘箇所」を1分で確認させ、確認が終わったらプリントを戻し、自分で追加記入すべき箇所があれば1分以内で記入させる。それが終了したら、机を移動してグループを組ませる。グループは3名または4名で組むよう指示する。

④ 【実習①】まず、字形の分析的鑑賞を生かした臨書（3～4枚目安）をさせる。ここでは、完成に目標を置くのではなく、字形の特徴をいかに適切に捉えるかを目標としていることを伝え、生徒自身がプリントに記入している字形の特徴をよく確認しながら臨書するよう助言する。このあとの協議で必要な検討用の練習作品（①）を1枚残すよう指導する。

ここで、アイスブレイク（となりのとなり等）を行う。

⑤ 【協議①】グループの向かい側同士で練習作品（①）を交換させ、順番を決めて、「字形を適切に捉えている点」を3つ見つけて誉めさせ、次に「改善したら作品がよくなると思える点」を2つに絞って指摘させる。その際の留意点として、適切な用語（転折、分間等）を使うよう努力することや、真剣な態度で誠意をもって発言するよう指導する。

⑥ 【実習②】指摘してもらった改善の必要な点や用筆法を意識しながら臨書（2～3枚目安）させる。また特に用筆が難しい箇所については、次の協議②で話し合う準備をしておくよう指導する。検討用の仮清書作品（②）を1枚準備させる。

⑦ 【協議②】検討用の仮清書作品（②）をとなりの生徒と交換し、用筆の難しい点などを話し合わせる。まずはグループ内で用筆法についての仮説（この用筆で書けばよいのではないか）を立てて、実際に書いて示すというやり取りを行わせる。これについては必ずしも正解があるわけではないので、創造性を大切にして積極的に発表し合うよう助言する。説明中に自分の技法に不確かな点を見つけたり、技術的に自信のない生徒が、周囲を納得させる用筆を示したりするなど、双方向の学びの長所が発揮されるよう支援する。

⑧ 【実習③】用筆法も含め改善すべき点を意識した臨書（5枚以上）をさせる。仕上げの段階であるので、基本的には集中して個人で取り組むよう指導する。しかし、用筆等に不明な点がある生徒は、他の生徒の書き方を参考に鑑賞してよいこととする。その際は、

くれぐれも集中を妨げないよう配慮しなければならないことを指導する。清書を１枚仕上げて記名し、鑑賞会に提出する準備をさせる。
⑨【鑑賞会】グループごとにまとめて壁面に清書作品を貼らせ、協議の成果を確認させる。付箋を配付して最優秀グループに投票させる。最優秀グループの判断基準は、３名または４名の作品が、字形や用筆についてその適切さの平均水準が高いこと。
⑩【まとめ】作品集に実習①、②および清書の３枚を重ねて貼り付けさせ、本時の学習成果および感想等を記入させる。どのような成長や発見があったかを中心に記入するよう指導する。清書と実習①および②を比較してみてどのような変化があったかを振り返ってみることが重ね貼りさせる理由であるので、めくりながら確認するよう助言する。記入終了後に作品集を提出させる。

## ■その他

〔アクティブラーニング型授業を実践しようとした経緯〕
・一斉授業で行う書道の授業は、修行的、一方的になりがちであり、技術的に自信のない生徒の成長が自覚しにくいと感じていたため、教師に習うのではなく、生徒間での気づきや双方向性の学びを大切にした「相互批正」を部分的に採り入れてみたところ、よい点を誉められて気持ちが前向きになった生徒たちが、以前よりも高い集中力をもって取り組み、作品レベルを向上させた。ここから生徒が自らの力で判断し、協議することで高め合うアクティブラーニング型授業へ転換した。

〔成功体験、失敗体験（改善策）等〕
・【失敗例】発表や協議を積極的に行わせるためには、その空気を作っておく必要があるが、アイスブレイクなどの手法を用いずにいきなり発表を指示してしまい、しばらく沈黙が続いたことがある。生徒の主体性を引き出すコーチングの技術は不可欠だと感じた。

〔今後の目標、目指したい授業、成果について〕
・コーチングについての研修を今後も積極的に受講して、より生徒を動かす手法を磨き、最終的には生徒たちが自らのアイデアで授業をプロデュースできるような高い主体性を引き出す授業を目指したい。

# アクティブラーニング Q&A

6

本章は、小林昭文産業能率大学教授に語り下ろしていただいた。ここでの質問は、これまでのキャリア教育推進フォーラムの会場で出されたものばかりであり、現場での回答者も小林先生であった。こうした経緯を踏まえ、質問を内容別に整理するとともに、改めて小林先生の回答を順序立てて分かりやすく示している。

第6章　アクティブラーニング　Q&A

## Q1 アクティブラーニング型授業が中心になると知識伝達の時間が足りなくなるのでは？

A：これについては考え方が二つあります。ひとつは知識伝達時間が足りなくなることはよくないことだと考え、伝達時間が短くても濃い伝達ができるように工夫することです。例えば、パワーポイントやプリントをうまく活用するということが挙げられます。また、生徒にプリントを事前に渡しておいて、予習できるようにしておく、今のトレンドで言えば反転授業的な要素を取り入れることで十分に対応が可能です。

　もうひとつはもっと根本的な問題ですが、教師から生徒への知識伝達は少なくてもよいのではないか、という考え方です。むしろ、教えすぎないほうが生徒は意欲的になるというケースが多いのです。手取り足取り的に詳しく教え解説すると、生徒の側は覚えることが多すぎて頭がいっぱいになり眠くなったりします。また、分かった気になっているだけで、自分で問題を解こうとしても解けないし、記憶に定着もしないということがよく起きます。

　それよりも、与えられる少ない情報で問題を解いたり、発表の準備をしたりするとなると、生徒は自分たちで読んだり調べたり、図解しようとしたり教え合ったりします。そのほうが、一方的に多い情報を伝達するよりも、結果的に生徒の理解も深まるし記憶の定着も進むと感じています。

## Q2 どれくらいの割合でアクティブラーニング型授業を取り入れればよいでしょうか？

A：これはケースバイケースとしか答えようがありません。ただ言えることは、年1回とか1学期に1回とか、イベント的にアクティブラー

ニング型授業を導入するよりも、少しずつでもいいからできるだけ毎回の授業をアクティブラーニング型授業にするほうが効果的です。イベント的なアクティブラーニング型授業は先生の準備も大変になることが多いようです。また、先生の側もうまくできたときには達成感が大きいのですが、時々実施するアクティブラーニング型授業は生徒にとっての教育効果という面では必ずしも大きくないと感じています。だからと言って、その授業をできるだけ多くの授業で取り入れるとなると、先生の負担が大きくなりすぎて続かなくなります。

　そこで無理なくできる方法のひとつは、自分の担当科目でどの単元が取り入れやすいかを考えて、そこから少しずつ始めていく。そして慣れてきたら単元の数を増やしていくという、無理をしない形で進めていくというものです。

　もうひとつは、どの授業でもどの単元でも、ちょっとしたことで簡単にできるアクティブラーニング型授業を取り入れるというやり方です。1分間だけ、今日の学習テーマについてお互いが知っていることを話し合ってみるというペアワークでもいいし、3分間だけグループで問題を解いてみるという方法でもかまいません。そうするだけで、生徒の授業へのモチベーションはグンと上がります。年1回だけよりもこうしたことを、できれば毎回取り入れていくことが望ましいと思います。

## Q3 学校全体でアクティブラーニング型授業に取り組んでいない場合、他の先生との整合性をどうしたらよいでしょうか？

A：以前はアクティブラーニング型授業に消極的だったり否定的だったりする先生からブレーキがかかるということも珍しくありませんでしたが、現行の学習指導要領が浸透し、さらに次の学習指導要領ではアクティブラーニングの導入が打ち出されているという中では、

そうした心配は不要になってきていると思います。

むしろ今起こっているのは、やり方の違い。例えばある先生はペアワークを多用し、別の先生はグループワークを多用する、ある先生はインストラクションの時間が長く、他の先生は短いといったケースをどう考えるか、だと思います。足並みを揃えるべきか否かということですが、それぞれの先生の得意不得意もありますし、教科の特性もあり、また生徒の状況も千差万別ですから、一斉にあるひとつのモデルに揃えるという必要は全くないと思います。

例えば、席の形はこう並べて、こういうツールを使ってという厳格なモデルを作って、全員そのとおりにやっていれば問題ないという取り組み方では、モデルには忠実でも自分の能力や生徒の現状には向き合っていないことになってしまいます。

それぞれの先生方が、自ら主体的な学習者として、よいと思う要素については他の先生の授業から取り入れられるところを取り入れ自分のものにしていく、ということが一番大切だと思います。

## Q4 グループワークで話し合いに入っていけない生徒にはどう対応すべきでしょうか？

A：アクティブラーニング型授業を実施するときの目標には、「生徒全員がコミュニケーションを取れるようになること」が含まれていると思います。問題は、それが苦手な生徒がいる時にどのようなアプローチをするかです。対応策としては二つあって、ひとつは無理にでも最初からグループワークに入れて、先生が常にその生徒に注意を払って、周囲の生徒が働きかけるように誘導していくという方法です。それからもうひとつが、無理にグループワークをさせずに、生徒が一人でいてもかまわない場所を設けるという方法です。この場合は、そうしながら徐々に時間をかけて、その生徒にあうテンポで他の生

徒とのコミュニケーションを取らせていくことになります。

　私の場合は主に後者の方法をとりました。一人でいたい生徒にはそれを許可していました。その上で、私の授業に対する目的や意義を了解してもらった後に、何からできるかを確認します。とは言っても話すのが苦手な生徒は「誰とも話せません」と言います。その生徒には、「では私（＝小林）となら話せますか？」と聞きます。すると、「はい」と答えます。今、私と話しているのですから当たり前なんですけどね。そこで「じゃあ、1時間に1回、私に質問することから始めませんか？」と提案します。「わかりました」との返事を得て面談は終了です。

　しかし、このままではこの生徒は1時間に1回の質問もできずに終わる可能性があります。失敗をさせてはいけません。そこで実際には「私が最低1回は彼に質問する」ようにしていました。私からの質問に対して何か話したら、「これで今日の目標は達成しました。すばらしい」などと声をかけ続けます。こうして、少し信頼関係ができてくると本当に「先生、これはどうするのですか？」と質問が出てきます。

　それに応えて教えます。何回かそれを繰り返した後に「それは、さっきA君が分かっていたみたいだから、私の代わりにA君に来てもらってもいい？」と尋ねます。「ううん」と答えます。「OK。じゃあ私が教えるね」と言って教えます。絶対に彼を非難しません。何回か空振りをしますが、平然と教えます。これを続けていくとどこかで「うん」と言います。そうなると、私ではなく友達に教えてもらうことができます。その後また空振りします。でも平然と続けます。これだけです。それで1学期が終わるころには2～3人とは話せるようになっています。2学期が終わるころには何人もの友達と話しています。

　これができるのは、35分間もの長いグループワークの時間のおかげでした。他の生徒たちは私に頼ることなく勝手に頑張っていますから、私は気になる生徒に存分に関わることができるのです。

　ただ、前者の方法で成功している先生もいらっしゃいますし、私のように後者の方法で成功している場合もあります。したがって、一番

第6章 アクティブラーニング Q&A

大切なのは、ひとつの型に固執しないで、どちらがその生徒と先生自身にとって無理なくできるか、最終ゴールに無理なく近づける方法かを見極めることだと思います。もちろん、ひとつの方法がだめなら、別のアプローチに切り替えよう、という発想も大切です。

## Q5 グループワークでモチベーションを維持させるにはどうしたらよいでしょうか？

A：まず授業の最初に、その授業の目標を明確にしておくことが大切だと思います。その目標は、例えば「授業の最後の確認テストで100点を取ること」でもかまいませんし、「最後に〇〇についてプレゼンをする」ということでも十分です。

さらに3つのアドバイスがあります。第一はグループワークの内容を明確に指示すること。第二は時間制限をきちんと指定することです。そして、第三は手順を明示することです。これは特に10分以上の長いグループワークの時には重要です。例えば、「〇〇についてグループで模造紙に整理して、最後に発表する」というグループワークを25分かけて行う場合、ゴールだけ示して25分間自由にやりなさい、これではうまくいかないケースが多くなると思います。

そこで次のように細かく手順を示します。①最初に個人の意見をできるだけ付箋紙に書き出す（3分）、②次にその内容を見せ合い説明しながら模造紙に貼りつける（5分）、③模造紙に書き出す上での役割分担をする（2分）④模造紙を整理し必要なことを書き足す（10分）、⑤発表者を決めて練習する（5分）という感じです。

そして、最後に、本番の発表が終わったらみんなで拍手をすること、つまりほめてもらうことで達成感が得られ、次のモチベーションにつながります。これは確認テストで100点を取るという場合でも同じです。

グループワークで生徒たちのモチベーションが下がってしまうとい

う場合、これらのうちの何かが欠けている場合が多いので、そこをチェックしてみるのがいいと思います。

## Q6 ファシリテーターとして必要なスキルは何でしょうか？

A：一番大切なことは、Q5 での回答と重なりますが、その「グループワークの目標と手順をちゃんと生徒が意識できるように伝えること」です。つまりティーチングスキルのレベルが高いことが不可欠です。ここがしばしば誤解されているような気がします。

次に大切なことはペアワークやグループワークの際に、うまく介入するスキルです。「うまく介入するスキル」についてお伝えする前に、どういう介入がうまくいかないのかを考えてみましょう。そのことから逆説的にうまくいく介入方法の考え方が分かるのではないかと思います。

うまく行かない介入のひとつは、生徒が内容について質問した際に答えを教えてしまうことです。ひとつのグループで答えを教えてしまうと、次のグループでもやはり同じような質問が出ると答えを教えざるを得なくなります。そうすると、先生は結局グループごとに講義しているだけになります。いわば、グループ別ティーチングをしていることになります。そして生徒の側は全くグループワークなどができていないことになってしまっています。

では、グループワークがうまくいっていない時でも放置すればいいのでしょうか。そうすると結局、「全員が確認テストで満点を取る」などの授業の達成目標が実現できなくなり、授業の意味がなくなります。このような場合には「質問で介入する」ことが大切です。例えば「チームで協力できていますか？」「あと 10 分ですが順調ですか？」等です。目標と手順が示されていると、生徒たちはこのように質問されると急に周囲を見回し、「あ、これからやります」とか「分かって

いる人に聞いてきます」とか、今の自分の状況に気づいて対応しようとします。このように質問で介入することがファシリテーションではよい結果をもたらすと思います。

　それから、このようなグループワークは1回きりではなく、何度も繰り返して行うわけですから、回を追ってよくなっていくようにしていくことが大切です。そのために重要なことは、授業の最後に「振り返り」を行うことです。「態度目標に照らして、あなたはどのように行動できましたか？」などと振り返らせることで、「自分は分からないことをあまりグループの人に質問できなかった」という気づきが生まれます。そこで「次回にグループワークをやるとしたらどうしますか？」とさらに問いかけることで、次回以降のグループワークがスムーズに進むように仕掛けをしておくことになります。

## Q7 アクティブラーニング型授業の評価はどのようにしたらよいでしょうか？

A：例えば、授業中に何回挙手したかを克明に記録して、それを成績評価に反映させるという手法もありますが、あまりお勧めできません。というのも、それがカウントされていると分かると、生徒たちは自分が理解していなくても挙手するというように、それに合わせて対応しようとするからです。それではアクティブラーニング型授業の価値が変質しかねません。

　成績評価に活かすかどうかは別にして、パフォーマンス評価とルーブリックという手法があります。これは、生徒たちの行動や成果物を評価する手法ですが、あらかじめ生徒たちに複数の評価項目の到達目標を明示して、各項目について何段階かの評価を記述して達成度を見ようというものです。

　ただ、これは成績評価というよりも形成的評価、つまり生徒に自分のレベルを自覚させ、より上を目指させるという意味での評価に適し

ていると考えられています。その点では、振り返りやリフレクションで自己評価させるということも、成績評価ではなく形成的評価に役立つものです。

参考までに言えば、私の物理の授業では、テストの点数のみで成績評価をし、生徒には次のように説明していました。「先輩たちのようすを見ていると態度目標に沿って活発に活動している人のテストの点数は次第に上がります。なので、態度も点数に反映していると考えています。だから点数だけで評価しても大丈夫だろうということです。しかし、『私は行動目標に沿って活動していたのに成績が悪いのは納得いかない』と考える人もいるかもしれません。その場合には交渉に応じます。遠慮なく言いに来てください。評価を変える用意はあります」

しかし、6年間で交渉に来た生徒は1人もいませんでした。たぶん納得していたのだと思います。

## Q8 教材（資料）作りに時間がかかりそうですが、どうしたらよいですか？

A：教材作りはアクティブラーニング型授業を成功させる上でとても大切な要素ですが、そこにエネルギーを使いすぎると、負荷が大きくなりすぎてアクティブラーニング型授業を続けることが難しくなってしまうことがあります。それでは本末転倒なので、できる限り時間と労力をかけないで、しかも効果的な教材を作ることが重要です。

そのためには、次のようなことを心がけましょう。

①あまり手の込んだ作り方をしないことです。よほどパワーポイントの扱いに慣れた人でなければアニメーションなどを苦労して入れる必要はありませんし、動画などを無理に入れる必要もないと思います。アクティブラーニングが主体なのですから、その材料が提供できればよいのだと割り切りましょう。

②パワーポイントの場合はスライドの枚数を増やさないことも大切で

す。あれもこれもと盛り込みたくなってしまいがちですが、増やしすぎると生徒が消化できなくなってしまいます。ポイントを絞って、できる限り枚数を減らすという発想に立ちましょう。

③できるだけ「すでにあるもの」を活用することです。私の場合は、授業のグループワークで解く問題は、ある出版社の物理の問題データベースソフトを利用していました。そういうソフトなどを使うという工夫も大切だと思います。

④同じ教科の先生がアクティブラーニング型授業に取り組むのであれば、教材作りも分担して共有するのがよいと思います。最初は先行している先生の教材をこれから始める人が使い、その上で改良すべきところを共有して改良できればさらによい教材が出来上がります。そして1年間分の教材が一度できると、翌年以降はそれを基にして少しずつ改善していくだけですむので、教材作りの労力は驚くほど少なくなります。

## Q9 グループ分けはどのように行ったらよいですか？

A：一般的にはグループ分けの方法は三つあります。①生徒に自由にグループを作らせる②くじ引きや名簿の入れ替えなどを使ってランダムに作る③先生が計画的に配置する、どれにも一長一短があります。

しかも方法それ自体に一長一短があるだけでなく、教科や教育目標との関係での相性もあるでしょうし、先生や生徒たちとの相性もあると思います。

ですから、これがベストと決めつけず、自分が一番よいのではと思う方法でやってみて、生徒の感想を振り返りなどで集めて分析して、自分とクラスが一番やりやすい方法を見つけていく、という姿勢で臨むのがよいと思います。

## Q10 グループワークで雑談が多くなったときはどうしたらよいですか？

A：まず前提として、グループワークでは私語は禁止すべきではありません。「雑談をするな！」と私語をルールとして禁止すると生徒にとって安心・安全の場ではなくなるからです。そうなると、自由で活発な議論も封じ込めてしまうことになります。でも当然、それは雑談だけでグループワークが終わってしまっていいということではありません。では、どうすればよいのでしょう。

①まず、雑談が多くなっていることの根本的な原因を探ることです。多くの場合、生徒たちが何をしたらよいか分からなくなっていることが原因です。さらに、なぜ何をしたらよいのか分からなくなっているのかを掘り下げて観察してみると、例えばグループワークの役割分担がうまくいっていない、特定の生徒に頼りすぎていて他の生徒たちがすることがなくなっているなどといった、より深い原因が見えることもあります。

あるいは、時間配分が不適切でグループワークの時間が長すぎて余ってしまっているという場合もあります。問題がやさしすぎるという場合もあるでしょう。またグループによって早くできたところと遅れているグループが混在する場合もあります。そんな場合を想定して、早くできたグループのために追加で少し難度の高い問題を準備しておくことも有効です。いずれにせよこうしたことを分析して修正していくことが大切です。

②雑談が多くなっているときには、生徒たち自身も目標達成に向かっていないことを薄々感じていることがほとんどです。そこに気づかせることで雑談がやみ、目標達成に向けて動きだすことも多くあります。この場合のポイントは先生が指摘したり指示したりするのではなく、気づかせるということです。そのためには「あと10分で

すが、うまく進んでいますか?」と質問で介入することが効果的です。

## Q11 生徒の発言が想定外だった場合にはどのように対応したらよいですか?

A：想定外の発言に先生が右往左往したり、無視したりすれば先生への信頼が揺らいでしまいますし、発言にブレーキをかけてしまうと生徒にとっての安心・安全の場ではなくなってしまいます。

先生の心構えということにも関係しますが、先生は何でも知っていて生徒の疑問に何でも即座に正しい答えを言わなければならないという考えにとらわれてしまうのはやめましょう。むしろ、その想定外の発言を生徒の話し合いが活発になるために活かす方法として考えてはどうでしょうか。

例えば、「するどい着眼点ですね」と評価する。そして「○○君はこう言っていますが、そこが気になっているのはなぜだと思いますか?」とみんなに質問をする。あるいは時間があればグループで話し合ってもらうなどです。要は、先生が正しい答えを知っていなくてもかまわない、生徒たちと一緒に考えてみるという立場で関わることだと思います。

## Q12 アクティブラーニング型授業をすると成績が上がるのか、という生徒の質問にどう答えますか?

A：私は、じっと黙って講義を聴いているだけよりもたくさんのことを記憶できる方法がいくつかあるということをラーニングピラミッドを使って説明したり、みんなで協力して学んだほうが理解が深まるということを社会的な学びという概念を使って説得していました。

ラーニングピラミッドは、学術的に調査された内容とありますが、

そうではありません。しかし、自分が能動的に関わったほうが記憶が定着するということを説明する模式図としては有効だと思っています。

それから、社会的学びについては、グループワークをすることで自分の理解の仕方とは異なる理解の仕方を他者はしているものであり、それを交流させることでより多面的な理解ができるとともに、深い理解も得ることができるという考え方です。それは自分の理解を言葉にしてみて初めて実現可能なものであり、文部科学省の言語活動の充実も、この点と密接に関連しているのだと思います。

さらに、私の場合は1年間の授業の最初にコンセンサスゲームを全員でしていました。「月で探査船に乗って探検をしていましたが、その探査船が動かなくなったので母船まで月面を100キロ歩いて帰らなくてはなりません。探査船の中にあるものは使えます。さて、何を持っていきますか？」という課題を解かせるのです。まずは個人作業で優先順位を10までつけ、次にグループで話し合ってグループの結論を出します。じゃんけんや多数決をしてはならず、必ず全員で一致するというのがルールですが、これをすると個人の結論よりもグ

■ 図表6-1　ラーニングピラミッド（平均学習定着率）

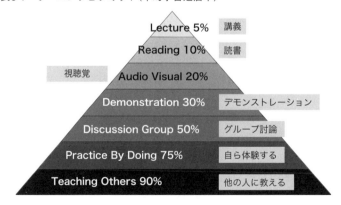

アメリカのNational Training Laboratoriesの調査によると、授業から得た内容を覚えているかを半年後に調べたところ、知識定着率の高い学習方法を順に並べると、「他の人に教える」、「自ら体験する」、「グループ討論」となりました。一方、最も定着率の低い学習方法は、「ただ黙って講義を聴く」という結果でした。
出展：The Learning Pyramid.アメリカ National Trainins Laboratories

ループの結論の点数のほうが大体は高くなります。こうして生徒たちに納得させるというものです。

いずれにしても、先生が理論的な背景を理解し、説得できる材料を持っていることが大切で、そうすれば大勢で考えた方が効果があるということを生徒たちは納得してくれます。

■ 図表6-2

**コンセンサスゲーム（NASAゲーム）**

1. コンセンサスゲーム（合意形成ゲーム）は話し合ってチームの合意を作り出すワークです。

2. 個人で出した結論とチームで出した結論を得点化することで、話し合いの効果を実感できます。

3. 今年度最初の物理の授業で実践し、生徒には好評でした。

4. 別紙ワークシートで行います。

### 「月からの脱出」

◎グループでよく話し合って、みんなが納得できる結論をだしましょう。

1. 同じグループの人の名前を聞いて書きましょう。

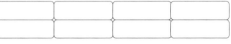

2. 次の文を読んで、まず個人で必要順位をつけましょう。
3. 次にグループでの順位を話し合って決めてみましょう。

「じゃんけん」「多数決」は不可です。「みんな」で話し合って合意（コンセンサス）を得ましょう。喋りすぎる人や発言しない人がないようお互いに協力しましょう。
※「科学的対話力向上のために」①発言は「結論」→「理由」の順で。②短い説明、短い質問。③人の話を良く聴く。④チームとして協力する。⑤なるべく「○○くん・さん」と呼びかける。

あなたがたは宇宙船の乗組員です。月の探検を終えて、あなたたちの宇宙船は迎えに来た母船がいるところにむかっていました。ところが、母船まで100kmのところで、宇宙船が故障して動けなくなりました。そこで母船まで自力でたどり着かなくてはなりません。幸い、宇宙船の備品は壊れていませんでした。この中から母船にたどりつくまでに必要なものを持って行きます。その優先順位を考えてください。残っているものは下の表の10個です。

| 備品<br>（持って行く物） | グループの<br>人たち | 自分の<br>結論 | | | | | | | グループの<br>結論 |
|---|---|---|---|---|---|---|---|---|---|
| マッチ | | | | | | | | | |
| 食料（宇宙食） | | | | | | | | | |
| ナイロンのロープ | | | | | | | | | |
| ピストル | | | | | | | | | |
| 酸素45kg入りボンベ | | | | | | | | | |
| 月から見た星図 | | | | | | | | | |
| 救命ボート | | | | | | | | | |
| 20リットルの水 | | | | | | | | | |
| 救急箱 | | | | | | | | | |
| 太陽電池式の無線機 | | | | | | | | | |

4．この時間の感想を書きましょう。（科学者ノートに書きましょう）

## Q13 大学受験指導との両立は図れますか？

A：アクティブラーニング型授業の機能は多様ですから、様々な目的・目標に活用することができます。例えばキャリア教育に用いる、受験型学力向上という目的のために用いるなどです。

実際、東海地方の公立のK高校では、1回目の模擬試験の後に物理の模擬試験の過去問題をグループワークで解いていくというアクティブラーニング型授業を導入したことによって、第2回模擬試験の成績が近隣の高校よりも顕著に伸びた、という結果が出ています。

しかし大学受験指導に用いるためには、授業設計をその目的に合致したものにしておくことが大切です。例えば、みんなで取り組む問題を適度に難しい入試の過去問題にしておくとか、入試を意識した時間制限を設定しておくなどです。

私の経験で言うと、物理でアクティブラーニング型授業を取り入れると、すぐに成績下位層の点数が上昇しました。それは不思議なことではありません。それまで、授業中にほとんど眠っていたか、起きていても聴いていなかった生徒たちが授業に参加するようになったわけですから、成績下位層の上昇はすぐに起こります。

それから少しタイムラグを置いて、成績上位層がさらに上昇するということが起これば、その授業は成功していると言えますし、授業者としてはそこを目指すべきだと思っています。これは、成績上位層の生徒たちがグループワークの中で分からない生徒に教えますが、教えることを通じて自分がうまく説明できなかった、分かったつもりだったけれども深く理解はしていなかったということに気づき、より深い理解に至ることで起こります。実際、授業の振り返りを書かせていても、そうした意見が1学期の途中から出てくるようになります。そうなれば、成績上昇に結びついてきます。

また、こうしたグループワークでの学習が定着している高校では、

高校3年になっても自主的な学習グループが自然に生徒の側から生まれて、授業時間外にも教え合い・学び合いながら受験勉強に取り組み、大きな効果が生まれていたりします。

■ 図表6-3　模試の成績にみるアクティブラーニングの効果

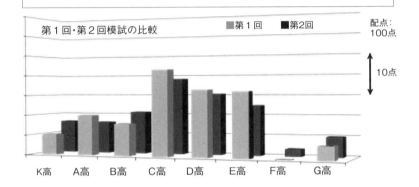

## Q14 アクティブラーニング型授業といっても何から始めたらよいか分からないのですが？

A：急にすべての授業時間をアクティブラーニング型授業にしなくてもよいと思います。無理をして途中で投げ出してしまうよりも、できるところから始めて、生徒の反応を見ながら徐々に増やしていくほうが結果としてうまくいくことが多いと思います。

そのためのお勧めは、授業の冒頭に「今日のテーマはこれです。これについて知っていることをペアで1分間話し合ってみてください」というようなペアワークを入れることです。これだけでも、その日の

テーマに関する生徒の意識が喚起され、授業へのモチベーションが高くなると思います。並行して、最後に今日の授業の感想や振り返りを書かせると生徒の理解や記憶にとって効果的であるだけでなく、次の授業改善へのヒントが得られることが少なくありません。

また、自分の教科以外の科目を授業見学したり、本を読んで事例を参考にしたりして、自分でやれそうなことを一部分でもいいから取り入れてみるといいでしょう。

いきなり完成型にしようとは思わず、常に軌道修正を考えて柔軟な態度で始めることが肝心です。

## Q15 生徒同士が間違ったことを教え合う危険性がありませんか？

A：その可能性は当然あります。ですが、先生が最後に解答を解説するあるいは答案をチェックするなどが不可欠だとも思いません。最後の解説は分かっている生徒には不要な説明です。分からない生徒には、やっぱり分からないことが多いようです。

私は授業を続けていくうちに面白いことに気づきました。それは、その日の授業で間違えて理解していても、その後の授業の中で修正されることがあるということです。常にみんなでワイワイやっていると、どの生徒も多かれ少なかれ自分の考えを話したり書いたりして説明する機会が生じます。すると、間違えた理解をしていると友達がそれを指摘してくれたり、自分で気づいたりすることが頻繁に起きるのです。

つまり、1時間の授業で全員に完全な理解を求める必要はないと考えるようになってきました。生徒の感覚としても自分の理解が絶対的なものではなく、いつでも書き換え可能な知識として理解しておくことが、これからの時代には必要なのではないかと思っています。

これは何カ月も授業を受け続ける中で、修正が起きることがあるという話ですが、1時間の中でもそれは起きます。むしろ意図的に修正過程を入れている授業はうまくいっている気がします。

何かの課題を与えられて、それについて自分で書いたり話したりする。そして他の人が書いたり話したりするのを聞く。その後、聞いたことで自分の最初の考えを直したり加えたりしてもう一度書いたり話したりするということです。自分が最初に作った考えやアイデアをみんなと話したことで修正して、もう一度出すプロセスがよい効果を生むのではないかと思います。

私の物理の授業ですと、まず最初に個人で問題を解いたあとに、35分間かけてグループで練習問題を解きます。そこが修正の時間になります。

最近、福岡県の私立高校の英語で、この修正をうまく取り入れていると感じた授業がありました。教員が最初に映画についてレクチャーをして、その後生徒は3人一組になって、自分の映画に関する体験を英語で話します。まずAさんがBさんとCさんに向かって話します。このときBさんは一所懸命に聞く役ですが、CさんはAさんが話している単語の数をカウントしています。話が終わると何ワードだったかを伝え、順番に3人が話をし、最後は話した内容を紙に英文で書いて提出します。この間に「伝える、聞く、修正する」をしているわけです。生徒の力がものすごく向上しているそうですが、これも修正過程を意図的にうまく取り入れた方法です。

## Q16 教科によってアクティブラーニング型授業に向くものと向かないものがあるのではないですか？

A：そういう意見を持っている方も多くいらっしゃるようですが、私はすべての教科で実現可能だと思っています。ただ、教科特性によってうまくいく方法が異なります。ですから、自分の教科ではこうすればうまくいくという方法を探して、それらを組み合わせていくことが大切だと思います。

例えば、理系の科目は問題を出して、まずは自分で解かせ、次にグ

ループで協力して解かせて最初の自分の考えを修正させるという方法が、大体はうまく行くと思います。文系科目の場合は、最初に自分の考えを話す、次に相手の話を聞く、議論して修正するというプロセスになるのではないでしょうか。

　生物や歴史のような知識伝達量の多い科目では、論述させるのが効果的です。ただこの場合は、評価や採点が大変になるという問題があります。最近はその解決法として、論述の代わりにコンセプトマップの中のワードを埋めさせるなどの手法も活用されています。

■ 図表6-4　コンセプトマップの例

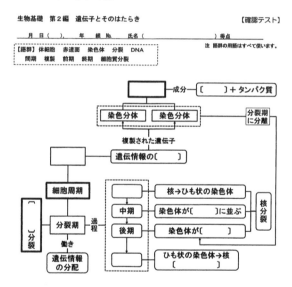

第6章　アクティブラーニング　Q&A

## Q17　アクティブラーニング型授業への保護者の理解をどのように得たらよいでしょうか？

A：以前は、受験の妨げになるという意見も多く、理解を得るのが大変な時期もありました。しかし、今は学習指導要領にも謳われていますし、ニュースや新聞でも大きく取り上げられています。「国も社会もアクティブラーニングを求めているんです」ということを、先生の側もしっかりと伝えられるように整理しておくことが大切だと思います。共感した記事の切り抜きなどを見せて保護者と話をするというようなことも効果的かもしれません。

それから、もっと効果的だと思うのが、生徒のアクティブラーニング型授業への感想を記録しておいて、それを保護者に見せる、伝える、というものです。岐阜県立可児高等学校や岩手県立盛岡第三高等学校など学校ぐるみでアクティブラーニング型授業に取り組んで、それを積極的に発信している高校もあります。

## Q18　グループワークでの議論の内容を深めるにはどうしたらよいですか？

A：まず、議論のテーマを深く考えなければならないものにしておくことが大切です。例えば物理で「比熱について話し合いなさい」というテーマで議論させると、生徒たちは教科書から比熱の定義や表を探して、それを説明して終わりになってしまいます。これでは議論が深まりません。

そこで「比熱の違いを利用している道具を身の回りから10個挙げ、どのように利用しているかを説明しなさい」というテーマにすると、議論はもっと深まるでしょう。

さらに、「比熱の違いによって生じている自然現象を挙げ、それを図解を含めて説明し、発表しなさい」というテーマにすると、もっと

議論は深まるでしょう。こうしたテーマは、当然最初の比熱の定義を使わなければならないので、そのレベルをもカバーしているわけです。

## Q19 生徒に予習はさせたほうがよいですか？

A：アクティブラーニング型授業では、知識の伝達の時間をできるだけ短くして、生徒たちが考え活動する時間を増やすことが必要になります。ですから、可能ならば知識の伝達部分は授業の外に出す、つまり予習させたほうがよいと思います。こうした文脈で、現在の反転学習も位置づけられると思います。ただ、反転学習は映像というイメージで語られることが多いものです。映像が簡単にできるのであれば問題ありませんが、それにこだわる必要はないと思っています。紙ベースのプリントでもやり方によっては十分な効果を発揮してくれます。

　私の場合は、パワーポイントのスライドと同じものをプリントにして生徒に配っていましたが、実はその日の授業で使うプリントではなく次回の授業のプリントというのが重要ポイントでした。つまり、意欲的な生徒はそのプリントを読んでくることで次回の授業の予習ができるわけです。

　それでも、単にプリントを渡しただけでは予習をしてくるモチベーションは上がりません。そこで、「予習をしてくるといいことがある」というインセンティブを設けることが効果的になります。例えば予習をしてくると授業の中で達成感が得られる、分からない生徒に教えて感謝されるなどです。あるいは逆に、「予習してこないとグループワークに実質的に参加できないのでつまらない」ということでも、グループワークが活性化していて面白いとみんなが感じるような状況になっていればかまわないと思います。

第6章 アクティブラーニング Q&A

## Q20 アクティブラーニング型授業には ICT 環境は不可欠ですか？

A：電子黒板やクリッカー、プロジェクターなどはあると便利です。しかし、それらがなければアクティブラーニング型授業ができないかと言えば、そんなことはないと思います。

例えばハーバード大学の物理学のエリック・マズール教授はピアインストラクションという手法を開発されたことで有名です。ピアインストラクションとは、学生が事前に伝達されるべき知識を読んできて、授業中は先生から多肢選択の問題が出されます。そして最初の問題に学生は一斉に何番と答えます。その後、自分と答えが違う学生を含めて周囲の学生2～3人で、「なぜそうなると思うのか」を議論し、そのあとでもう一度同じ問題について一斉に回答します。ここで答えを修正してもかまいません。さらにそのあとで先生が正しい答えを解説するわけで、ここには反転学習としての予習、自分で考えること、教え合うこと、修正することが含まれている手法です。

現在では、そのピアインストラクションの授業ではクリッカーを使用されているのですが、マズール先生が30年近く前にピアインストラクションを始められた時にはクリッカーもプロジェクターもありませんでした。どうしていたかというと、学生は「A」とか「B」とか「C」と書かれたフリップを持っていて、自分の正しいと思う答えの書かれたフリップを一斉に掲げるのです。そうしたやり方でも十分にできていたわけで、ICT はそこをもっとやりやすくしてくれたに過ぎません。

問題は、学ぶ側にアクティブラーニングが起きるかどうかです。ICT 機器があれば活用するなければ工夫するというスタンスがよいと思います。

# アクティブラーニング型授業における「振り返り」と「気づき」について

産業能率大学教授　小林昭文

本章は、産業能率大学教授の小林昭文先生に執筆をお願いした。アクティブラーニング型授業においては、「振り返り」が重要であると、本フォーラムや各種のセミナーの中でも小林先生は繰り返し強調されてきた。ここでは理解しやすいように、そのための章を設けることとし、「振り返り」と「気づき」を組み込むことの大切さや具体的な授業への組み入れ方、さらには組織開発にも役立つことなどを、詳しく説明してもらった。

第7章 アクティブラーニング型授業における「振り返り」と「気づき」について

# 1 主体的な学習者としての教師になるために

### 〈教員にとってもアクティブラーニング型授業は楽しい〉

　私は、授業改善は生徒のためであり、学校教育の質を上げることであり、さらには明るい日本の未来を創出することにあると捉えています。しかし、それを「上から言われたからやる」のでもなく、「自己犠牲を払ってやる」のでもなく、自分自身の「成長と幸せの実現」のためにもなるようにしたいと思っています。このように客観的に求められていることと、主観的にやりたいと思うことを自ら統一して考えながら、その実現に向けて自らの足で歩き続けることを私は「主体的」と表現しています。「学習」については後述します。

　35歳で教職に就き、定年退職するまでの25年間の教員生活を主体的でありたいと願ってきた私ですが、毎日の仕事に振り回され続けていたような気がします。特に、本務であるはずの「物理の授業」に対しては他の仕事（生徒指導部主任としての仕事、教育相談係としての仕事、キャリア教育プログラム開発の仕事など）に比べると消極的だったと告白せざるを得ません。当然、物理の授業時間中はストレスが大きくなっていました。時には、居眠りしている生徒にチョークを投げつけたり、おしゃべりしている生徒を怒鳴りつけたりしていました。いずれもうまくいきません。ストレスは益々増大していきました。

　そんな私が退職間際の6年間にアクティブラーニング型授業に挑戦しました。25年間やって居眠り防止すら実現できなかったというのでは、プライドが許さなかったからです。それ以外にも、有益な情報を得ていたこと、刺激的な仲間に出会えたことなどの偶然の出会いも後押ししてくれました。その結果、私にとって物理授業の時間はストレスがなくなりました。楽しくて仕方がない時間になりました。それは居眠りがなくなったからだけではありません。「居眠り防止」は初日に達成してしまったからです。

　楽しさの根幹は「主体的な学びを続けている自分」を実感できたことで

す。大げさなことを言えば、毎日の授業で「気づき」があります。それは「新しい次の一手」を考える楽しい時間を生み出しました。その繰り返しが、次に述べる「学習・成長のサイクル」でした。この楽しさを、皆さんにもお伝えしたいというのがこの章の目的です。

〈コルブの経験学習モデル〉

私は教員生活の早い時期にカウンセリングの研修に没頭していました。その時の成果の一つは学校教育以外の人たちとのネットワークが広がったことです。その結果、ビジネス界で役立っている理論やスキルに触れる機会が多くなりました。

図に示した「コルブの経験学習モデル（図表7-1）」に触れたのも、そのおかげでした。学問的には□の内側の用語を使うべきなのでしょうが、私は外側につけた吹き出しのように理解しています。これを使うとコルブの理論は以下のように説明できます。

まず、私たちは何かの「体験」をします。そして、その後それを「振り返り」ます。すると、様々な「気づき」を得ます。その気づきを基に、次

■ 図表7-1 コルブの経験学習モデル

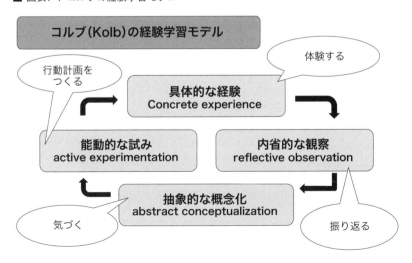

はこうしようという「再計画をつくる」ことになります。このサイクルを回すことをコルブは「学習」と定義しています。

　私たちが普段「学習・勉強」という時には知識を媒介にすることが多いようです。例えば「知識を伝達する」「知識を吸収する」「知識を保存する（忘れないようにする）」「知識を表現する（テストの時に書き出すなど）」という具合です。しかし、コルブはあまり知識に重点を置いていません。体験を基に、「振り返り」と「気づき」を重視しているのです。さらに、このサイクルを回し続けることを彼は「成長」と言っています。

　つまりこのサイクルを一人で回し続けることができるようになることが「主体的に学び続ける」ことであり、「生涯学習」なのだと私は理解しました。私自身もそういう存在になりたいし、生徒たちにもそういう力をつけてやりたいと思いました。

## 2 授業における「振り返り」と「気づき」の構造

〈小林のアクティブラーニング物理授業の構造〉

　私の物理授業の構成は下の図のとおりです。埼玉県立 越ヶ谷高等学校は65分授業でした。50分授業なら図にある問題演習の時間を35分間から20分間に短縮します。

■ 図表7-2 小林の授業プロセス

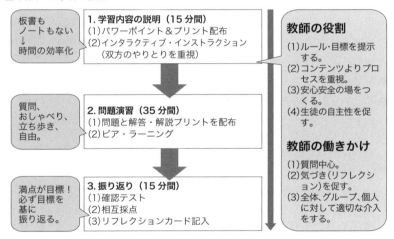

　この全体の構造自体が「体験」→「振り返り」→「気づき」→「再計画」を実現するようになっています。つまり「説明」を聞いて「問題演習」をやるのが体験です。その後「確認テスト」「相互採点」「リフレクションカードの記入」が「振り返り」です（図表7-2）。この「振り返り」の過程で生徒たちは、様々な「気づき」を得ます。その「気づき」をリフレクションカードに記入していく時に、「次の時間はこうしよう」という行動計画を意識することになります。これが「再計画をつくる」段階ということになります。

こう書くととても簡単そうですが、そうはうまくいかないことを私はカウンセリングやグループワーク、キャリア教育などの体験から知っていました。そこで随所にコルブのサイクルが生徒たちの頭の中でスムーズに回るための工夫をしました。

〈安心安全の場を確保する〉

これを考える時に役立ったのが図表7-3です。プロジェクト・アドベンチャーという教育手法の中にある図解です。パニックゾーンに行けば私たちは深い気づき・深い学びを得ることができるが、そのためには「安心安全の場（コンフォートゾーン）が不可欠だ」ということです。

つまり授業の最初から最後までを、さらに教室の隅々までを、生徒にとって「安心安全の場」にできなければ、コルブのサイクルは回らないのです。そのために私は以下のような工夫をしました。

- 席は自由。「居心地のよい席に行ってください」と案内しました。
- 「起立・礼・着席」は省略。教室には私が常に一番乗り。入ってくる生徒たち全員と個別に挨拶します。

■ 図7-3 安心安全の場とパニックゾーン

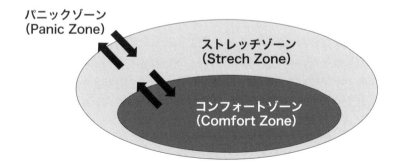

- 常に笑顔で説明する。
- 大きな声を出さない。怒鳴らない。……などなどです。

〈授業中のルールを明示する〉

さらに工夫したのが「目的・目標・ルールを明示する」ことでした。年間目的は「科学者になる」。これは、職業的な科学者になるということではなく、現実的には科学者が日常的に行う行動＝「質問する、説明する、チームで研究する」などの行動をできるようにすることとしました。加えて、毎時間の目標は「確認テストで全員（チーム・グループ）で満点を取る」と設定し、そのための態度目標（ルール）を「しゃべる、質問する、説明する、動く（立ち歩く）、チームで協力する、チームに貢献する」としました。

このように行動の目標を具体的に設定することはとても大事です。これを毎回提示することで生徒たちはだんだんとルールに慣れて、その結果、自由に動けるようになります。ある先生が「これは生徒たちを自由にするルールですね」と評してくれました。そのとおりです。これらの整備をしておかないと、生徒たちに「話し合え」「気づきを書け」と言ってもあまり効果がないのではないかと私は思っています。

〈グループワークの最中にも「振り返り」と「気づき」を促進する〉

安心安全の場を作るために生徒の自由度を上げ、大きな声を出したり、怒鳴ったりしないと決めると困ることがありました。せっかくグループ席になっているのに全然話し合わないグループや、昨日のテレビの話題に夢中になっているグループなどに対して、どう対応すればよいかが分かりませんでした。でも今は具体的な解決策があります。

多くの先生たちは、生徒たちのこのような状況を放任して失敗したり、どこかで我慢できなくなって怒鳴ってしまって失敗したり、あちこちのグループに教えて回るという過干渉型の指導になってしまって失敗したり……しているようです。これらは、生徒を動かす手法として私たちがこれまでは「批判（ダメだ！）」「禁止（やめろ！）」「命令（ちゃんとやれ！）」しか知らなかったからです。これに代わる有効な手立てとして、「振り返り」

と「気づき」を促進する方法があるのです。具体的には「質問」です。

私は主に以下のような「質問」を各「グループに対して」投げかけていきます。

「チームで協力できていますか？」

「確認テストまであと10分ですが、順調ですか？」

「確認テストまであと5分ですが、順調ですか？」

概ね、この三つの質問でグループワーク中に懸念される問題の大半は解決します。なぜでしょうか。この質問によって生徒たちのアタマの中でコルブのサイクルが回り始めるからです。

具体的に説明します。「振り返り」の引き金は「質問」です。私が数人のグループの席に行って、「チームで協力できていますか？」と質問すると、多くの生徒たちは首を左右に回します。自分たちの在り方を「振り返って」いるのです。すると、「自分たちが話し合っていなかった＝チームで協力していなかった」ということに「気づく」のです。すると、「あ、これから話し合います」と新しい行動計画を宣言して、実際に話し合いが始まるのです。隣の席の友達が全然進んでいないのを見つけて、すぐに「ごめんね。教えてあげるよ。ここはね……」と行動に転換していくこともしばしばです。

このように適切な「質問」が「気づき」を促し、よりよい行動に向かわせることになるのです。批判も禁止もしないので生徒たちの安心安全の場は維持されます。

〈リフレクションカードを書いて起きる「振り返り」と「気づき」〉

リフレクションカードを「毎回書かせる」ことで生徒の「振り返り」と「気づき」の力は向上していきます。しばしば、「時間がなくなったので振り返りは省略しています」という話を聞いて、私は残念に思っています。

私は普通、以下の三つの質問に沿って振り返りをさせ、リフレクションカードに書かせて提出させていました。「A態度目標（しゃべる、質問する、チームで協力するなど）は守れましたか？　そのことで気づいたことはありますか？」「B内容目標（今日の学習内容）について分かったことは何

ですか？分からなかったことは何ですか？」「C その他、アイデア、意見、苦情、何でも」という感じの質問をしていました。

　お気づきでしょうが、ここでも「質問」が「振り返り」と「気づき」を促すきっかけになります。ただこれだけで、生徒たちの学習は深まり、成長していくのです。劇的なエピソードを一つ挙げておきます。私は時々研修会講師に伺った学校で生徒向けに物理の授業を実施して、先生たちに見ていただいて研修会につなげることがあります。

　中国地方のある高校では、午後の授業を2コマを続けて担当しました。約20名のクラスです。1時間目。生徒たちは楽しそうに話し合っていました。確認テストはもちろん全員満点です。しかし、この時間は誰も立ち歩くことはありませんでした。私はいつも「誰かが立ち歩くといいなあ〜」と思っています。クラスが劇的に活性化するからです。しかし、初めての形式の授業を受けていると、いつもそうなるとは限りません。この時もそうでした。

　2時間目。問題演習の時間になると2人の男子がすぐに立ち歩きだしました。これに引きずられるようにして、他の生徒も、女子も立ち歩きだしました。やがて、二つのグループに分かれて活発な議論が始まりました。大半の生徒が立っています。これはなかなか壮観でした。なぜ、2時間目にこんなに劇的な変化が起きたのか？　リフレクションカードにその理由が残っていました。1時間目終了後のカードに、Aの質問に答えて「話したり、質問したりはできたけど、『動く』ができなかった。次は立ち歩いてみたい」と書いたカードが数枚ありました。お分かりいただけるでしょうか。

　リフレクションカードを書いている時に、彼らは「振り返り」、立ち歩きができなかったことに「気づき」、「次は立ち歩きをしよう」と行動計画を作成したのです。私が「立ち歩きなさい」と指示してもうまくいかなかったと思います。生徒たちが自分で決めたことだから実践できるのです。これは極端な事例ですが、毎回リフレクションカードを書かせることで、多様なことが起きるであろうことを想像していただけると思います。

### 〈生徒の気づきが授業者の「気づき」を促進する〉

　私にとっては生徒のリフレクションカードを毎日読むことが、「振り返り」と「気づき」のトレーニングになりました。「授業評価」では得られないものをたくさん得ることができました。気づいてみたら、それが私の「学習・成長」を支えていました。

　例えば、パワーポイントで説明しプリントを配布することで板書・ノートなしが定着し始めた時に、「この方式がいい。先生が板書している時に俺たちのアタマは止まってしまうから」と書いてきた生徒がいました。これは大きな気づきになりました。私が板書・ノートをなくそうとしたのは単なる時間節約のためでした。しかし、この生徒の記述で時間節約にとどまらず、集中力や持続力の向上にも役立ち、結果として内容理解を向上させることを確信できました。

　また別の機会には、成績上位の生徒が「友達に教えていたら途中で説明できなくなってしまいました。参考書や教科書を読み直して理解できて、友達も分かってくれました。教えることでもっとよく理解できました」と書いてきました。このことで、理論的には予測していた「教える側にも理解が深まる」ことを、実例を通して確信できました。さらに、その問題はかなり難しい問題だったことから、問題の選択と配列のヒントを得ることができました。

　このころから私は、アクティブラーニング型授業はうまく実践すれば「生徒も先生も成長できる授業になる」と感じ始めていました。

## 3 授業研究における「振り返り」と「気づき」の構造

　以上述べてきた「振り返り」と「気づき」の構造が、生徒と授業者の学習と成長を支えるという構造は、私たち教員集団＝学校組織にも全く同じように起きます。埼玉県立越ヶ谷高等学校の「授業研究委員会」の活動の中で学んだことです。

〈授業研究委員会〉

　私が埼玉県立 越ヶ谷高等学校に転勤した時に、同時に転勤してきた2人の人物に私はとても助けられました。1人は生物が専門のA先生です。大学院で教育学を専攻してきた彼は、授業改善に関する理論的な理解も最新情報についても詳しく、私の学びを支援してくれました。もう1人のB先生は英語の先生でICTにも強く、県内の英語教育のリーダー的存在でした。このB先生が校長の指示を受けて、その年度の途中に学力向上を目的とした授業研究委員会を設立し、委員長になりました。このB先生に「ぜひとも」と依頼されて、私も委員会に入ることになりました。

　その委員会が取り組んだ課題の主なものが「研究授業と研究協議の実施」と「授業研究週間の活性化」でした。この二つの課題解決に私たちが用いた考え方も「振り返り」と「気づき」でした。これにより学校全体が大きく変化しました。つまり「授業改善」に用いた方法と、組織開発に用いた方法は同じだということです。これが、私が後に「授業改善と組織開発は車の両輪」と主張する契機になっていきました。

〈研究授業と研究協議に対する不安と不満〉

　「研究授業と研究協議はどうやっていきましょうか？」委員長のB先生がみんなに問いかけると、みんなが「うーん」と唸ります。そのうち、「それ、嫌なんですよね〜」という発言が出てきます。ある程度は予想していましたが、想像以上のみんなの強い抵抗です。

「嫌がる理由は何？」と質問すると、続々と発言が出てきます。
「だって、授業見せるの嫌ですもの」
「特に研究協議が嫌だね〜」
「そう、吊し上げだもの。二度と授業者やりたくないよね」
「吊し上げられるのも嫌だし、吊し上げるのも嫌だなあ〜」
「だいたい、委員会が同僚を苦しめるような会をやっていいものですか？」

　この意見はどれも「なるほど」と思わせるものでした。私も授業のあとの研究協議については嫌な思い出があります。大学の時の後輩が小学校の教員になり、仕事の帰りに踏切に車ごと突っ込んで自殺するということがありました。新聞で知り事情を探ると、当日、学校では彼女が授業者として研究授業があり、まさに「吊し上げられた」彼女は意気消沈していたとのこと。それが自殺の原因なのかどうかはっきりしない面もありますが、忘れることができない思い出です。それだけに、若い先生たちの不安を「甘えるな」と一蹴することもできませんでした。

　そこで提案しました。「それなら、授業者を吊し上げたり、傷つけたりしない研究協議の方法を調べてみませんか」。これにはみんなが賛成し、しばらく文献やインターネットで調べてみました。結果は「なし」でした。どれを見ても同じような方法でした。これでは誰かが授業者を非難し始めた時にブレーキをかけることができません。行き詰りました。

〈新しい方法の創出〉

　次の提案は「じゃあ、私たちでつくりましょうか」でした。実は文献調査をしていく中で見つけて、使えそうだと思っていた方法がありました。当時、ベストセラーになっていた『効果10倍の〈教える〉方法』などの著作のある吉田新一郎氏があちこちで紹介していた方法です。名前は「大切な友達 Critical Friend」という話し合いの方法です。これは意見を闘わせたり、批判をしたりしないで、提示された問題について質問をしていきながら参加者の気づきを促すという方法でした。つまり「質問」→「振り返り」→「気づき」というプロセスを会議の中に組み込んでいるのです。

これをA先生やB先生に見せると、「使えそうですね」という反応。「でも、授業研究に応用するにはもう少しアレンジが必要ですよね」との意見でした。それはごもっとも。そこで、当時の私の経験を基に色々な方法を組み入れながらアレンジをしました。これが「授業者を傷つけない／参加者全員が気づきを得る振り返り会」です。その資料は本章の最後に掲載しました。

その方法を簡単に紹介します。次の順で進めます。
① 司会が進行手順を説明する。
② 授業者からひと言。（よかったこと、学びたいことなど）
③ 参加者から「よかった点、マネしたい点」を挙げる。（要するに、ほめる）
④ 参加者から質問する。授業者が答える。（質問は建設的に。短い質問、短い答え）
⑤ 参加者全員が授業者に対して「ラブレター」を書く。
（何を書いてもよいが「愛と勇気を伝える精神」で書く）
⑥ 参加者全員が「リフレクションカード」を書く。
⑦ 授業者のひと言。司会から授業者への謝辞。終了。

終了後に、「ラブレター」を各自が直接授業者に渡します。ここで司会は「ラブレターですから。まとめて渡したり、誰かに渡してもらったりすることはないですよね」と決まり文句を言います。これは大好評でした。授業者の多くは「1日にこんなにたくさんのラブレターをもらったのは初めてです」と大喜びします。「あのラブレターを職員室の机の中にいつも置いてあります。落ち込んだ時には読み直しています」と伝えてくれた授業者は何人もいます。

これまでの授業研究の考え方の基盤は「欠点を指摘して直してやる」ことだったのだと思います。しかし、それでは傷つく人もいます。1人でも傷つく人がいるのならその方法は見直したほうがよいと思います。この新しい方法の考え方は、「安心安全の場」をつくり、「振り返り」→「気づき」のサイクルを回すことです。私が物理授業で組み込んでいたことと全く同じなのです。

参加した先生たちにとってのメリットのひとつは、この方法を体験することで「振り返り→気づき」が重要であることを体感できることです。さらに、そのためには「質問」が大事であることも理解できます。これは授業中に生徒にどう質問するかを考えさせる機会にもなります。

〈授業研究週間の活性化〉
　授業研究委員会の次の課題は「授業研究週間の活性化」でした。何年も前から年に2回、それぞれ1週間が設定されていました。この期間は「お互いの授業を見に行きましょう」という期間です。しかし、実際にはほとんど誰も行きません。有名無実化している「授業研究週間」でした。後に知ったのですが、どこの学校でも同様のようです。これについても委員会で話し合いました。「なんで行かないの？」という質問から始まります。
　「えーっ、そりゃ行きにくいですよ」
　「年上の先生の授業を見に行くのは、それはそれは大変なんですから」
　「そうですよ。まして見に来るなオーラを出している先生のところには行けません」
　「まあ、来られる側もいきなり来られると、ちょっとなぁ……というのはあるな」
　「どうすれば、見に行きやすいと思う？」
　「見に来てよ、とか言われたら行きやすいかな」
　「なるほど。それは見せる側もそうだよね。突然来られるよりいいな」
　そんな話し合いの結果、生み出したのが「見に来てくださいカード」でした。これはA5サイズのカードに授業研究週間中に自分の授業で「これを見てほしい」という授業を書き出すというものです。日時、場所、科目、クラス、そしてその授業の特徴をひと言書いてあります。中には英語の授業で「女子だけのクラスです。コーラスリーディングはきれいですよ」なんて紹介をしてくれた先生もいました。このカードを集めて、委員会は一覧表をつくります。
　これだけでも、先生たちの好奇心は高まります。「あ、これ面白そうだ。空き時間だから行ってみようかな」などの会話が職員室で飛び交います。

これは授業者にとっても見学者にとっても「安心安全の場」をつくったということです。「安心安全の場」が確保できれば、「見に行ってみよう」「もっと見せてみよう」とストレッチゾーンやパニックゾーンへの冒険が始まるのです。そして、そこで得られる「気づき」も一段と深いものになります。

### 〈授業見学用ワークシートの開発〉

　授業研究週間を活性化するために、委員会はもうひとつの工夫をしました。それは授業見学のスタイルをスマートにしようという発想から始まりました。手ぶらで見ている先生、メモをするためにノートや本を下敷きにする先生、壁に紙を当てて書く先生……生徒の前でどうも格好悪いと感じていました。

　そこで、100円ショップでA4サイズのクリップボード（紙挟み）を大量に買い込みました。100枚買っても1万円です。それに授業見学用メモ用紙を挟んで持って行ってもらうことにしました。そこまできたら、それなら単なるメモではなく「振り返り→気づき」を促すものにしたいという発想になります。

　その結果、「授業見学用ワークシート」をつくりました。大半はメモ欄です。最後に授業者に向けて「よかった点」と「質問」を書く欄をつけました。もうお分かりだと思いますが、「振り返り会」と同じ構造をつくろうとしています。批判ではなく、「ほめる」と「質問」によって、授業者に「振り返り→気づき」を促そうとしました。あとは手間ひまをどうするかでした。ここも委員会は考えました。できるだけ先生たちの負担を軽くしようと考え、最終的には次のような方法に落ち着きました。

　研究週間の間は職員室の出入り口に、「見学用ワークシート」を挟んだクリップボードを箱に入れておきます。見学に行く先生たちにはここからクリップボードを取って教室に行ってもらいます。戻ってきたらワークシートを外さず、そのまま回収ボックスに入れてもらいます。あとで委員会はこのワークシートを外して、コピーを取ります。1部はワークシートを記入した見学者に戻します。もう1部は授業者に配ります。これでメモ

は記入者に戻り、「ほめる」と「質問」は授業者に渡ることになります。

〈変化した教員同士の会話〉

この結果、1人の人が1週間に授業見学に行った回数は平均1.6回になりました。年に2回実施していましたから、平均で2〜3回は他の人の授業を見ていたことになります。これは大きな成果だったと自負するところです。

しかし、実はもっと大きな変化が起きていました。それは職員室での会話に起きた変化です。

「あの授業よかったよ。あのワークシートはどうやってつくったの？」

「パワーポイントで説明するのいいなあ。俺にもできるかな？」

「グループワーク活性化しているようね。何か秘訣があるの？」

「私の授業ではいつも寝ているA君が、あなたの授業で発言しているのでびっくりしちゃった。どうしてなの？」

「先生の説明、うまいよね。何か練習しているの？」

そんな会話が職員室で、教科の準備室で、時には廊下で、起き始めていました。授業見学のワークシートのコピーが届くことで、「やあ、見てくれてありがとうございます。あの質問なんですけどね……」という会話が廊下ですれ違いざまに始まることもありました。

そして、委員会でもこんな話をしていました。

「そういえばさあ、俺たちは授業のことで話すことって今までなかったよね」

「そうですよね。生徒の悪口や、保護者の悪口。あとは愚痴かな〜」

「まあ、同じ理科の中で話すことはあったけど、他教科の人と授業について語り合うことはなかったよね」

要するに、学校内に「安心安全の場」を設定し、「質問」により「振り返り→気づき」が起きる構造を丁寧に入れていくことが、組織開発の基礎になるということです。

## 4 これからの課題

　アクティブラーニングが注目され、様々な授業実践が次々に紹介されます。「〇〇方式がよい」「□□理論が役立つ」という話になります。またICT機器も次々と出てきます。「A社の××が最高」「いやいや、B社の△△がいいよ」という話もあとを絶ちません。お金のあるところには「教室を改造しましょう」「アメリカではこんな教室を作っていますよ」などの話も飛び交っているようです。そして、「うちには機器がないから何もできない」「理論やスキル学習に行けないから、何もできません」などという愚痴も聞こえてきます。

　そんなことに振り回されないようにしたいものです。生徒にアクティブラーニングを起こさせるにはどうすればよいか。それは特別な教室や特別な機器がなくてはできないことではありません。多くの理論やスキルを知っているから成功するわけでもありません。同時に使える理論やスキルはごくわずかだからです。また、毎回のように異なるスキルを使えば生徒が戸惑い、不安を感じることもあります。

　何が根本なのかを見据えていきたいものです。私はコルブの経験学習モデルがその解答のひとつではないかと思い、ここに論じてみました。試論です。皆さんが、それ以外の理論を軸に挑戦することを否定したり、批判したりするものではありません。現在は過渡期です。実践する立場にいる人たちが、様々な実践を積み重ねながら、何か普遍的なものを模索していく時期です。この試論が、皆さんが考えるヒントになることを期待しています。

（注）この論の背景には、「学習する組織」理論（ピーター・センゲ）、「アクションラーニング（質問会議）」、「役職・権限・カリスマ性に関係のないリーダーシップ理論」、メンタリング、カウンセリングなどがあります。それらとの関連を述べていくと膨大になってしまうので、すべて割愛してしまいました。いずれ、別の本でこれらについては丁寧に述べていくことにします。ご容赦ください。

第7章 アクティブラーニング型授業における「振り返り」と「気づき」について

## 授業見学用ワークシート

氏名 _____

書き方の詳細については裏を確認ください。
◎見学したのは→ _____ 先生の (講座名) _____
　　　　月　（　）　時限：1, 2, 3, 4, 5, 6, 7　　該当箇所に○をつけてください。

1. 生徒の様子に着目して、授業中に起きた「よい点」、「取り入れたい面」など、自分が再現(強化・改善)したいと思ったことをメモしましょう。(そのように思った根拠も明示しましょう)

気づき欄（座席なども）

2. 自分が再現したいと思った内容は、教師のどんな活動に支えられていたと思いますか？以下の4つの分類を意識しながら書いてください。分類方法は裏を参考にしてください。

| 項目/具体例 | 授業者の効果的な活動 | 取り入れて実践する上での疑問 |
|---|---|---|
| A しくみ<br>目的、目標、構成、ルール、雰囲気等 | | |
| B しかけ<br>道具、題材、問題、ワークシート等 | | |
| C 教え方<br>専門知識、板書、声の調子、ティーチングスキル | | |
| D 支え方<br>場をつくる、場を読む、介入する、ファシリテーションスキル | | |

ヒントをもとに行動計画を作成するときの留意点。
1　一般解を求めない。(目の前の生徒に役立つことを考えましょう)
2　負担の少ない改善を考えましょう。(毎日続けられる授業改善を！)
3　生徒の声を聞きましょう。(生徒の声が最高のアドバイス＆ヒント)
4　仲間の力を借りましょう。(話してみる、質問してもらう‥

生徒も先生も学習成長するしくみをつくりましょう。

見学用ワークシートの使い方

1　他人の授業を見学する目的は「自分の授業に活かせるヒントを得る」ためです。
　　そのために以下に注目します。
(1) 授業者の言動だけに注目しないで、むしろ、生徒たちに目を向けてください。
　　特に「クラス全体や各グループの雰囲気やその時間的変化」、「生徒の発言や行動の様子やその時間的変化」に注目してください。それもできるだけ「良い点」「取り入れたい面」に注目します。
(2) それらを「気づきの欄」に記入してください。可能であれば、「そう感じた具体的な根拠(事実)」もメモしておいてください。
　　(例)　クラス全体が活気がある感じがした。
　　　　　(笑顔の生徒が多い、下を向いている生徒やじっとしている生徒がほとんどいない)
(3) ここに書いたことが、この授業で「いいな」と感じたところです。それを「振り返り会」で発表してください。

2　次に「気づきの欄」でとりあげた「よい点」を自分の授業で再現するためのヒントを考えます。
(1) その「よい点」は必ず担当教師がしている「何か」が原因になっています。その原因を探り、それと同じことを自分が実践できたら、その「よい点」を再現できる可能性が高い、と考えています。
(2) そこで、表にあげた「4つの観点」を手がかりに、授業者の実践のどこが「よい点」を支えているのかを考えて記入します。
(3) ここで考えたことを、自分の実践に移そうと具体的に考えると、疑問が生じます。それを、振り返り会の時の、「気づきを促す質問」で出します。

　　(例)　よい点「生徒が先生に頼ることなく互いに協力して問題を解いていた」
　　　　　　　　授業者の効果的な活動　　⇒　　実践するときの疑問
　　　「A　チームで協力するというルールが効果的」
　　　　　　　　　　⇒　「あのルールはどうやって考えついたのですか？」

　　　「B　練習問題の配列や数が生徒の能力にマッチしている」
　　　　　　　　　　⇒　「練習問題の質や量はどうして、決めているのですか？」

　　　「C　簡潔で短い説明だから演習時間を充分に確保できる」
　　　　　　　　　　⇒　「簡潔な説明をするためにどんな準備をしていますか？」

　　　「D　『チームで協力できていますか？』の介入が効果的だった」
　　　　　　　　　　⇒　「どのチームに、いつ、なんと言って介入するかの指針はありますか？」

3　「気づきを促す質問」はアクティブラーニング型授業のスキルとしても大切です。「振り返り会」の肝になる箇所です。ぜひ、「役立つ質問」「全員に価値のある質問」を考えてください。とは言え、素朴な疑問が大きな効果をもたらすこともあります。色々な質問、疑問をメモしておいてください。

4　アドバイスは「振り返り会」の中では発言してもらう時間はないと思います。その代わりに「ラブレター」を書いてもらいます。この時、「愛と勇気を伝える精神」が大切です。この精神で授業者に役立つアドバイスや役立つ文献や人を紹介してください。

# 第7章 アクティブラーニング型授業における「振り返り」と「気づき」について

## 授業者を傷つけない、参加者全員がヒントを得て帰る「振り返り会」の方法です

### 目的
1. 参加者全員が「自分の授業の改善のヒント」を得る。
2. 授業者が「授業をやって良かった」と感じるようにする。
3. メンバーが「次は自分が研究授業をやりたい」と感じるようにする。

### 特徴
1. 指導助言者がいない。(全員平等、対等が原則です)
2. 教科・科目を超えて行う。(他教科の授業は大きなヒントになります)
3. 進行役が進行し必要な介入をする。(進行についての権限を持っています)
4. 意見の対立・対決がない。
   (安全・安心の場が「気づき」(リフレクション)を生みます)
5. メンバーが「ほめる」活動があります。(他者の良い点を見つけるトレーニングです)
6. 「建設的(critical)な質問」が最も重要です。
   (リフレクションを促す良い質問が出来る力は「授業力」の1つです)
7. 「ラブレター」を授業者に書いて渡します。
   (言えなかった意見、アドバイスや情報提供はここで伝えます)
8. 「リフレクション&アクションカード」を書きます。
   (自分のリフレクションを意識化・定着化を狙っています。更に事後に共有できるように、まとめの資料を配付します。カードも返却します)

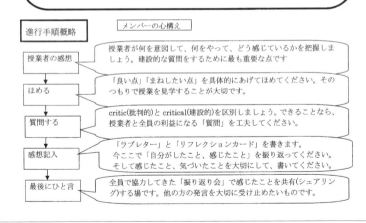

| 進行手順概略 | メンバーの心構え |
|---|---|
| 授業者の感想 | 授業者が何を意図して、何をやって、どう感じているかを把握しましょう。建設的な質問をするために最も重要な点です |
| ほめる | 「良い点」「まねしたい点」を具体的にあげてほめてください。そのつもりで授業を見学することが大切です。 |
| 質問する | critic(批判的)とcritical(建設的)を区別しましょう。できることなら、授業者と全員の利益になる「質問」を工夫してください。 |
| 感想記入 | 「ラブレター」と「リフレクションカード」を書きます。今ここで「自分がしたこと、感じたこと」を振り返ってください。そして感じたこと、気づいたことを大切にして、書いてください。 |
| 最後にひと言 | 全員で協力してきた「振り返り会」で感じたことを共有(シェアリング)する場です。他の方の発言を大切に受け止めたいものです。 |

「振り返り会」の進行手順

1．目的・目標
(1)出席者が「授業見学」「振り返り会」を通して、自分自身の授業に対する新しい「気づき」と「新たな行動意欲」を得ること。
(2)授業者が「研究授業をやって良かった」「次も研究授業をやりたい」と感じること。
(3)出席者が授業者をやりたくなるようになること。

2．進行手順

| 時刻 | 進行役の動き／授業者の動き | メンバーの動き | 備考 |
|---|---|---|---|
| 00 | 「最初に、授業者が自分の授業の以下の点について発言してください」（3分間）<br>①良くできたと感じている所。<br>②もっと改善したいと思っているところ。<br>③この会で改善のヒントやアイデアを得たい点。 | 黙って聴く | 全員が授業を見ていることが前提。<br>「授業者を傷つけない」が根本原則です！ |
|  | 「では、メンバーから、授業者の授業を見て、①良かった点、②自分もやってみようと思った点、について発言してください」 | 要するに「ほめる」ことです。各自、2～3を箇条書き風に発言する。1人の発言時間は2分以内。順番に。全員。 | 前もって何を言うかを考えておいてください。 |
| 10 | 「次に、建設的な(critical)質問、授業者にとって利益になるような質問、気づきをうながすような質問をしてください」<br>「授業者は質問されたことだけにコンパクトに答えてください」 | 発言は自由。発言順は不同。コンパクトな質問をする。 | 質問の形を借りた「批判」「意見」「誘導」は禁止。<br>必要に応じて進行役が介入します。 |
| 25 | 「ラブレター」を書いてください。意見やアドバイス、情報提供など何を書いても良いですが、「授業者に〈愛と勇気を伝える〉精神で書いてください」（5分間）<br>(時間に余裕があれば「リフレクション＆アクションカード」も記入する）。（5分間）<br><br>書き終えた「ラブレター」は直接授業者に手渡す。 | できるだけ「授業者に直接手渡す」ようにしてください。「リフレクション＆アクションカード」には、これまでのプロセスで「気づいたこと」「やろうと思ったこと」を箇条書きにする。<br><br>最後のひと言は「気づいたこと」「やろうと思ったこと」「この会の感想」など。 | カードに書いていただいたことは本日のまとめの資料に氏名を伏せて掲載予定です。「掲載不可」の箇所は明示してください。 |
| 35<br><br>45 | 「最後に最後のひと言ずつ発言してください」メンバーからひと言ずつ→最後に授業者がひと言→進行役から謝辞。 | ※時間内に「リフレクション＆アクションカード」がかけなかった場合は終了後に記入してもらう。時間が足りなかった場合は、「ラブレターの手渡し」も終了後に行う。 | |

※出典・引用　「大切な友だち critical friend」と呼ばれている技法をアレンジしました。
　「効果10倍の〈学び〉の技法」（吉田新一郎／PHP新書）等の吉田氏の著作を参考にしました。

# 第7章 アクティブラーニング型授業における「振り返り」と「気づき」について

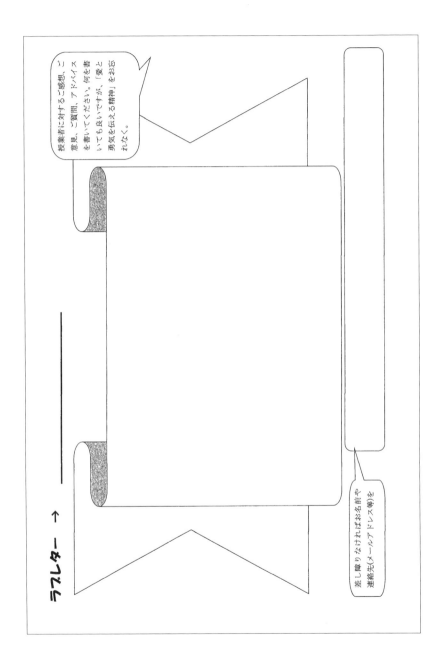

振り返り会用「リフレクション・カード」

1　「振り返り会」はいかがでしたか?「感じたこと／わかったこと／学んだこと」と「これからやろうと思ったこと／現場で始めようと思ったこと」を書いてください。全体の感想や質問は下に書いてください。メールアドレスなどもお知らせください。

| 「感じたこと／わかったこと／学んだこと」 | 「これからやろうと思ったこと／現場でやろうと思ったこと」 |
|---|---|
| (1) | (1) |
| (2) | (2) |

2　全体を通しての感想や質問、要望はこちらにお書きください。(ウラもOKです)

お名前を(所属やメールアドレス等もお書き下さい)→

# あとがき

　2014年12月26日、年の瀬も近づいたこの日に本書の執筆を担当した小林昭文先生、鈴木達哉先生、鈴木映司先生、友野伸一郎氏、そして産業能率大学 入試企画部の私、林巧樹と上原道子さんとで集まり、アクティブラーニングに関する書籍について数時間にわたって話し合いを持ちました。

　そこでの一番の焦点は、現場で活用されるためには何が必要であるかということ。そのために、アクティブラーニング型授業の定着に向け、その意味づけを丁寧にしていこうということになりました。小林先生は既に全国各地の高校現場でアクティブラーニングの研修講師を担当し、現場での課題を把握されており、また両鈴木先生は現場での状況からアクティブラーニングが"流行"とだけ捉えられ、一過性として終わることに強い危機感を抱かれていたからです。

　同時に、キャリア教育あるいは教科教育とアクティブラーニングの連動についてもしっかりと触れることを確認しました。その理由は、この本の契機が産業能率大学が8年間続けてきたキャリア教育推進フォーラムだったからです。何よりもこのメンバーが出会ったのも、このフォーラムが取り持つ縁あってのことでした。こうして、キャリア教育から教科教育へ、アクティブラーニングを軸にしてそのつながりを解きほぐして解説できる書籍は他にないだろうという共通認識が生まれたのです。

　この本の構成は概ねこのようなやり取りから決まりました。

　振り返ると、この8年間での日本における教育の変革は予想以上に速度を早めています。キャリア教育とは職業人の育成だと、8年前は誰もがそう思い込んでいました。特に、普通科の進学校では全く関係ないものと捉えられていたのでしょう。当フォーラムがアクティブラーニングをテーマ

に据えてからも、関心を抱く先生方はまだまだ多くなかったのです。

しかし、中教審から学士課程教育へのアクティブラーニング導入が答申されたのが、2011年(平成23年)3月。この頃からようやく"アクティブラーニング"というワードが教育業界から頻繁に聞かれるようになり、関心も高まりだしたように思います。

つまり、明治時代以降続いてきた日本の授業システムは、この数年で大きく変わろうとしているわけであり、長い時代の流れから見れば、私たちはその分岐点に立っているに過ぎません。幕末にたとえれば、まだ江戸城開城前くらいでしょうか？　この変革を進めるためにはまだまだ多くの先生方の実践と研究が必要であることは言うまでもありません。

本書は、これまで長く日本で培われてきた授業システムを覆すことを意図してはいません。これまでの授業のよさを活かし、これからの時代に必要となる資質、能力を身につける方策を皆さんと考えるためのプラットホームとなることを意図しています。多くの現場や研修会等の場で本書を基にした熱い議論が展開されることを切に願っております。

最後に、大変お忙しいところ執筆くださいましたプロジェクトメンバーの小林昭文先生（産業能率大学）、鈴木達哉先生（三重県立四日市南高等学校校長）、鈴木映司先生（静岡県立韮山高等学校教諭）、友野伸一郎氏（教育ジャーナリスト）に心より御礼申し上げます。また、執筆者との連携や授業レポートのまとめなどをお願いし、この本を世に出す口火を切った上原道子さん（産業能率大学）、山田香織さん（AL&AL研究所）には本当に感謝しております。

苦労して構築された授業内容を「授業レポート」として何ら惜しむことなくご紹介くださいました先生方、ご多忙のところご無理をお願いし申し

訳ありませんでした。この場を借りて厚く御礼申し上げます。また、この授業レポートにタイトルをつけてくださった皆川雅樹先生（専修大学附属高等学校）、本当にありがとうございました。

　本書の起点となったキャリア教育推進フォーラムは、2007年11月に始まりました。その最初の登壇者は腰塚弘久先生です。腰塚先生から長年にわたり、組織論や人材育成、そしてキャリア形成について多くを学び、それが本書にも息づいています。2012年に急逝された腰塚先生に、言い尽くせぬ感謝を込めてこの本を捧げます。

　　　　　　　　　　　　　2015年7月　プロジェクトを代表して
　　　　　　　　　　　　　産業能率大学 入試企画部長　林 巧樹

## 著者略歴

### 小林 昭文（こばやし　あきふみ）　　担当：6章・7章

産業能率大学経営学部　教授

埼玉大学理工学部物理学科卒業。空手のプロを経て埼玉県立高校教諭として25年間勤務して2013年3月に定年退職。

高校教諭として在職中に、カウンセリング、コーチング、エンカウンターグループ、メンタリング、アクションラーニングなどを学び、それらを応用して高校物理授業をアクティブラーニング型授業として開発し成果を上げた。

退職後、河合塾教育研究開発機構研究員（2013年4月～）、産業能率大学経営学部教授（2014年4月～）などの立場で実践・研究しつつ、年間百回前後のペースで高校等の研修会講師を務めている。

［主な著書］アクティブラーニング入門（産業能率大学出版部）

E-mail：akikb2@hotmail.com

### 鈴木 達哉（すずき　たつや）　　担当：3章

三重県立四日市南高等学校　校長

公立高校国語科教員として4校を歴任。うち、2校でキャリア教育の推進に携わる。

管理職となった現在もキャリア教育の普及、特に「進学校におけるキャリア教育」の普及を目指して活動している。

進学校でのキャリア教育としてアクティブラーニングの重要性と効果性に着目し、神戸高校時代よりアクティブラーニングの研究と試行に取り組む。

［主な著書］地方発！進学校のキャリア教育 ── その必要性と実践ノウハウ(学事出版)

鈴木 映司（すずき　えいじ）　　　　　　　　　　　　　　担当：4章

静岡県立韮山高等学校　教諭
　静岡県地歴・公民ＡＴ　日本キャリア教育学会認定キャリアカウンセラー　日本学術会議 地理教育分科会地誌教育小委員会委員　スクールカウンセリング推進協議会認定ガイダンスカウンセラー
　総合学科高校の設立でキャリア教育の開発に携わった後、県内有数の進学校でもキャリア教育に取り組み、教科学習との両輪をはかりながらさまざまな活動をとり入れている。
　また、ＡＴ（アドバイザリー・ティーチャー）として若手教員の育成にも携わり、自身も地理でアクティブラーニングを取り入れた授業を展開するが、ＡＴで指導した教員たちもアクティブラーニングによる授業を取り入れ、学習効果を高めている。


## アクティブラーニング実践プロジェクト　　担当：編者・1章・2章・5章

友野 伸一郎「原稿作成」（教育ジャーナリスト）
皆川 雅樹（専修大学附属高等学校）
林 巧樹（産業能率大学 入試企画部）
上原 道子（産業能率大学 入試企画部）
山田 香織（株式会社 AL & AL 研究所）

表紙協力　キャリアガイダンス編集部

キャリアガイダンスvol.405、406では、アクティブラーニング、キャリア教育について、本書と同様に詳しい事例等が掲載されています。ぜひこちらもご参照ください。
http://souken.shingakunet.com/carrer_g/career_g/

## 現場ですぐに使える アクティブラーニング実践　〈検印廃止〉

| | |
|---|---|
| 著　者 | 小林　昭文 |
| | 鈴木　達哉 |
| | 鈴木　映司 |
| 編著者 | アクティブラーニング実践プロジェクト |
| 発行者 | 飯島　聡也 |
| 発行所 | 産業能率大学出版部 |
| | 東京都世田谷区等々力 6-39-15　〒158-8630 |
| | （電話）03（6432）2536 |
| | （FAX）03（6432）2537 |
| | （振替口座）00100-2-112912 |

2015年 8月31日　初版1刷発行
2016年 4月 1日　　　4刷発行

印刷所・製本所／日経印刷

（落丁・乱丁はお取り替えいたします）　　　　　　　　　　　ISBN 978-4-382-05728-9

無断転載禁止